U0802516

华东师范大学地理学一流学科建设基金
河南大学“双一流”建设高校资金 资助出版

Regional Management and Development

(Second Edition)

区域管理与发展

（第二版）

王 铮 熊 文 田 园◎著

科 学 出 版 社
北 京

内 容 简 介

本书以可持续发展管理为核心，从区域与管理、经济发展管理、人口管理、环境管理与PRED协调、地理工程五个方面，全面介绍了区域管理的原理和学说，为读者展示管理一个区域所需要的理论知识和管理技巧，并从管理学角度对我国的一些发展问题提出建议。书中大量内容涉及地方行政官员和区域规划与管理人员实践中经常遇到的问题。

本书内容深入，文字通俗，包含众多的实例讨论，适合地方行政干部及地理学、经济学、管理学与环境科学等领域的高校师生和科研人员参考。

图书在版编目（CIP）数据

区域管理与发展/王铮，熊文，田园著. —2版. —北京：科学出版社，2021.10

ISBN 978-7-03-069693-9

Ⅰ.①区… Ⅱ.①王… ②熊… ③田… Ⅲ.①区域管理-研究-中国②区域发展-研究-中国 Ⅳ.①F127

中国版本图书馆CIP数据核字（2021）第180554号

责任编辑：石 卉 刘巧巧/责任校对：刘 芳

责任印制：李 彤/封面设计：有道文化

科学出版社出版

北京东黄城根北街16号

邮政编码：100717

http:// www.sciencep.com

北京建宏印刷有限公司印刷

科学出版社发行 各地新华书店经销

*

2000年4月第一版 开本：720×1000 1/16

2021年10月第二版 印张：14 1/4

2022年6月第三次印刷 字数：220 000

定价：68.00元

（如有印装质量问题，我社负责调换）

第一版序

1994年春，我在北京的中国科学院研究生院开设了区域管理课程。我试图把管理学基础及资源管理、环境管理、人口管理、城市管理这些新兴的研究内容介绍给学生。我介绍了一些较为学术化、数学化（特别是带有微观经济色彩的资源管理）的内容。1995年10月后，我陆续参与了一些地方课题，实践使我感到，地方行政人员不仅需要公共行政方面的知识，面对发展问题，还需要理解发展经济学、空间经济学、环境管理、人口管理等诸多方面的内容。于是我萌发了写一本关于区域管理的著作，组织编写区域管理丛书的想法。1997年底，这个想法得到了科学出版社姚岁寒、彭斌先生的支持，于是我开始了这项工作。不过，由于种种原因，我自己的这本《区域管理与发展》，到1999年1月才动笔，中间写写停停，6月初才完成了初稿，其中还用了过去几年的讲稿。这份初稿被用作中国科学院研究生院全校普及性的共识课教材，并在实践中汲取建议。后来，我的工作增多，在11月中国地理学会成立90周年的会议期间才完成书稿。

"区域管理学"或者说"区域的管理学"是一个新名词，它的一些内容过去主要包含在公共行政学或环境管理学课程中，因此写一本以区域管理命名的书需要重新整合。我在本书中把地方行政官员可能碰到的理论问题尽可能地组合在一起，包括与区域发展有关的经济学理论、地理学理论、社会学理论和环境管理理论，试图将管理学观点推广到区域领域。对于我过去比较熟悉的空间经济学、资源经济学，由于它们的许多内容是属于微观经济学的，因此本书只好惜墨。我现在不敢断言这里的科学体系是合适的。在写作上，我力图改变自己在《理论地理学概论》《区域科学原理》《中国历史气候变化》中表现的风格。为适应读者，我尽可能地写得通俗化，这实际上是绝大多数管理学著作的特征，但与公共行政学、经济学和地理学的写作风格不尽一致，希望能被学界同人接受。

这里我特别要对读这本书的地方行政官员说几句话。区域管理是一门正在形成的学科，本书的许多结论只能做参考。我特别希望你们从自己的管理实践中，提出问题，并与我联系，让我们共同探讨这门学问。

完稿之时，我要感谢我的妻子刘丽副教授，作为中国农业大学管理工程学院的教师，她从一个管理学者的角度，作为我初稿的第一读者，提出了不少改进意见，特别是关于工业生产的内容。我的朋友周清波副研究员、王黎明副研究员与我在中国科学院研究生院一起讲授区域与环境管理课程，也对本书提出了可贵的改进意见。我还要感谢华东师范大学的研究生胡倩立，她为本书第二章第 2.4 节、第四章第 4.3 节的写作翻译了部分资料。当然，我还需要感谢科学出版社的彭斌同志，没有他的催促，这本书不可能在今年完成。我还要感谢中国科学院研究生院和河南大学所有听了我的课后提出意见的研究生。最后特别要提的是，我要感谢云南省陆良县原县长赵建成同志和云南省陆良县、路南县的其他地方领导同志，作为实践着的区域管理者，在我们编写《陆良 21 世纪议程》和《路南土地可持续利用规划》期间，他们提出了许多与地方发展有关的问题。我的同学周应华，以及我的学生王露、钟颖杰，也为我介绍了一些地方问题和政策效益，使我思考。我的侄女王忠慧、王瑛帮助我录入文字。丁冠群、王岳华同学帮我完成本书索引。在此，一并致谢。

王　铮

1999年11月24日

于北京中关村

目　　录

第一章　区域与管理

管理，看得见的手。

——小艾尔弗雷德·钱德勒

什么是区域管理？简单地讲，区域管理就是对区域的管理。一个地方官员，比如一个县长、一个市长、一个省长，甚至国家领导人实际上都在管理一个区域。区域管理学就是要研究怎样管理区域，或者说管理一个地方。为此我们需要认识什么是区域，什么是管理。

1.1 区域与管理的基本概念

1.1.1 什么是区域

春末夏初，笔者妻子的同学龚女士从昆明出发，到北京来。她沿途考察了长沙、武汉，最后到达北京，第二天准备去青岛。她说："我准备多去几个地方。"她说得对！昆明是个地方，武汉是个地方，长沙也是个地方，大一点的云南省、湖北省、湖南省也是个地方。这些地方有共同的特征，比如有自然资源，有人，有城市，还有政府。这些可以说是区域的共同特征。区域是地方的抽象，地方是区域的具体，如果龚女士讲"我准备多去几个区域"，听上去会感到有点别扭。

"区域"是一个地理学概念。地理学将"区域"作为地区或地方的泛称。例如，我们平时讲"黄淮海地区""西部地区""南大西洋地区"，而不讲"黄淮海区域""西部区域""南大西洋区域"，因为这里讲的是具体的地方。反过来我们讲"区域差异""区域规划"，而不习惯讲"地区差异""地区规划"，因为我们讨论的是共同的特征。"区域"是一个科学的概念，是地区或地方的抽象。如果更学术化一些来理解区域，我们可以设想地球表层是没有差异的，且是处处同性的，这种背景构成了地球表层空间。这个空间如果一无所有也就失去了意义和人类生活的可能性，然而情况却不是这样的。

地球表层空间被环境、资源和人口所充填，但这种充填不是均匀的，其结果就使一个空间范围区别于另一个空间范围，即空间发生了特化，特化使空间转化为地区，地区的抽象就是区域。换言之，区域是空间的特化物。记住空间特化这一特点，对我们理解区域管理非常重要。

区域作为空间的特化物有什么特点呢？首先，区域具有丰富且不断演变的结构。多种结构存在于区域之中，在笔者拙著《普通地理学》中，我们总结地理学关于区域结构的认识为区域的资源-环境结构、城镇体系、经济结构、空间结构、文化结构和地缘结构等。

1. 资源-环境结构

区域的资源-环境结构是区域最基本的结构。那么，什么是资源-环境结构呢？首先我们需要明确什么是环境。“环境”一词直观上讲是指某个主体的外围。那么所谓环境就是以人为主体的外围吗？这仅仅是最表层的东西。本书将面临环境这一概念的两种意义：其一是地理学的环境，如这里所讨论的；其二是管理学的环境，它指管理对象的外围或约束发展的条件总体。不同学科对同一词语的使用往往有很大差别，这就会给边缘学科使用这一词语带来一系列混乱。不过细心的读者是可以区别这种同词异义的。

环境作为一个科学概念之于地理学，犹如波作为一个科学概念之于物理学。在物理学中，波的最初概念固然来源于水面的起伏运动，但是它却是一类现象或特征的总称。例如，物理学中讲微观物理学对象具有波粒二象性，微观的东西，比如中子、质子，既是波又是粒子。这真叫我们这些外行听上去有点糊涂。这里的波，与水波，或者说它的构词“水之皮”毫无直接联系。完全类似，地理学对象也具有二象性，我们称为环境-区域二象性。环境是区域的另一个侧面。具体地讲，地球表层的构成圈层——大气圈、岩石圈、水圈、土壤圈、生物圈和人群圈相互作用形成景观。地球表层景观各不相同，抽象出来就是环境，就像地球表层空间整体特化为区域一样。作为地球表层圈层相互作用的产物，环境是一个整体，它具有演变着的内部状态与结构，并有三个特点：第一，它表现为某种景观，例如形成山地、海洋；第二，它具有地域分异性，简单地讲，就是说构成环境的空间单元是有差别的；第三，它具有系统性，环境系统的子系统一般还是环境。不过环境不是无限可分的，例如，流域环境是个系统，河流是它的子系统，河漫滩又是子系统的子系统，但是当将河漫滩上的土地划分为土体时，土体就不属于环境系统了。环境的景观形态常有山地、流域、河流、坡地、干旱区、湿润区、湿地、旱地等。城市是一种特殊的环境，它由人群圈与其他五大圈层形成，有特殊的地域分异性和系统性。全球是一个独特的环境，也是最大的区域、最大的环境。所以，区域管理包括环境管理。想要了解更多关于环境的意义，可参见王铮参与编著的《普通地理学》（2010 年）的第四章或者 A. N. 斯特拉勒和 A. H. 斯特拉勒的《环境科学导论》（1983 年）。由于环境是六大圈层相互作用的产物，所以我们通常从地质、地貌、气候、水文、土壤、植被或生物角度描述环境（特别是自然环境）的特征。尽管存在城市这种典型的人文环境，但是地理学中的环境通常狭义地指自然环境，本书也保持这种习惯，除非有特别声明。

本书中谈到的资源特指自然资源，是指具有社会有效性和相对稀缺性的物质和环境，如矿产、森林、土地等。按利用类型可划分为矿产资源、生物资源、土地资源、水资源、海洋资源、气候资源、旅游资源等。尽管这种划分在科学上并不严密和完备，但是它具有明显的管理学上的优点。

自然资源的一个基本特点是，它或者赋存于环境（如矿产资源），或者本身就是一种环境（如土地），许多情况下不能分清它是赋存于环境还是本身就是一种环境。例如，森林资源既赋存于土地中，本身又是一种环境。环境与资源是不可分的，它们共同构成了区域最基本的结构——资源-环境结构。

资源-环境结构具有以下特点。

（1）环境与资源是不可分割的，开发资源就必然意味着改变环境。这里使用中性词“改变”是因为并非所有对环境的改变都是对人类不利的。例如，我国江淮地区，春秋战国时代尚保持着“厥草惟夭，厥木惟乔”的森林植被状态。秦汉以来，特别是三国以来，该区域得到逐步开发，演变成今天以农田生态系统为主、城市密布的状态，这对当地人民的生存与发展具有积极的作用。

（2）环境具有地域分异性。这就使各区域之间，以及区域内部各亚区之间的资源环境呈现出不同的特征。这种不同也就使得其在开发利用的方向、目标、政策等诸多方面产生一系列的差异，区域管理学必须注意这种由资源-环境结构导致的地域分异性。

（3）环境的自然本底性。一个区域的资源-环境结构首先是由它的自然条件决定的。比如，由气候条件决定了一个区域是温带环境，这样它就不可能具有热带资源和热带环境过程。又如，一个地貌上的高原地区绝不会形成同纬度平原地区的农业资源。在一般情况下，地质、地貌、气候条件是不可改变的，这就是使区域的资源-环境结构存在的特定的本底。必须指出，本底并非完全不可改变，自然界的长期演化（如第四纪冰期与间冰期的波动）、人类的强烈活动（如CO_2倍增引起全球性增温），都可能改变区域的气候，从而改变区域的资源-环境结构的本底。区域管理学的任务之一，就是要防止这种本底的改变。事实上，全球环境变化问题已成为20世纪90年代以来环境管理学的最大热点。

（4）局部可重构性和重构性。人类活动从古至今一直在重构着资源-环境结构。例如，人类砍伐森林将土地改造为农田，人类使河流改道，获得水资源、农田资源和交通资源。这些过程都是在重构资源-环境结构。人类经过几千年的文明活动，形成了强大的重构资源-环境结构的能力。然而，到目前为止，人类的重构能力还是有限的，自然界也只是局部可重构的。愚公移山的故事，作为寓言是美好的，但在现实中却是不存在的。资源-环境重构是有巨大风险的。这里有个被编进电影《不见不散》的故事：有人建议用定向爆破把喜马拉雅山炸开个50千米宽的口子。这是一个类似愚公移山的幻想，喜马拉雅山挡住的湿润气流是行星风带[①]，宽100～1000千米，即使炸开个50千米宽的口子，那么多土石往哪里放呢？人类改造自然的力量至少在现在还很小。

（5）环境风险性。当人类对资源-环境结构的开发或重构达到一定的阈值时，环境系统将发生突变而向着与历史不同的方向演化。这种突变和演化可能使环境发生重大变化。由于人类是适应于现存的环境结构的，所以环境

① 由环流形成的全球性大气流动被称为行星风带（王铮等，2010）。

结构的变化被理解为对人类是有害的，尽管并非都是这样。到目前为止，人类对资源–环境的科学认识还是十分有限的，人类很难预料环境演变的方向和效益，而环境一旦恶化，可能从多方面打击人类长期的物质积累和生存环境，因而环境演变将带来风险作为一种公理已为人们所接受。区域的这些特征，被地理学界称为区域的第一地理本性。

2. 城镇体系

区域人口聚集形成的城镇体系（或称为城乡结构）指从大城市到乡村的结构系统，乡村是它的一个层次，“城镇体系”是习惯叫法。城镇体系是区域经济发展的函数，城镇又是人类的主要聚集点，城镇体系实质上是区域人口–经济结构。城镇体系具有层次性，即城市是分等级的。例如，在长江三角洲地区，上海为一级中心，南京、杭州为二级中心，苏州、无锡、常州、宁波、湖州等为更次级的中心，直至当地农村①。聚集层次性、人文性和经济性是区域的三个基本特点，它是人类为适应自然对自然的改造，被称为区域的第二地理学本性。

3. 经济结构

区域经济结构，也就是区域经济系统，它表现为城市形式（包括城市的企业、设施和交通等）。它由区域内部的产业相互配合形成支撑。有两类产业在区域经济系统中居于重要地位，其一是主导产业，其二是基础产业。按照经济地理学家的理解，主导产业是指那些对其他产业具有较大牵动作用的产业，区域主要通过它与外界发生供求关系，或者引导未来产业结构。基础产业是区域经济系统赖以运行的产业，它们主要是供给区域其他产业原料的产业，从这一点讲，它一般是第一产业。关于区域经济结构的更多内容，我们将在第二章中继续讨论。

4. 空间结构

区域空间结构实际上是区域经济结构在地域上的表现形式，例如最早由约翰·冯·杜能提出的农业区位描述的农业带呈环状分布的现象（图1.1.1）。

---

① 长江三角洲有地貌学和经济学的两种理解。本书中，长江三角洲是指从地貌学上理解，长江三角洲地区是指从经济学上理解，它包括地貌上不属于长江三角洲的南京、镇江、绍兴、宁波、舟山等地。

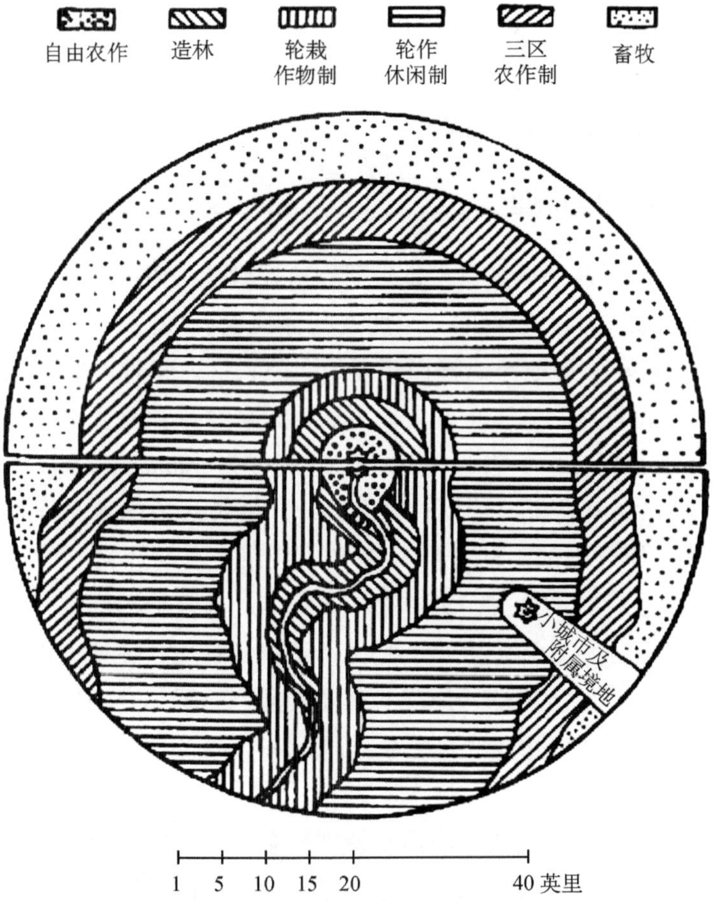

图1.1.1 孤立国的轮廓与概貌（约翰·冯·杜能，1986）

1英里≈1.6千米

5. 文化结构和地缘结构

区域文化结构和地缘结构是区域更为复杂的结构。区域有人群，而人群是有文化的。例如，湖南有自己的文化，上海也有自己的文化。在经济活动中，湖南人更重视乡亲关系，上海人则更重视契约关系，这也影响了经济发展模式。地缘指的是一个地区与另一个地区的文化、经济、资源关系。春秋时代，各诸侯国或者连横，或者合纵，也是地缘关系的建设。不同的地缘关系产生不同的产业模式，如粤港澳大湾区各地区相互合作，会产生一种共同发展的以香港为技术创新中心的模式。进一步讨论区域文化结构和地缘结构，我们将涉及更多的地理学、经济学、文化学知识，如果有兴趣可以参见王恩涌等（1995）的《文化地理学》。

1.1.2 什么是管理

1993年，笔者从中国科学院地理研究所调到了当时的中国科学院科技政策与管理科学研究所。笔者的一个朋友吃惊地说："怎么？你去搞管理？当官了！"笔者只好认真地向他解释管理是一门科学，管理不等于当官，不过当官确实要懂得管理，当一个好官，更需要认真学习管理学知识。

那什么是管理呢？"管理"这个词的英文为management，也有人把它译作"经营"，也就是说，管理首先有经营或者说运筹的意义。不过该英文单词是从法文译过去的。法文原词更多地强调行政的意义，可见除了经营外，管理还包含行政的含义。近年来，人类活动与自然界的相互作用逐渐增强，特别是相互矛盾逐渐扩大，于是出现了资源管理、环境管理等，企图通过行政手段、技术经济方法、地理工程及其区位配置等合理地利用和开发资源，保持并改善环境质量。"管理"一词，应当有内容上的行政和经营、技术上的最优化运筹的含义。

管理的概念是随着现代经济活动特别是企业活动发展而完善起来的。虽然管理活动古已有之，但是，直到20世纪初，管理才被作为一门科学看待。美国人弗雷德里克·温·泰勒是最早将管理作为一门学问来认识的人，因而被称为"科学管理之父"（于畅海，2005）。了解泰勒的经历有利于我们理解管理学。最初泰勒按照父母的愿望，考入哈佛大学法学院以求毕业后成为律师，继承父业。然而一年后他因视力问题退学了，成为费城特普里斯水压厂的模型工，后来又成为一家钢铁厂的总工程师。可能由于他从小受律师教育的熏陶，也与他作为工人的实践特别是总工程师的实践有关，他认识到生产活动特别是对工人的使用必须制度化，而这种制度是在科学研究下形成的，这就是管理。泰勒认为管理是有目的的，管理的主要目的是劳资双方的共同得益。他提出管理有四个原则：第一，科学地挑选工人；第二，对工人进行科学教育和培训；第三，管理人员和工人之间进行亲密无间的友好合作；第四，需要针对管理问题建立一门严格的科学。科学管理，不是单凭经验行事，它提倡合作，要求最大产出，培养每个人发挥自己的最大效能和获得最多的财富。泰勒到处宣传自己的主张，但是他的学说受到了工会的普遍反对。最后，在外出演讲的归途中，他在火车上患了肺炎，刚过完59岁的生日就病逝在医院里。

管理理论的开拓者是法国人亨利·法约尔。他毕业于一所矿业学院，做过工程师，后来成为一家公司的经理。也许因为有这种基础，他有能力和时间对管理做理论总结，并于1916年75岁时出版了《工业管理与一般管理》。法约尔认为工业企业的活动包括六项：①“技术职能”，即生产、制造和加工；②“商业职能”，即采购、销售和交易；③“金融职能”，即筹集和管理资本；④“安全职能”，即员工及财产保护；⑤“财务职能”，即财产清单、资产负债表、成本和统计等；⑥“管理职能”，即计划、组织、指挥、协调和控制。在这六项活动中，法约尔更为注重研究“管理职能”，因为其他五项是人们普遍了解的。现代管理科学实际上把这六项活动都纳入了自己的范畴，从而使现代企业产生了生产管理、财务管理、营销管理等专题部门，而法约尔的管理活动则上升为渗透在上述各个领域的管理活动（亨利·法约尔，2007）。

第二次世界大战以后，在现代企业中逐渐形成了专门的管理（职业）阶层，因此管理学也迅速地发展起来，我国也在改革开放以后系统地引进了管理学。

作为一个新近发展的概念，美国三大综合性百科全书中，仅有《美国百科全书》（*Encyclopedia Americana*）对“管理”单独进行了解释：管理是为达到组织目的安排生产中单元和因子的艺术，也就是通过对人力、资材和机器的应用达到目标。在各种专著和教科书中，作者根据自己的理解和书的主题给“管理”做了互有明显的或细微差别的阐述。管理学名著——哈罗德·孔茨和海因茨·韦里克（1993）的《管理学》（第九版）对管理的定义是：管理就是设计和保持一种良好的环境，使人在群体里高效率地完成既定目标……这个基本定义需要加以展开：①作为担任主管人员的人都要执行管理职能，即计划、组织、人事、领导和控制；②管理适用于任何一个组织；③管理适用于各级组织的主管人员；④主管人员的目标都是一样的——要创造盈余；⑤管理关系到生产率，意指效益（effectiveness）和效率。丹尼尔·A. 雷恩是一位管理学史研究者，他从更全面的角度透视了管理，在《管理思想的演变》（丹尼尔·A. 雷恩，1986）中，他给管理下的定义是：可把它看成是这样的一种活动，即它发挥某些职能，以便有效地获取、分配和利用人的努力和物质资源，来实现某个目标。从20世纪90年代开始，人们对管理的理解已经完全超出了生产的概念，约翰·皮尔斯二世和小理查德·罗宾逊将其定义为是一个优化人力、物力和财力因素作用以达到组织目标的过程（Pearce Ⅱ and Robinson，Jr，1989）。

总结上述定义，我们可以看到管理至少有三方面内容：第一，管理是针对某种组织或对象的，如工商管理是针对企业而言的；第二，管理是一种为实现某种或某几种目标的活动；第三，管理活动包含多种手段或方式，这些手段或方式具有一定优势，即好的管理是有效的，甚至是高效的。这三方面的内容，就是本书对“管理”的定义。本书对管理的定义与传统对管理的定义的主要差别是：①管理对象不仅可以是企业，而且可以是别的实体；②管理目标可以是单一的，也可以是多方面的，并不特别强调经济目标；③不强调管理对象为人或人的组织；④管理是有标准的、具体的，因而是“看得见的手”。针对本书的区域管理，我们要强调的是，区域管理不是管理一个组织，而是管理一个社会或社会性的组织。这个社会性的组织是由人群组织或合作构成的。所以中国政府长期强调区域管理或社会治理要“以人为本”。

关于管理的上述理解，还没有反映管理的实质。那管理的实质是什么呢？管理的实质是服务。管理者向组织、向自己的管理对象，包括团体与个人提供一种服务。有一个故事：联合国前秘书长加利访问中国时，有一个中国孩子问他的官有多大。加利回答说，他是国际大家庭中的一个仆人。仆人，反映了联合国秘书长作为联合国服务者的基本职能。

管理者为谁服务呢？为管理面对的组织服务，为组织中的所有人服务。这里我们强调“所有人”是为了避免服务对象产生歧义。在1985年的一天，笔者和妻子到上海某国营商店买东西，因为我们不会讲上海话，售货员态度不好，妻子批评说："哪有一点为人民服务的精神!"售货员反唇相讥："你是人民吗？谁知道你算不算人民！"可见管理一旦把对象划分类型和等级，服务就有可逃避性，经济贸易过程也就中断了。那么怎么才能优化人力、物力和财力资源呢？管理学不是政治学，管理不是政治，它以忠实的、全面的服务精神面对自己的组织和组织的成员。对于区域管理者，他被要求为全体公众服务，或者说提供公共服务。这就对管理本身提出了一种伦理精神。"伦"就是关系，"理"就是原则。管理者必须以服务而不是统治的精神来调度人力、物力和财力资源，以实现组织目标。同时，管理者应以所有人的共同利益或组织的目标为自己的利益所在，为了这个共同利益，管理要求管理者而不是被管理者做出必要的个人利益牺牲。表 1.1.1 是国际城市管理协会的道德准则，作为区域管理者的伦理要求，它对我国区域管理者有普遍的参考意义，虽然可能个别条例或许不适合我国国情。

表 1.1.1 国际城市管理协会的道德准则（理查德·D. 宾厄姆等，1997）

序号	内容
1	要坚信建立有效和民主的地方政府要靠选举产生有责任感的官员的观点，并相信全面的职业化管理对实现这一目标是至关重要的
2	维护政府所提供服务的尊严和价值，并作为一名可信任的公务员对城市事务保持一种建设性的、富有创造性的、务实的态度和强烈的社会责任感
3	在一切公共和私人关系中，致力于道义和正直的崇高理想，以赢得当选官员、其他官员和雇员，以及公众的尊敬和信任
4	认识到地方政府的主要职能始终是为所有人的最高利益服务的
5	向当选官员提出政府建议，提供有关政府问题的事实和劝告，以作为决策和确立社区目标的基础，并支持和执行当选官员采用的市政政策
6	要认识到得到人民信任的当选代表有权制定市政政策；而政策实施的责任则全在于本协会的成员
7	杜绝参加雇用立法机构成员的选举，杜绝一切有损于作为一个职业管理人员形象的党派政治活动
8	把不断改进成员的职业技能和在使用管理技能的过程中提高同事的能力当作一种责任
9	使社区了解市政事务，鼓励市民和所有市政官员之间的交往；强调友好和谦恭地为公众服务；寻求改善公共服务的质量和形象
10	抵制任何对职业责任的侵犯，相信成员会在原则和公正的基础上一视同仁地自由执行官方的政策
11	以业绩为根据处理一切人事问题，以便在会员的决策、工资调整、提升和惩罚中体现公平和公正的原则
12	不求恩宠；要坚信通过秘密情报或滥用办公时间谋求提高个人地位和获取利益是不诚实的

管理包含的服务精神，主要体现在实现组织目标和职业伦理上，服务本身也不可庸俗地被理解成为组织成员无微不至地提供便利。相反，管理学的服务意义主要在于对管理者的伦理要求，即为组织提出发展和进步机会，做出决策，提供交流机会，分析组织发展和实现组织目标的问题，改进人际关系，协助沟通，实施行政调度，以及在行动上为团体或公众创造长远利益，提供发展机会，等等。

对于区域管理来说，上述要求被体现在公共服务上。所谓公共服务是为实现和保障公共利益，通过公共行政结构或行政法人对公众提供的服务。我们将在第1.4节进一步讨论。

1.2 管理学说

1.2.1 什么是组织

我们说管理是实现组织目标的过程，那什么是组织呢？组织作为名词时，是对有序人群的称呼。一个公司是一个组织，一个区域也是一个组织，但是在公共汽车上的群体不是组织，组织是指人群形成了较明确且较稳定关系的人的团体。管理学不是政治学，所以管理学上讲的组织不是政党，工商管理、区域管理的目标通常也不会是以某一个政党利益为目标。通俗地说，组织就是在一起工作以实现共同目标的一群人。具体来说，组织有四个特点：第一，组织是社会的产物，如公司就是一个组织，我们讲区域可管理就是注意到了它的社会性一面；第二，组织的活动是面向目标的活动，就是说它是有目的的，如一个车间以它的生产任务为目标，一个公司以它的赢利为目标；第三，组织是以组成它的人们的活动模式为特征的，如工厂以生产活动为特征，学校以教育活动为特征，而且这种活动有一定的制度和惯例，如工厂有一定的出勤考核制度、一定的质量管理体系，彼此之间互不相同；第四，组织是一个开放系统，这个开放系统是有内部结构的。对区域管理来说，区域主要是一个社会组织，通常以社会发展为目标，并以人为本。

从上述组织的定义中我们可以看到，区域不是一个简单的组织，区域包含环境、资源，不只是人的团体。区域中的社会是人的团体，区域中的行政结构也是人的团体，它们都表现出了组织的特征。区域的城乡集合形成了区域的城镇结构，表现出类似组织的有序性。由此可见，把区域作为管理学的对象，将推进管理学研究的深入。我们不能仅仅简单地将传统的管理方法与认识推广到区域管理中来。然而为了深入认识区域管理，我们还是需要深入理解组织。

想要理解组织，我们首先需要了解组织是怎样产生的。玛丽·派克·福莱特系统地发展了组织理论。她在管理学中正式地引入了团体的概念，强调管理学中的团体原则。团体，按现在的管理学理论，是介于组织与个人之间的人群集合体。组织强调一定的职权分工和合作，而团体强调心理上的联系和作用。团体的各成员都在心理上彼此意识到对方的存在，各成员在行为上相互作用，彼此影响，有明显的认同感。因此，团体不一定是组织，组织却一定是团体。福莱特认为，从团体到组织应该通过利益的结合来减少冲突，服从形势规律，即不应该由一个人给另一个人下命令，而应该双方都依据形势接受命令。福莱特认为，组织中的协调是这样的：①作为一种形势中全部因素交互相关的协调；②由全部有关负责人员直接接触的协调；③在早期阶段的协调；④作为一种连续过程的协调。她把它们称作“组织的四项基本原则”。福莱特还强调，组织和协调的目的是保证有效、可控地实现任务，领导的首要任务是确定组织的目的（丹尼尔·A. 雷恩，1986）。

切斯特·巴纳德继福莱特之后对团体和组织做了进一步的研究。巴纳德区分了正式组织与非正式组织。他把组织定义为：“有意识地加以协调的两个或两个以上的人的活动或力的系统。”“正式组织是人们自觉的、有意的、有目的的一种协作。”“正式组织内的协作使团体力量能够扩大到个人能做的范围外……但个人有个人的动机，使他们继续为正式组织贡献力量的程度是他们个人感到满意或不满意的一种函数。”巴纳德如此强调协作，以至于他认为正式组织包含有三个要素：协作的意愿、共同的目标以及信息交流。巴纳德定义“非正式组织”为不属于正式组织的一部分，且不与它管辖的“个人以及有关人们、集团接触和相互作用”。非正式组织的作用表现为信息交流，通过对协作意愿的调节维持正式组织内部的团结，维护个人品德和自尊心（丹尼尔·A. 雷恩，1986）。这一切就是社会治理的伦理基础。

从20世纪30年代开始，团体的研究受到了更多的重视。库尔特·卢因是一位心理学家，也许是作为犹太人的经历，使他更重视集体力量，并提出“团体力学”的理论。卢因认为团体就是一套复杂的具有象征意义的力和相互作用，它们不仅影响团体结构，而且修正个人行为。一个团体永远不会处于一种平衡的固定状态，而是处于相互适应的准静态平衡。行为是人及其环境形成的场的结果，团体对个人产生“场力”（丹尼尔·A. 雷恩，1986）。从“团体力学”这种带有明显物理学比拟的概念出发，今天的基于系统科学概念的组织动力学逐步形成。

“动力学”英文为dynamics。按照现代科学的观念，组织是个系统，系统具有不断变化的状态与结构，这种变化的规律与表现就构成了系统的动力学内容。什么是状态与结构呢？状态与结构是不同的概念，如图1.2.1所示，我们放一个球在山坡上，球与山坡构成了一个系统。系统的状态可用球的位置描述，它是容易变化的。山坡的形态就是系统的结构，它是不容易变化的。在图1.2.1（a）和（b）中，A球处于同一高度，状态一样。但若将球推一下，图1.2.1（a）中小球被左推与右推的结果不一样，而在图1.2.1（b）中，向左或向右推动的结果是一样的，可见结构决定了系统状态的演化方向。

(a) 系统有两个平衡位置

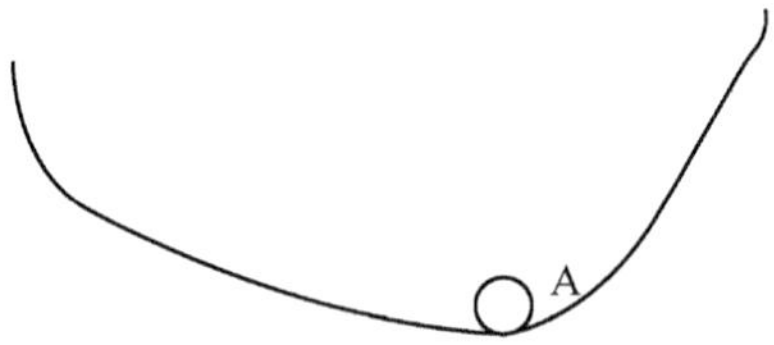

(b) 系统只有一个平衡位置

图1.2.1 系统的结构与状态

在区域问题中，组织的最大特征是组织的结构性。在管理学中，组织中的“结构”比系统论中的“结构”定义要狭窄一些。我们通常从工商管理角度认识组织结构。什么是组织结构，简单讲就是构成组织的人群有序分工和有序联系的结果，也包括了组织人员的活动模式。例如，一个工厂的人事组织架构中有顶级的厂长、中层的车间主任和基层的工班长，还有工人。这就形成了一种有层次、有分工和联系的结构。一个区域社会也有政府、政党、社会团体、经济团体、文化团体，它们是有序的系统，有分工和联系，也是一种有结构的组织。管理学把具有下列三个特征的结构称为组织结构：人员的分工组成单元、对单元和单元组合的管理者的授权，以及单元间的协调规则。企业、政党都具有正式组织结构，区域的行政体系也具有正式组织结构。

其实，不仅人事联系，各种组织内的相互作用关系也形成结构，结构的特征包括复杂性、规范化和中心化。复杂性指组织内部单元的联系形式及其响应特征。内部可能包括多层次，层次可能是内部自相似的，主要的三种形态——递阶、矩阵和网络可能相互穿插，在区域中这种穿插是必然的。规范化是指组织内部有正式的规则，企业的内部固定、区域的法律都属于这种规则。企业的文化、区域的文化也是一种规则。中心化指的是，由于组织有主导因子，会使组织出现层级化的结构。对于企业和区域行政组织来说，会形成递阶的行政体系；对于城乡组织来说，会存在所谓的中心城市，即区域的行政和/或市场中心地方。

管理学从认识企业的管理开始，提出了三种组织结构形态：递阶结构组织、矩阵结构组织和网络结构组织。这些形态一般也存在于区域组织中，并且区域可能还存在无形组织。它们的形式如图1.2.2所示。

递阶结构组织是由一个总部控制若干个分部，各分部又控制若干个次分部，以此类推，直到基元。组织是分层的，一般讲，区域的行政结构就是递

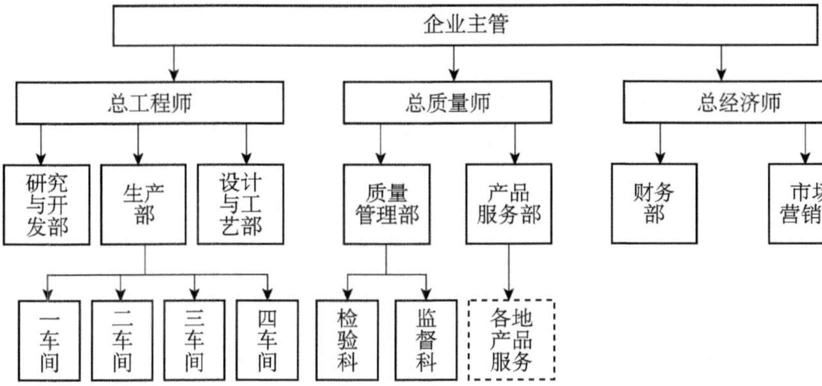

（a）递阶结构组织

经常出现在企业中，一般层次以3～5级、跨度以6～8级合适，它的优点是集中统一，但是缺乏灵活性。注意图中层次与跨度在各个部门不尽一致。城镇体系也被看成递阶结构组织

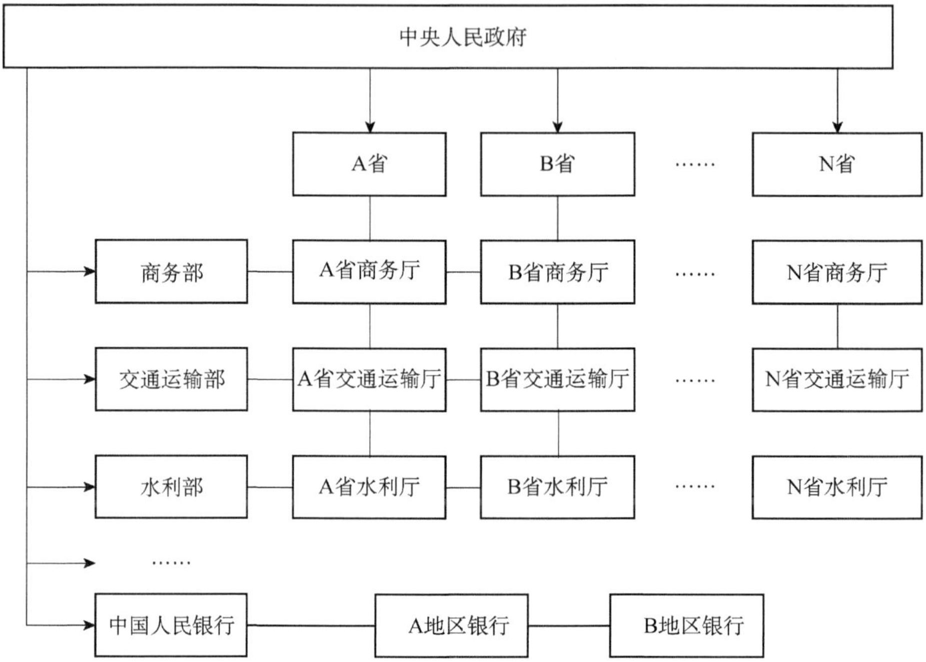

（b）矩阵结构组织

行政结构基本是矩阵结构。注意图中银行系列不与行政区一一对应，这是区域行政结构中常见的。在每个省中，又存在类似的矩阵结构，逐级嵌套。区域结构具有复杂性

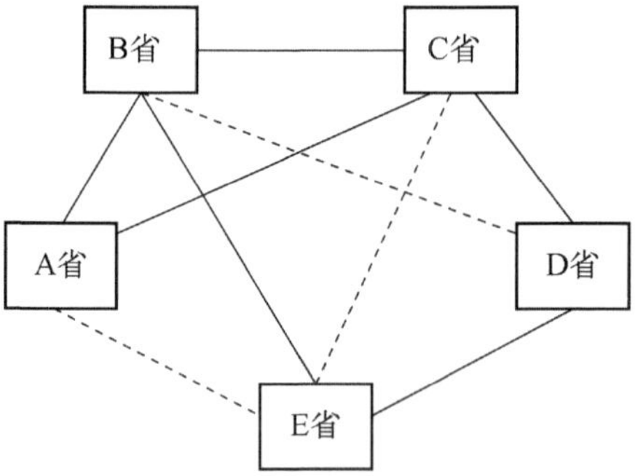

（c）网络结构组织

出现在地缘关系中，不是所有节点都有联系，如A、D两省，有些联系是松散的，图中用虚线示意

图1.2.2　组织结构图

阶结构。例如，中央人民政府是顶级节点，北京市人民政府、河北省人民政府、湖南省人民政府等是二级节点，长沙市人民政府、常德市人民政府、湘

潭市人民政府、邵阳市人民政府是三级节点，洞口县人民政府、邵阳县人民政府、新邵县人民政府、隆回县人民政府是四级节点。一个节点有几个次级节点叫节点的跨度。递阶结构的优点是：明确的授权有利于发挥基层积极性，明确上下级关系，有利于监督，控制过程单一而易于实施。它的缺点是：层次和层的跨度难以确定，如层次太多，指挥不灵，控制松散，如层次太少，上级负担重，容易导致决策效率低下，出现瓶颈效应；如果单一控制和监督，上级一旦失误或失职将使一个分支出现问题，因而区域的经理人才需要有较强的管理能力和丰富的知识经验，行政人才需要有较强的政治才干。一般认为企业组织的跨度以6～8级最为合适，但是这个跨度并不适合区域行政，关于这个问题我们将在第1.4节讨论。

矩阵结构组织是分块结构，在企业管理中，它将职能部门划分和产品部门划分结合起来；而运用到区域管理中，则将职能部门划分与区域划分结合起来，如图1.2.2（b）所示。它的优点是：双重控制，有利于减小风险，以及减少层次间的阻尼作用而更直接地面向目标。它的缺点是：组织中权力混乱，有可能出现指挥不统一的情况，需要较多的力量用于协调人事关系。

网络结构组织是相对较新被认识的组织，如图1.2.2（c）所示。网络结构组织在结构上有若干单元相互联系、互相作用，并形成中心作用不是十分突出的结构。它的优点是：单元具有一定的平等性，故而单元积极性强、对外适应性强。它的缺点是：难以保证组织目标的一致性、组织可能因内部摩擦降低活动或竞争能力。区域组织往往就是这样的结构。例如，我国西南五省（自治区、直辖市）组成的地缘经济联盟（包括四川、云南、贵州、重庆、西藏），在这个联盟中，没有哪个省（自治区、直辖市）有足够的经济力量控制区域网络的经济活动。这种均衡的力量结构可能是网络型地缘经济组织存在的条件。

组织不是天然的，它依靠某种机制结合。耶鲁大学的怀特·巴基提出存在五种组织结合方式：①职能说明书或作业及部门关系的组织说明；②“地位—系统”结合，它把人们置于一种权力等级制度和指挥程序之中；③一种传递重要情报的信息交流系统；④一种为了实现组织目标而提供刺激和控制的奖惩系统；⑤“组织章程”结合，它包括所有组织的“特征”或单位性质的要素（丹尼尔 • A. 雷恩，1986）。在区域中，职能说明书、组织章程的作用往往通过法律、法规来体现，同时，又与职业伦理产生结合。美国主要通过公平机制创造了对社会成员和各种社会组织的奖惩制度。区域较企业在组织方面更为复杂，它可能存在一种不同于上述三种组织形式的无形组织。正如真空并不是“真”空，也具有物理性质一样，无形也是一种形式。一个区域内，各个地方因为商品的供需关系形成一种区域组织，各城市或地方形成职能分工。在这种组织中，中心城市起到商品批发与提供主要商业服务的作用，但是小城市也可能向其他城市批发商品，其他城市也提供着商业服务。居民和零售商具有选择商业服务和进货渠道的充分自由，同时又受服务水平和商业利益的驱动，主要与中心城市发生联系。这种关系没有确定的形态模式，但有层次联系、有经济技术的地位系统和信息联系，中心的技术与商业变化会深刻地影响其他城市。这种组织缺乏奖惩体系，是一种准组织结构，形态上不明确，是无形的。

理查德 • R. 纳尔逊和悉尼 • G. 温特（1997）发展了进化经济及经济组织进化的概念，组织文化被强调在组织中犹如基因对于生物一样重要。组织文化是组织的结构特征。一个企业有共同奋斗的精神，“企业兴亡，匹夫有责”是企业的文化，也是它的结构特征。一个企业鼓励个人创新，“王侯将相，宁有种乎”也是一种具有结构特征的文化。显然这两个企业有不同的运行行为。区域也有它的文化特征。文化特征作为区域的结构成分对区域来讲具有与它的经济结构同等重要的意义。表 1.2.1 介绍了美国的文化特征，它摘自斯蒂芬 • P. 罗宾斯的《管理学》（第四版）。罗宾斯进一步给出了组织文化的定义，他写道：“谈到组织文化，我们所指的具体意义是什么呢？我们用这一术语来指共有的价值体系。像部落文化中拥有支配每个成员对待同部落人及外来人的图腾和戒律一样，组织拥有支配其成员行为的文化。在每个组织中，都存在着随时间演变的价值观、信条、仪式、神话及实践的体系或模式，这些共有的价值观在很大程度上决定了雇员的看法及对周围世界的反应。当遇到问题时，组织文化通过提供正确的途径来约束雇员行为（‘这就是我们做事的方式’），并对问题进行概念化、定义、分析和解决。我们说文化的定义有以下几方面的含义：首先，文化是一种知觉。这种知觉存在于组织中而不是个人中。结果，组织中具有不同背景或不同等级的人，试图以相似的术语来描述组织的文化，这就是文化的共有方面。第二，组织文化是一个描述性术语。它与成员如何看待组织有关，而无论他们是否喜欢他们的组织，它是描述而不是评价。”表 1.2.1 就体现了美国人对自己文化的价值判断。

表 1.2.1　美国是什么样的（斯蒂芬·P. 罗宾斯，1996）

序号	内容	序号	内容
1	美国人非常不拘礼节	6	美国人是好问者
2	美国人很直率	7	美国人不好沉默
3	美国人富于竞争性	8	美国人注意守时
4	美国人是成就追求者	9	美国人讲究整洁
5	美国人是独立的和利己的		

从更广义的管理角度看待组织文化，可以认为文化告诉人们什么事情是重要的和怎样把事情做完。它通过传说、史诗和神话表现自己，并传给下一代。文化的第一重要因子是是否存在合作或竞争的环境。在一个竞争的团体中，交流是带有警戒性的，人们倾向防范，并对他人的评论和作为敏感，进而把它视为挑战。然而在一个合作团体中，它的成员具有较高的开放性和相互信任感，其他人的行为和评论被视为友好的和有益的。文化的另一个重要因子属于伦理学的范畴，即是否存在对虚伪的认可和对不道德的接受。如果每个人都是完全诚实和负责的，那么人们就能在人际关系中更开明，并对他们所看到的和所听到的有较高的信任感；如果每个人普遍都不诚实和不负责，那么人们就转向相互防范。对精英承认与否是文化的一个本质特征。这种文化特征决定着团体的成员是否努力去完善自己的工作。对公平认可与否及其认可标准是文化的又一个本质特性。任何稳定的文化一般都认可公平，但公平的标准却不一致。古罗马奴隶社会认可的公平，是阶级内部的。同时代的中国，强调“王子犯法与庶民同罪”，在法律承认了阶级间的公平的同时却把“王”本人列入不“同罪”。中国2000多年的儒家社会建立了自己的公平标准。海瑞写道：“凡讼之可疑者，与其屈兄，宁屈其弟；与其屈叔伯，宁屈其侄；与其屈贫民，宁屈富民；与其屈愚直，宁屈刁顽。事在争产

业，与其屈小民，宁屈乡宦，以救弊也。事在争言貌，与其屈乡宦，宁屈小民，以存体也。”（《海瑞集》）“存体”，以理想主义道德代替现实主义法律；“救弊”，以理想的平等代替法律的平等。海瑞为他的理想主义道德献出了自己，可是历史却没有进步。不是以“法治”为基础的公平标准，破坏了社会公平的可实现性，使社会失去竞争的伦理和法律基础，社会因而也失去了“跃进”“活化”的分子，造成中国古代社会的“稳定”。实际上，这可能是阻碍中国古代进一步发展的重要因素。由此可见，公平标准在文化中起到了杠杆作用。公平可以激发团体中人员的内在动力并为其带来普遍利益从而产生凝聚力，公平保证了竞争指向实现组织目标。这四个特征最后凝结成伦理原则。人类历史证明，包含竞争与合作、诚实为本、承认精英、强调公平的文化，推动了企业的发展，也推动了人类社会的经济增长。当否认公平、官员腐败、公众虚伪、敌视精英、法律不公正等现象频繁出现而得不到纠正时，社会将危机四伏，并可能趋向崩溃。

1.2.2 管理的基本职能

在了解了区域的基本特性以后，我们需要了解管理的基本职能。据丹尼尔·A. 雷恩（1986）的考证，管理的基本职能是由法约尔于1916年提出的，他写道：“管理：是计划、组织、指挥、协调和控制。计划：即预见未来和拟订行动计划。组织：即建立一个双重性机构，它既有物质性也有社会性。指挥：即让人们去执行。协调：即沟通、联合，并使所有行为和力量达到和谐统一。控制：也就是说遵照已有规则和既定程序，监督事物的运行。”法约尔还强调，管理人员需要懂得的不仅是如何计划、组织、指挥、协调和控制，他还必须对管理的企业活动（技术的、商业的等）也有所了解，即使总经理也如此（亨利·法约尔，2007）。经过几十年的发展，管理学关于管理职能的认识更加完备和精细，现代管理科学认为，管理的职能包括四个方面——计划、组织、领导、控制，后来孔茨等又列入了“人事”作为一个管理范畴（哈罗德·孔茨和海因茨·韦里克，1993），并且强调协调是贯彻上述五个职能的管理活动的核心。

1. 计划

计划是从选择任务和目标到完成这种任务和目标过程中而形成的一系列活动，编制计划和决策是它的两个缺一不可的中心环节，这里的决策指的是从各种可供选择的将来的行动政策和方案中进行挑选。计划是作为管理的基础而存在的，图 1.2.3 描述了这一过程。

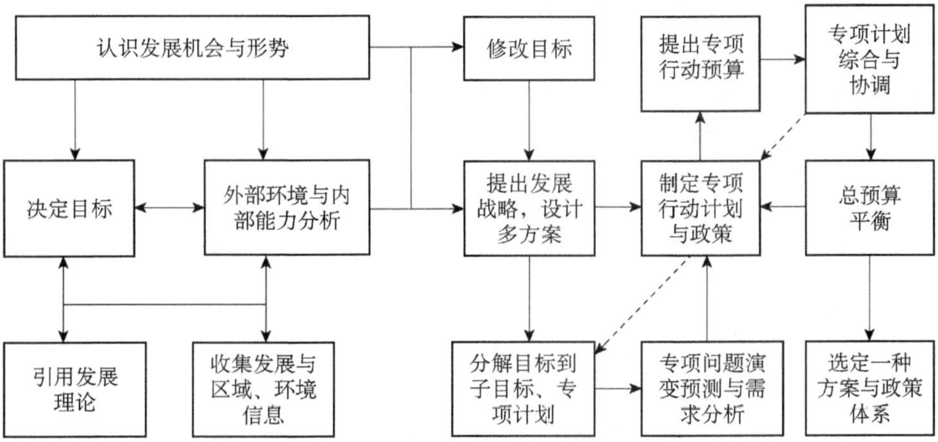

图 1.2.3　面向区域发展问题的计划编制技术路线

计划是人类最早认识到的管理手段。《孙子兵法》提出“多算胜，少算不胜”。古埃及、古罗马和古希腊等早期文明中，也常对经济活动实施严格的国家计划与控制。科学管理的创始人泰勒十分强调计划活动，并且把它与工资刺激制度联系在一起。法约尔则把计划与预测确定为管理活动的第一步骤，他的后继者使计划几乎成为决策的同义词，计划成为管理活动的最重要的部分。现代发展的一些管理学流派，一般接受计划为管理的基础活动，或者或多或少地将决策与计划分开，或者强调控制的作用。这是一种进步。

计划活动在孔茨和韦里克的著作（哈罗德・孔茨和海因茨・韦里克，1993）中被设想为一个八层的金字塔，从顶至底依次为：

目的或使命：原则的内容。

目标：具体可测的，不仅是计划的终点，而且是管理的终点。

战略：为达到总目标而采取的行动和资源利用总计划、组织的目标和为达到这些目标而使用的资源及指导资源使用的方针、长期的目标以及相应的行动方针和资源分配。

政策：主要的或次要的，思想的指南和指导决策的“陈述书”。

程序：行动的时间指南与详细地列出完成某类活动的切实方式。

规则：阐明哪些是必需行动，哪些不是，指导行动而不说明时间。

规划：主要的或次要的和支持的，包括目标、政策、程序、规则、任务分配，要采取的步骤，要使用的资源，以及为完成既定行动方针所需的其他因素。在通常情况下，规划都有预算支持。

预算：这是一项技术经济问题。

计划金字塔自上而下涉及的内容依次增多。我们后面将结合区域问题讨论具体细节。这里我们所要强调的是，计划的第一层，必须有号召力，使组织成员感到有追求的价值。计划的第二层，需要具体化、指标化。计划的第三层，必须是不空泛，不猜想，有理论根据和/或经验，必须建立在预测基础之上。计划的第七层为次生计划，表明完整的计划体系是一个嵌套的“自相似”体系，大计划套小计划。这种嵌套形式在区域管理中特别重要，因为区域是比企业复杂而庞大的体系。此外，由于区域的控制更多地通过政策来实施，以至于政策问题必须在区域管理中被赋予更重要的地位。

计划有两个基本要求：预测性和协调性。预测作为计划的基础，对组织的演变、环境的变化做出估计，从而使计划建立在现实的基础上。一个区域做一个经济发展计划，需要对全国乃至全球经济发展形势做出估计，同时需要对自己的经济区位做出分析。在这种条件下，对区域自身经济、环境、社会演变趋势做出评估，然后提出目标和选择发展战略。在此后的计划过程中，需要对计划提出的政策与工程措施对区域经济、环境与社会的影响做出预测，从而提出多种行动方案，确定最合适的一种。可以说，计划的过程是充满预测的过程。计划的另一个要求是协调性。计划的内容有很多，目标由多个专项目标构成，需要各个专项计划去完成。比如经济发展计划总目标是提高区域福利水平，它由建立工厂和保护环境这两个部分构成，计划至少需要两个专题计划。如果是建立化工厂，很可能与保护环境矛盾，因此需要协调。如果强调经济增长，协调的结果是选择污染少的化工厂；如果强调提高社会福利，协调的结果可能是取消化工厂建设计划，发展旅游业。计划的协调性还表现在它本身就是对组织人员的协调。计划告诉组织成员组织的总目标和阶段目标是什么，他们什么时候该做什么，做出什么贡献。区域的计划工作是重要而又复杂的，对于复杂的面向区域发展问题的计划编制，我们建议采取如图1.2.3所示的计划编制技术路线。在图1.2.3中，有些环节构成了过程循环，它意味着这些过程包括需要反复调整的环节，比如专项计划之和产生超出可承担范围的总预算，就需要修改专项计划。经常发生的是专项计划间不协调，这时需要修改专项计划甚至目标。在图1.2.3中，我们用虚线表示了这一过程。

2. 组织

组织是管理学中的一个基本概念。我们这里说的组织在英文中是organizing，是动名词，与前面的名词组织（organization）不同，这里的组织是一种对实体对象组织的操作，约翰·皮尔斯二世和小理查德·罗宾逊（Pearce Ⅱ and Robinson，Jr，1989）这样定义了作为操作的组织：组织是管理过程中的一种活动。组织活动是使管理对象从无序到有序，从无结构到有结构，从旧结构转变到新结构，从哲学上看，组织具有比计划更为根本的意义。

从工商管理的角度看，组织包括了下列步骤。

（1）划分全部任务为基本工作到每一个工作单元，从逻辑上讲，这种划分要求每个人都能完成他的工作任务并不存在资源的浪费。

（2）把个人任务联合起来组成一个有意义的单位，使不同的个人能一起工作并产生效益。比如，一个完成某一部件的车间就是一个有意义的单位。把人员拼凑在一起，但他们的工作并没有联系，这样的单位一般来讲是无意义的。

（3）决定谁对单位负责并正式确认这种责任性。即确认责任的目标和明确目的的组织行动，这是一种必要的组织技术。

（4）提供一种手段去集合每个单位的工作成果并且协调单位和人群工作，以最后达到组织的目标。

组织活动的一个重要内容是对对象组织的设计。组织设计是对组织结构及组织人员体系、文化、资源、任务结构的一种调整和变革过程。由于组织结构的重要性，因此这种调整是战略性的。我们常见的企业内部劳动分工、任务分配是一种组织设计，区域内资产重组也是一种组织设计。关于组织设计的技术细节可以参见约翰·皮尔斯二世和小理查德·罗宾逊的观点（Pearce Ⅱ and Robinson，Jr，1989）。组织设计的技术要领可以理解如下：根据发展战略，结合环境条件（包括区位与市场分析）、技术变化，考虑组织大小、设计结构。设计考虑组织的单元及其联系、人员与人力资源需求、目标的任务分解、组织的决策与奖惩制度，以及沟通方式与文化，设计就是这五项内容的相互协调与拟合过程。如果要发展地方旅游业，需要做到以下几个方面。第一，需要将牵头和协调等功能落实到一个职能部门，组织若干旅游经营企业和构造一个旅游点体系，这就是组织的单元及其联系设计。第二，要选拔和培养干部、开发有关人力资源，如出台鼓励报考旅游专业的政策。这是解决人员与人力资源问题的措施。第三，提出旅游业发展详细规划，对各旅游点提出发展目标、功能建设，确定关键工程。这样就完成了目标的任务分解。第四，提出鼓励旅游业发展的经济政策，从而完成了组织的决策与奖惩制度设计。第五，对外、对内宣传，形成一种地方重视旅游业发展的大众观念，同时解决好产业内部信息交流的问题。第六，对上述五项工作进行协调。自1997年以来，云南省旅游业的发展大致走了这样的路：提出战略；确定了由原云南省旅游局（现云南省文化和旅游厅）、建设厅（现云南省住房和城乡建设厅）牵头，地县参加的结构；提出建设滇东南、滇西北的任务模式，重点建设“世博园”；对培养旅游业人才、引进外地专家做了规划。这些举措对外提升了云南旅游业地位，使旅游业有了明显发展。后来，在全国铁路建设中严重约束云南省客源市场的交通问题得到了解决，云南省旅游业得到了进一步发展。但是，少数旅游区位差的地区也仓促开辟旅游业，由于对旅游业服务人员缺乏素质培养和职业道德教育，一度引出多种诟病。好在加大服务人员素质培训后，这个问题得到了解决。

对区域来说，由于区域不能任意设计，所以组织设计是与组织结构的变革连在一起的。对企业组织来说，这种组织变革是与社会的技术变化、组织的人员变化相互作用的。例如，在计算机出现后许多企业增加了计算机应用部门。计算机技术的发展，使美国出现了像微软、英特尔这样的以生产专项产品为目标的产业组织，而仿效汽车制造工业，全面开发各种计算机产品的IBM公司、NEC公司也经历了繁荣与衰退。对区域组织来说，除了技术变化，企业制度也必须与时俱进。除此之外，区域发展与管理必须要考虑资源环境的变化。随着我国经济向高质量发展转变，我国矿业城市普遍出现了可持续发展问题，这是区域的资源−环境结构变化的必然后果。在图1.2.4中，笔者列出了应对组织变化的准组织设计技术。

组织的变化 →

组织受冲击	初始对策	适应性对策	发展计划	自适应调整
预报创新（技术的和政治的）	分析变化的动力学机制	应急对策	发展方向	组织结构调整
预报环境演变	评估冲击的影响	组织结构应变对策	发展重点	管理系统调整
预报经济地理变化（地缘的和空间结构）	评估公众、政治和经济团体的响应行为	管理系统应变对策	风险分析	资源调整（人力、物质、财政、信息）
发展战略	提出适应的战略	资源应变对策	应变计划	技术与文化配置

图1.2.4 应对组织变化的对策

3. 领导

领导活动是指对工作人员施加影响，使他们对组织和集体的目标做出贡献，领导本质上是一种服务。

领导包括四个要素（哈罗德·孔茨和海因茨·韦里克，1993）。第一是权力，领导者应当有效地并以负责的态度使用权力，权力必须以适当的组织形式分配和运用，滥用权力是十分糟糕的管理。在管理学中，强调授予职能部门以职能权力，以使组织有效地活动。第二是对人要有基本的理解，承认人是有多种需求和特色的社会人，拥有生理、安全、社交、尊重和自我实现等多层次需求（Maslow，1943）。第三是杰出的鼓舞能力，能运用自身魅力和榜样精神激发追随者的忠诚、奉献精神，以实现领导者所定的目标。第四是以某种方式形成一种有利的气氛。气氛有时是非常强大的，它可能使大批的人表现出奉献精神和强烈追求，如法国大革命的群情激奋、2008年北京奥运会时我国奥运健儿们振奋人心的群体进取精神、我国举国应对新冠肺炎疫情的众志成城。但是，当气氛这一手段被错误地应用时，也会起到不良的效果，如第二次世界大战时纳粹的普遍疯狂。

激励与沟通是领导的两个重要功能。

激励是作为领导的一种特殊的手段参与管理活动的。激励被看作一系列的连锁反应——从感觉的需求出发，由此引起要求或要追求的目标，这便出现一种紧张感，即未满足的愿望，引起为实现目标的行动，最后满足要求。关于激励，由于行为科学的引入，在管理学中形成多种理论观点。这些观点将留待第三章与人口管理问题一并讨论。需要提及的是，各种激励理论几乎都认为激励的手段就是“胡萝卜加大棒”。

沟通作为一种领导职能，是主管把想法和掌握的信息告诉下属，让下属理解，同时理解下属的想法和信息，从而把组织的行动协调起来。命令是一种沟通，商讨也是一种沟通，常用于合作者自己的交流。作为有正式结构的组织，存在两种形式或者它们的过渡形式，但最终行动只能以主管人员的最后决策为准。在区域管理中，对于下属来说，有时理解的要执行、不理解的也要执行，往往存在于不可公开的场合。这种沟通形式适合复杂的、需要迅速做出决策的场合，如在军事作战中和企业面对竞争的时候。在学术研究中，这种形式显然是不适合的。可见，沟通形式应该随情况变化而变化。在哈罗德·孔茨和海因茨·韦里克（1999）的《管理学》（第十版）中，“沟通”一章被改作“信息沟通”，作者显然认为沟通主要是信息沟通，这是现代经济活动的特点。在这一章中，作者还谈到沟通中的文化障碍。作为一个区域主管，文化障碍的克服尤为重要。如果你能通俗地向普通民众讲述你的经济政策，总结性地向你的参谋班子提出你的问题，那么你就成功了一半。孔茨和韦里克在“信息沟通”一章中讲道，据说，1986年美国航天飞机失事，就是缺乏自下而上的沟通而造成的。

关于将领导作为一种管理活动，伦西斯·利克特（Likert，1961）给出了四种方式：①专制-权威式，主管人员非常专制，很少信任下属，采用使人恐惧与惩罚的方式制造气氛，偶尔用奖赏来激励员工。②开明-权威式，主管人员对下属怀有一定的信任和信心，并行采用奖赏与惩罚两种方式，允许一定程度的自下而上的沟通，向下属征求一些想法和意见，授予下级一定决策权，但牢牢掌握政策性控制。③协商式，主管人员对下属抱着相当大但又不充分的信任与信心，通常设法采纳下属的意见和想法，甚至是在制定最高层决策时，也设法听取基层部门的具体意见；奖赏为主，偶尔用惩罚，自己在一定程度上参与下属的工作。④群体参与式，主管人员对下属在一切事务上抱有充分的信任与信心，总是设法取得下属的意见和想法并积极采纳，更多地从事上下级沟通和参与下属的工作。利克特发现，第四种方式最优。实际上这个结论可能是局部有效的，在面对简单情况和组织规模小时，特别是信息公开性好时，它可能是最优的。在复杂情况下，下级没有掌握充分的信息，第二种和第三种方式更好。例如，一个人当县长时，可以经常下基层，听取意见。但晋升以后，这种方式就行不通了。因为他所负责的区域更大了，情况更复杂了。下面的意见可能只是局部经验，这时就需要学习管理和经济学的新知识，也需要转变领导工作作风。例如，建立一个有分析能力、可以充分得到信息的参谋班子扩大决策咨询的渠道等。管理方式是否合适与组织结构有关。组织结构变了，管理方式也应调整。

针对领导问题，罗伯特·布莱克和简·莫顿（Blake and Mouton，1978）发展了管理方格理论。该理论设想管理是两维的，以企业论，其中一维是对人的关心，另一维是对生产的关心，在这个体系中，每一个坐标轴分9个等级，这样会生成81种不同的领导方式，这81种方式有五种典型的方式，它们分别是：①贫乏型——领导者付出最小的努力完成工作；②任务型——领导者只重视任务效果而不重视下属的发展和下属的士气；③乡村俱乐部型——领导者只注重支持和关怀下属而不关心任务效率；④中庸之道型——领导者维持足够的任务效率和令人满意的士气；⑤团队型——领导者通过协调和综合工作相关活动，提高任务效率与工作士气。

管理方格理论提出了下面的基本假设：假设其他情况相同，那么在具备下列条件时，生产效率、创造性或精神会发挥更大的作用：①有信息根据的自由选择是个人行动的基础，而不是被迫依从；②积极参与问题解答和决策是发展和开发的基础，而不是被动地接受怎么做的指令或处于因社会隔离而加强的无所作为的状态；③相互信任和尊重是健全的人际关系的基础，而不是多疑和防守；④能产生相互了解的开放性沟通，而不是单面的、隐瞒的、封闭的和那种会增加了解障碍的马基雅维利[①]式沟通；⑤在一种适合自我指导的目标构架内活动，而不是由外部指导；⑥解决冲突的办法是通过直接面对面地解决问题，而不是通过其他途径（压制、和稀泥、退缩、妥协或操纵）；⑦人们对他自己的行动负责，而不是对哪个人负责；⑧批评的目的是吸取经验而不是因不研究经验而使人们重犯错误；⑨人们是在参与复杂的工作活动或多样化活动，而不是在参与简单的活动或重复同一活动。基于这些假设，管理方格理论认为团队型是最好的管理形式。

由于组织已经形成了一种正式结构，领导者的一个禁忌就是越级指挥。既然有了正式的组织结构，领导者的责任主要是“主管例外”，即对那些没有明确规定的事项和突发性事件做出直接指挥，而有明确规定的事项，则应由控制去完成，不然就会带来组织的混乱和下级劳动者的消极。“主管例外”这一点在区域管理中特别重要。曾经一名干部告诉笔者，他的一个前任去某县扶贫，这个前任到每个村访贫问苦，亲自发放扶贫款，结果因对情况了解不清，被村民告到省里。他接受前任的教训，上任后对扶贫款发放制定了一套制度，由村委会组织评议，张榜公布，利用民主的力量，结果群众很满意。而洪灾发生后，他亲自到被毁家园的农民家去了解困难，最后解决了实际问题。应用规则控制和“主管例外”是领导的关键。

4. 控制

控制是通过检查和调整组织的活动以完成组织目标的过程，在这里，检查与调整是与计划相匹配的。对于控制来说，标准是根本的，虽然它是在计划中提出的。例如，在环境管理中，我们在可持续发展的目标下，提出环境规划（计划）。在环境规划中按我们的环境目标选择国家公布的环境标准作为环境控制的标准。在经济发展问题上，一般没有国家标准，管理者的任务之一就是制定这种标准。例如“美国国民生产总值（GNP）年增长率为4%”就是一个标准。这个标准是在认真分析国民经济增长情况、就业需求、消费需求之后得出的。宏观经济理论的主要功能之一就是来研究这种标

① 马基雅维利主义，即个体利用他人达成个人目标的一种行为倾向，参见陈国海（2013）。

准，通常，充分就业是首要要求。因此，宏观经济理论关心与劳动力增长率一致的生产和消费增长，把它叫做“平衡增长”。从管理学上看，这种分析也包含在计划工作中。在有标准的情况下，控制过程一般有三个步骤：①检查状态与实际绩效；②将实际绩效与标准进行比较；③采用管理行动来纠正偏差或不适当的标准。

定标、检查、比较和校正被称为管理的四个相。在图1.2.5中我们可以看出这四个相的特性。在这里检查相的内容包括检查面向目标的进展、组织与过程的变化，以及实施标准与偏离标准的结果。这里的检查包含两层意思：首先需要确定一系列对系统单元的检查内容与测量手段，其次需要确定对系统总体的检查内容与测量手段。作为第三相的比较就是将第一相制定的标准与检查的结果比较，比较的困难在于标准不是绝对的，本身具有开放性，因此比较包含了评价的意义、评价结果或变化的价值、评价标准的可接受性。但是，这种评价不意味着检查者和执行者可以修改标准，标准的修改要由计划去完成，不然会引起混乱。校正行动是对比结果总结后的行动，它可能采取三种形式：在没有偏离标准时保持现有状态；在偏离标准时评估发

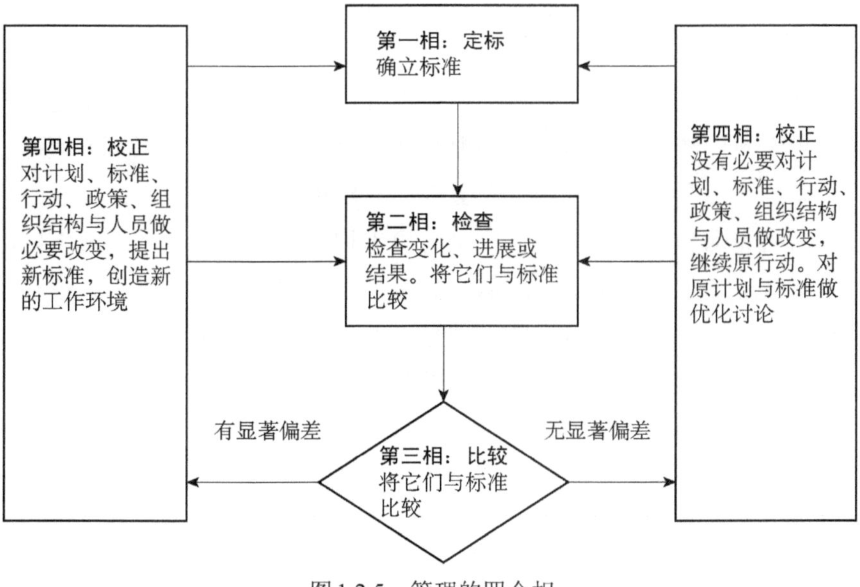

图1.2.5　管理的四个相

现执行计划过程的不足，采取校正执行的行动，或者评估发现标准的不足而修改标准；在某些情况下，我们可能发现组织的缺陷，这需要对组织结构进行设计或重构，但这不是控制的行动。执行层次的管理者没有权力去干扰组织结构，因为组织结构涉及更大的层面，这种干扰可能会造成全面的混乱，而且执行层次的管理者可能看到的仅仅是局部的最优，任意更改结构可能会破坏全局的最优。有一个事例发生在某省：从省会修到甲县的高速公路，省里的计划是绕行约30公里经乙县到丙县，这样作为这个省农业基地的乙县产品流通会更方便，有利于省域经济发展。甲县希望经乙县边界直达丙县，因为这样可以经过自己落后的丘陵山区，带动丘陵山区的经济发展。于是一条土路在甲县动工，但途经乙县时，乙县不批给他们土地，两县的官司打到了省里，最后在省政府的主持下协商解决了这个问题。可见，沟通和协商在管理操作中具有润滑剂的作用。

面对结构复杂的企业或区域，控制不能事无巨细，眉毛胡子一把抓，需要纲举目张。这就产生了控制的焦点问题。控制一般可分为两个层次，即战略控制和运筹控制。

战略控制是第一层的控制，区域行政官员的控制任务基本是战略控制，战略控制的焦点在于财政干预和方向性控制。财政干预不是财政干扰，它的内容包括平衡收支，在分析基础上，调节部门比例、财务标准的制定。一个顶级领导人不可能也不应该对具体财政或财物事务负责，在策略上他可以成立一个审计委员会对财政部门或财务部门开展审计监督。方向性控制的焦点在于部门的观念和标准。例如，一个省提出积极发展粮食生产，其下属的农业县也按政府要求实施了这个战略。省级领导需要检查地方是否真正实施了这个战略，检查“粮食”这个关键词是否在外延或内涵上被偷换。比如，省级战略是发展水稻、小麦、玉米等主粮，是否被县级政府换成大豆、板栗等经济价值高的作物；保证全省粮食供应自给，是否被换作保持县内粮食供应自给，因为对一个农业县来说，这个标准就低了。同时，方向性控制意味着省级领导不仅要检查县级对积极发展粮食生产政策的理解与执行标准，而且要对自己的政策本身进行评估，去了解为什么农业县要发展大豆生产，如果这种发展可以促进全省粮食自给，则可以通过计划去修改原有的标准。一个良好的管理者是不应较多地口头表态的，因为这样会破坏管理的规范性。

运筹控制包括物理资源控制、人力资源控制、信息资源控制、财政资源控制。物理资源控制的焦点包括购买（合适质量、价格和交货时间）、创新管理（研究与开发合适的新项目）、设备控制和质量控制。对区域管理来说，其主要渗透在自然资源与环境管理中，对此，本书后文讨论。人力资源控制的焦点包括人员的选择、培训、估价及工资。信息资源控制的焦点则针对组织的全部活动，寻找足够及时和精确的信息。财政资源控制的焦点在于项目的技术经济分析和对日常工作建立无歧义的规章制度。这里无歧义是非常重要的，而且需要公布和尽可能地稳定。例如，我们经常听到这样的抱怨："不知财务部门翻出哪个时期的文件，解释一通，来说你购买的设备不符合规定，使你无法工作。"这种现象也经常发生在区域管理中。

控制有三种形式，即前馈控制、同期控制和反馈控制。前馈控制也叫预防性控制，是在生产活动或经济活动、环境活动开始之前，就做出可能出现问题的预测，取消那些可能产生问题的环节、步骤、任务甚至是目标，以及在做出风险评价前，提出必要的应急措施。例如，在区域管理中，在环境问题上为了防止水污染，不批准某些企业上马，就是一种前馈控制。同期控制就是在活动进行中实施的控制，造纸厂的废水处理是一种典型的同期控制，显然同期控制离不开预测。与前馈控制不同的是，应急控制是应对意外事件或者说小概率事件的，比如应对特大洪灾，而同期控制是应对活动中的经常性事件或渗透在活动本身中的事件。反馈控制是在问题发生后采取的控制行动，亡羊补牢，犹未为晚，但有时是晚了，因为已经造成了损失。对环境问题来说，损失有时是不可弥补的，因为环境有历史的继承性。例如，笔者曾听到农民抱怨：本来山上到处是树，山上流下的水是清的。后来，树都被砍了，现在一下雨就发洪水。所以，控制要尽可能地采用前馈控制和同期控制，在实际活动中，通常需要同时应用三种控制。

5. 综合应用

在实际的管理工作中，管理者需要对上述四种管理手段进行综合应用。笔者认为，综合应用的核心是协调，协调四种管理手段，协调它们执行的内容。在技术上，协调首先需要抓住计划与控制两个环节。因为组织不是经常发生的，领导则渗透在具体的工作中。计划与控制是中间环节，管理需要“抓中间，带两头”。图 1.2.6 是我们关于计划与控制关系的认识。借助图 1.2.6 我们发现，标准在控制中起到了关键作用，这个标准是基于计划制定的。标准是组织目标的技术实现。在区域管理中，宏观经济理论的主要功能之一就是来研究这种标准。通常，保证区域的充分就业是区域管理的首要要求；在可持续发展框架内，环境指标成为控制内容，同时要有协调发展与环境的指标。从管理学上看，这种关于经济和社会发展标准或者说管理控制指标的分析包含在计划工作中。在图 1.2.6 中，我们还可以看到计划与控制的协调过程，这里的过程包括计划目标的修改、控制指标的修改。但是协调不是“各打五十大板”，而是应该在分析基础上完成的。通常需要各利益方协调和沟通。

在实际管理工作中，作为一个管理者，除抓住计划与控制外，还需要根据你所处的管理工作确定自己的管理任务。各种层次的管理者对四种管理任务的需要是不一样的。例如，如果你是一个公园的负责人，那么你不需要去参与地方旅游规划，而是需要落实旅游业发展规划下的公园具体管理要求；如果你是一个市长，那么你不需要去管市内产业园内道路清扫工的值班。表 1.2.2 说明了不同层次管理者的任务。

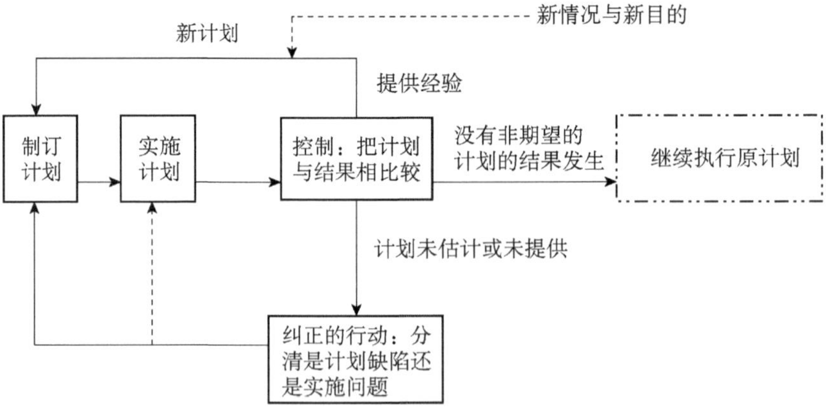

图 1.2.6 计划与控制关系

资料来源：哈罗德·孔茨和海因茨·韦里克（1993），有修改

表 1.2.2 不同层次管理者的任务

管理层次	计划	组织	领导	控制
高层	重要	较重要	不重要	较重要
中层	较重要	较重要	较重要	重要
基层	不重要	较重要	重要	较重要

管理不仅包括四个功能，还涉及七个技巧，即提出概念，采集信息、开展分析，做出决策，实施行政，促进沟通，改善人际关系以及应用技术。作为一个高层管理者，重要的是提出新概念、新想法，为此需要有分析问题的能力。如果把精力放在拉关系、搞权术上，那么作为经理，你的公司只能是追随者，作为地方行政官员，你只是个守成人。为了公司和区域的发展，你必须有新思维，有决策权和决策能力。历史上，刘邦问韩信自己能领多少兵？韩信说：十万。刘邦又问韩信：你自己能领多少兵，韩信的回答是多多益善。刘邦不高兴了。韩信告诉他：你不能领兵，你却能“将将”，即领导将军。刘邦为什么能领导将军呢？因为他给了将军们推翻秦王朝、推翻项羽的政治理想，提供给他们成为王侯的机会。张良在分析项羽的弱点时指出：项羽看到下属病了，就流眼泪；但是项羽把王侯封给别人时，却一摸再摸印玺，下属需要的他不愿提供。项羽的弱点正是刘邦的优点。不仅如此，项羽缺乏政治理想，图一时之快，火烧阿房宫，坑杀降兵，与刘邦的“约法三章”形成鲜明对比，最后只能与虞姬在那里唱《霸王别姬》了。由此可见，作为一个高层领导者，提出概念与想法，提供组织理想是何等重要。在表1.2.3中，我们给出了不同层次管理者与管理技巧的关系。注意，这里的高层管理者指的是一个责任单位的顶级领导人，比如一个县长。论干部级别，县长是处级，但是它对一个县全面负责，需要做顶级决策。一个部内的司长，不需要经常做顶级决策，他是一个中层管理者，尽管干部级别比县长高一级。作为一个顶级管理者，不能追求自己事事都能，特别是不能认为自己事事都能，这样身边可能会出现一群阿谀奉承的人，而同时阻挡了那些希望创造业绩、得到社会承认和自我实现从而去勤奋工作的人。在第三章我们将看到，得到社会承认和自我实现是人的基本要求，特别是那些丰衣足食的人。

表1.2.3 不同层次管理者与管理技巧的关系

管理层次	概念	决策	信息与分析	行政	沟通	人际	技术
高层	重要	重要	重要	较重要	较重要	较重要	不重要
中层	较重要	较重要	较重要	较重要	较重要	较重要	较重要
基层	不重要	不重要	较重要	较重要	较重要	重要	重要

1.2.3 现代方法

20世纪60年代以前，几乎所有理论都受物理学的影响。管理被作为一种可还原为原因的现象加以研究，有的理论因此将物理学概念引申过来。20世纪60年代以来，主要受系统论的冲击，管理学在思想上突破了还原主义的影响，这一时期的管理学进展主要表现为“就事论事”地提出方法而不去追求哲理和规律。因此，笔者认为20世纪60年代后管理学的进展与其说是理论上的，不如说是方法上的。

1. 目标管理

目标管理是由皮特·杜拉克提出的。在方法学上，他首先提出组织的总目标，再根据总目标决定每个部分以及每个人承担的任务、责任及相应的分目标，以目标和分目标作为管理和个人活动的依据，一切围绕总目标。简言之，将职责变为实现目标，管理与考核以目标为依据。

目标管理中目标体系可能形成层次结构，也可能形成网络结构，更多的情况是二者的融合，依实际情况而定，但目标不宜太多。目标设置的步骤大致是：初步在最高层设置目标，明确组织作用，设置下属人员的目标，落实负责的组织单元，同时拟定目标的反复循环过程。目标的设置不仅是一个连续过程，也是一个互相作用的过程；最高主管人员对他们的下属应当确定什么目标先要有个设想，但当下属实际开展工作时，他们将几乎肯定要改变这些预先想定的目标，这时主管人员需要与下属协商，改进目标。我国的环境管理基本上实行的是目标管理。

目标管理的优点是组织结构清楚、控制有效性好，以及鼓励人们专心致志于他们的目标和强调计划的有效性。它的缺点是目标设置困难、强调短期目标、不灵活而存在风险等。美国联邦政府20世纪70年代在卫生、教育与福利部门实施目标管理，取得了成功。哈罗德·孔茨和海因茨·韦里克（1999）总结他们管理成功的经验是：①将业绩同预先制定的目标对比以查明无效方案；②实行零基预算[①]；③为衡量个人业绩，应用目标管理概念；④准备短期的和长期的目标及各种计划；⑤进行有效的控制；⑥设计健全的组织结构，在适当层次上有明确的责任与决策权；⑦培养能够承担管理责任的政府公务员。

从这里我们可以看出，目标管理不是放弃管理的四个功能，而是以目标为核心综合应用四个功能。

2. 决策理论方法

1978年，诺贝尔经济学奖获得者赫伯特·A. 西蒙的代表作《管理决策新科学》开创了管理学中的决策理论学派（赫伯特·A. 西蒙，1982）。决策理论学派认为，管理的关键是决策。决策不仅需要研究决策本身，而且要研究决策前的一切情况和决策后的影响。

决策理论将决策分为四个阶段：找出制定决策的根据，找到可能的行动方案，在诸行动方案中进行抉择，对已进行的抉择进行评价。西蒙称第一阶段为“信息活动”，第二阶段为“设计活动”，第三阶段为“决策活动”，第四阶段为“审查活动”。西蒙强调了任何阶段中的问题又会产生若干次要问题，这些次要问题又有各自的情报、设计和抉择。大圈套小圈，圈中还有圈。至于决策过程的第四个阶段，在这里并不被强调。西蒙认为，保证决策的执行仍然是决策制定活动。一种广阔的政策性决策组织中要求为执行政策而设计和选择行动方针的经理能创造新条件。于是执行政策和制定更详尽的政策就很难加以区分（赫伯特·A. 西蒙，1982）。

西蒙将决策分为两种类型：程序化决策与非程序化决策。他特别指出，这两种类型并非真是截然不同的两类决策，而是像光谱一样的联系体，是一

---

① 零基预算是预算编制的方法之一。预算编制就是用数字描述未来某个时期的计划。零基预算的做法是把组织的计划分为由目标、业务活动和所需资源等组成的几个“一揽子计划”，然后以零为基数开始计算每个一揽子计划的费用。这样可以避免预算中只注意前期变化的倾向。它的优点是使主管人员重新编制每个一揽子计划，从而与目标紧密发生联系。值得注意的是，实际运行中不能将预算目标置于组织目标之上，为了省钱或花钱，不完成任务或偏离目标。主管必须明白，真正的节省来自技术进步而不是照预算按部就班地去工作，因此需要预算外的发展费用。

端为高度程序化决策，而另一端为高度非程序化决策；沿着这个光谱式的统一体可以找到不同灰阶的各种决策（赫伯特・A. 西蒙，1982）。这里的程序即借用的计算机术语，它具有控制系统作为某种复杂工作环境做出一系列反应的功能，因此我们理解程序化决策是一种结构与步骤明确的决策系列，而非程序化决策实际上是“摸着石头过河”。表1.2.4是西蒙总结出的决策技术一览表。随着计算机技术的进步，这里的探索式计算机程序典型化为专家系统、模拟方法、数据挖掘与分析、权变分析等技术和实验经济学方法。

表 1.2.4 决策技术（赫伯特・A. 西蒙，1982）

决策类型	传统式决策技术	现代式决策技术
程序化的： 常规性、反复性决策，组织为处理上述决策而研制的特定过程	（1）习惯 （2）事务性常规工作：标准操作规程 （3）组织结构：普通可能性；次目标系统；明确规定的信息通道	（1）运筹学：数学分析；建模；计算机模拟 （2）电子数据处理 （3）实验经济学方法
非程序化的： 单射式、结构不良新问题的政策性决策；用通用问题解决过程处理的	（1）判断、直觉和创造 （2）概测法 （3）经理的遴选和培训	探索式问题解决技术适合于： （1）培训决策制定者 （2）编制探索式计算机程序 （3）实验经济学或管理学方式

3. 系统方法

20世纪90年代后，在管理学中系统方法得到了发展，系统方法的引入，使一些学者将过去的一些管理理论与原则，特别是过程学派的，在系统的理论框架下重新阐述，此外引入了新的哲学思想。

系统方法的特点是：①将组织看作一个输入–输出系统；②借助系统分析（主要是数学手段）将资源向着目标的流程进行分析；③从资源的分配和应用来描述管理者的工作；④以系统方式认识外围范畴中影响管理决策的各种力量。

4. 权变理论方法

权变理论方法是由系统方法产生的。权变学派认为管理当局必须明确每一情景中的变数，管理面临的问题有各种变数，组织和组织成员的行为是复杂的，没有任何一种理论和方法适用于所有情况，也没有一种最好的组织方法，它取决于环境因素，因此需要“整体化”组织。“整体化”这个词则用来表示协调或达到努力的统一。实现整体化有两种途径：①运用正式的权力等级制度的管理、计划、程序、规则以及其他较为正式的管理措施；②依靠更灵活的调节，如运用跨职能部门的工作队和队长、更自由的信息交流、以知识专长而不是以正式权威为依据的影响力以及其他非正式的工作协调手段。在整个管理中需要建立整体化模式以选择适当的管理方法。下列情况最需要“灵活”：①环境变化速度快；②信息准确性较低；③反馈时间较长。“取决于环境”的整体化和灵活性成为权变理论方法的基本准则。

5. 管理科学方法

管理科学学派是试图用数学概念逼近管理概念，以数学模型表达管理活动的学派。他们实际上是在20世纪初继承“科学管理”的思想，逐步发展起来的。

管理科学方法主要依赖的手段是运筹学，也就是最优化技术，在许多情况下也被称作“系统分析”。除了运筹学方法外，其他一些数学方法，特别是统计方法、方程方法也被广泛地应用在环境科学的领域中。在哈罗德·孔茨和海因茨·韦里克（1993）的《管理学》（第九版）中，不无贬义地称管理科学把管理活动看成是数学过程、概念符号与模型，并认为许多工作不能建立模型，这是他们缺少管理科学研究的片面理解。不过，他们正确地指出“管理科学”是一种管理方法，或者准确地说，是管理学的研究方法。而管理科学未能建立类似于物理学分析中使用的“质点”“波函数”等概念，依赖的主要是模型。所以它还是一种方法论。

管理科学方法和系统方法都借重数学手段，它们有许多相同之处。它们之间的区别可用一句虽不够准确但却形象的话来说明：系统学派搞的是大的、“宏观的”、概念上的，管理科学学派搞的是小的、“微观的”、技术上的。

近年，管理科学方法发展出了实验经济学学说，它主要借助计算虚拟环境，针对人的行动特征，设计一个实验环境，测试人的行动特征，总结管理规律。目前已形成实验行为经济学、实验计算管理科学和计算机辅助实验人文地理学等。

1.3 区域的管理学基础

1.3.1 区域的管理学性质

明确了什么是区域和管理，我们就可以来讨论区域管理了，这里首先要讨论区域的管理学性质。

什么是区域管理？简单地讲，区域管理是“对区域的管理”，当然这只不过是语义学上的。一个县长、一个省长、一个国家总理或总统就是一个区域管理者。为了明确区域管理的性质，我们首先要强调“管理”一词如亨利·法约尔（2007）所定义的，它不是治理。通常，治理包括政治，管理只不过是治理要保证执行的六个职能之一。笔者认为，在区域问题上，明确这一准则比在企业问题上更为重要。区域管理不是区域的治理，它不是政治，而是完全类似于企业管理，为实现某些目标设计或保持一种良好环境。但是在方法手段方面，管理与治理是相通的。

作为“对区域的管理”，区域管理尽管在思想上与企业管理一致，但二者的性质确实有所不同，这主要是由区域的性质决定的。区域周围空间的特化物是由负载资源、环境、人口为荷而特化的。在企业管理中，主管人员管理的是人，在区域管理中主管人员面对的人不仅是单个的自然人，而且是组织起来的社会人——人口。区域主管尽管可能对个别人问寒问暖，但是他面对的是人作为种群所表现的特征：生育、教育、就业。在区域中，人正是以这种人口行为参与区域过程的。更进一步，在特化空间产生区域的过程中，除了人口因子外，资源的丰歉、环境的变异也是区域形成的背景，区域不仅以人口为自己的荷，而且以资源、环境为自己的荷。区域的这种多维性使得区域管理不仅包括人口管理，而且包括资源管理和环境管理。区域管理同时由三者构成，不仅是量上的变化，更重要的是质上的变化。这种质变意味着管理经济发展，让企业人事活动承认社会人，着眼点在于对人的利用。然而人口作为一种社会性种群，要求区域管理者为它服务，而资源管理、环境管理仅从利用角度考虑。本书的大量章节将表明，这种“利用人口”是不可持续的。

在企业管理中，主管人员的目标是单一的，即创造盈余，因此管理的效益性和效率性都表现在生产率上。企业管理的这种单一经济目标原则，在推广到区域管理时显然捉襟见肘。区域管理至少包括人口管理、经济发展管理、资源-环境管理三方面，仅用经济目标是不可覆盖它们的。因此，区域管理的目标是多维的。那么，区域管理的多维目标包括哪些内容呢？这就是本书要讨论的问题。

人是生存于区域之中的，是区域管理服务的对象，尊重这一原则，也就产生了一个准则，人的需求是区域管理目标的基点。人的需求是多方面的，然而区域管理面对的是作为社会种群的人口。人口是人的综合，是大量人群构成的群体，人口具有人权要求，因而人的需求在区域管理问题中也就综合地表现出来，人口的需求表现为两个方面：经济的增长和社会的公平。保障经济增长和社会公平是区域管理缺一不可的原则。在企业管理中，社会的公平并不被强调，因为企业并不是社会，作为社会人的员工仅仅是从企业获取劳动报酬或经济利益而使自己更加幸福地生活在社会中，从社会中来，回社会中去，最简单地，是从企业中挣钱，在社会中消费，权利是否公平并不重要。当员工感到压抑时，他很容易从一个企业转到另外一个企业，这是员工的特点。区域则是具有社会结构的事物，它与社会不可分割，作为区域中的形式——人口的整个活动都离不开社会，人口几乎不可能从一个社会转到另一个社会，除非通过革命；而革命一般来讲至少有一段时间破坏经济增长，也就是破坏了人口需求的另一对象，经常的、持续不断的革命只能引起经济的倒退。因此，社会公平原则为几千年的人类发展史逐步地确认了下来。经济增长和社会公平作为区域管理的两个基本目标确定了下来。

如果区域管理问题仅仅是人口管理问题，那么问题已经解决了。然而如我们所知，区域管理还包括资源管理与环境管理。区域管理中，怎样确定环境与资源管理目标呢？同样地，我们从区域管理的经济增长和社会公平原则出发。为保障经济增长，必须利用资源，而资源又与环境形成了不可分割的结构。相关的经验告诉我们，资源的利用往往意味着环境的改变，而环境的改变，正如笔者在第 1.1.1 节所指出的，即使可能对我们有利，但也是充满风险的。一旦环境恶化，人类数千年经济活动的物质积累可能就会付之东流，而这种物质积累一旦丧失，地球将不足以养活现今的人口，这时或者人口一同“公平地”灭绝，或者出现互相残杀以减少人口，公平原则也就被打破了。因此，人类宁愿要在一个稳定的环境中较缓慢地发展也不要一个短暂的高速发展伴随着的长期的停滞。保持环境的稳定，因而成了区域管理的另一个目标。

经济增长、社会公平、环境稳定三者构成了区域管理的三个基本目的，这就保障了管理的效益性和有效性。我们在第1.1.2节中强调，管理还包括效率性和高效性。一个有效且高效的区域管理目标体系是什么呢？首先效率性要求区域管理必须追求效率，其次人类的发展经验表明，发展的过程就是一个环境改变的过程。实际上，假若不改变环境，就没有今天的发展状况，地球也绝不能养活如此众多的人口。因此，只要能保持全球环境结构的稳定，就能够对局部环境进行短暂的改变，而一旦发现改变不当，又可以依靠人类的和自然的共同力量去恢复它，这样，人类就可以适当地改变环境，而这种改变对全球来说受到环境稳定的约束；也就是说，保障全球环境的完整性，在局部上力求一个对人类友善的环境。综上所述，我们可以发现区域管理的另一个既满足效益性又满足效率性的基本目标——保持环境的完备，这种完备意味着环境稳定。在效益性分析中，我们指出公平才能产生正的效益，才能保证发展。而一个有效率的发展必须是持续的发展。我们知道，发展必须借助于资源，如果人们在自己一代将资源耗尽（假设这种耗竭不破坏环境），未来一代也就失去了发展的依托，这当然也就破坏了管理的效益性和效率性，也违背了人类所追求的发展与公平的精神。所以，一个有效且高效的区域管理，不仅要追求当代人的人际公平，而且要追求未来一代与当代人的公平，即代际公平。另外，公平原则还应推广到区际上，特别是国际上，一个国家为了自身的发展而耗竭他国资源，破坏他国环境，这也是违背公平原则的，更何况破坏他国环境最终也将给本国带来不幸。全球是一个大区域，环境结构是统一的，热带雨林的破坏引起的全球气候变化可能使地处中纬度的工业化国家（一般认为它们是破坏热带雨林的罪魁祸首）遭受与热带国家同样的打击。所以公平原则要贯彻在国际中、区际中。

总而言之，区域管理的基本目标（又称作区域管理的3E目标或3E准则）

是保持环境（environment）完备、追求经济（economic）效率、追求公平（equality）状态，这里的公平包括人际公平、代际公平和国际公平。3E准则正是目前兴起在人类思想领域中的可持续发展的思想精髓，由此可知，一个有效且高效的区域管理，是保持人类社会经济可持续发展的关键活动。在3E准则中，我们把环境完备准则放在第一位，这是根据可持续发展原理而做的选择。世界环境保护委员会在《保护地球》一书中将可持续发展定义为：在维持生态系统负担能力的范围内，提高人类生活质量。1991年，由世界自然保护同盟（International Union for Conservation of Nature，IUCN）、联合国环境规划署（United Nations Environment Programme，UNEP）和世界自然基金会（World Wide Fund for Nature，WWF）共同发表《保护地球——可持续生存战略》（*Caring for the Earth：A Strategy for Sustainable Living*），将可持续发展定义为：在生存于不超出维持生态系统涵容能力的情况下，改善人类的生活品质（IUCN et al.，1991）。

实际上，发展正在受到资源和环境的限制，人类发展已经到了这样一个关键时刻：自由的、自发的和无约束的发展可能不可改变地耗竭地球在几十亿年内才形成的矿产资源、在几亿年内才形成的能源资源，森林资源正在以前所未有的速度减少，海洋渔业资源的开发已达到它的再生量。地球正处在一种临界状态，稳定环境才能保证发展的继续。因此，环境完备准则是第一位的。在笔者协助制定的《陆良21世纪议程》中，我们提出一个地方实现可持续发展的4个原则：资源可持续利用、环境可持续完备、经济可持续增长、社会可持续公平。这4个原则是3E准则在发展中国家的具体表现。在发展中国家与地区，目前主要依靠自己的资源去竞争市场，资源消耗在加速，因此控制资源消耗速度是可持续发展的首要任务。我们还强调了经济的可持续增长，它有双重意义，第一必须实现经济增长，第二实现经济增长不能是经济继续增长的障碍。这里的社会可持续公平强调了必须创造社会公平并且把它推广到一代一代人中。

除了管理目标的多样化外，管理手段在区域管理领域也比企业管理领域丰富。在第1.1.2节中，我们介绍了管理的基本手段，区域管理的对象变了，而且区域管理的目标准则也复杂化了，我们企业管理的基本手段也会发生变化。

组织（操作）是企业管理的基本手段，作为管理手段，它在区域管理中表现为不适应性，这首先是因为区域不是一种简单的组织。区域以资源、环境、人口为基础，如第1.2.1节所讨论的，在企业中，我们强调有意形成的结构为组织，区域的结构却在许多情况下不是组织。作为区域最基本的结构——资源-环境结构，基本上决定于地质、地貌、气候、水文、土壤、植被过程，这些过程不是人类可操作的，因此资源-环境结构是难以被设计形成的，它不是组织。另外，资源-环境结构内部各种因子相互作用，又不断改变或进化成新的结构，相互作用与进化过程是自然的，是资源-环境系统内部的。所以资源-环境结构是一种自组织。然而，区域确实又可以形成组织，作为区域第二重要结构的城镇体系（城乡结构），可以通过人口调节、产业布局等手段来改变，大量的地理学家和工程师都从事这种工作。城乡结构，可以认为是一种组织，尽管它有自己历史上的继承性和“有意形成”的艰巨性。区域内既包括组织，又包括自组织，这是不同于企业的，更为复杂的是，即使像资源-环境结构这样典型的自然造化物，也可通过河流改道工程、资源开发活动等来有意地或多或少地改变它的结构，资源-环境结构不是典型的自组织。同样，城乡结构不是典型的组织。在企业管理中，管理者面对的是组织，在区域管理中，管理者面对的是结构，至多是一种组织性破缺了的组织，自然本底限制和自组织行为形成了这种破缺。中国文化的一个特点就是相信自己对区域可改造与再组织。

在这种条件下，将关于组织的理论推广到区域管理领域，受到了三个方面的挑战。首先，如本节前面所述，区域管理中“组织”多样化了，管理更多地面对的是结构，这些组织的一部分是可以“人为设计”的，因此关于组织的一些形式和方式也就英雄无用武之处。其次，企业组织是由人构成的，因而企业管理理论中形成了所谓“人与组织”“组织与人”的多种观点。可是区域不是人，在区域的构成基之中，环境、资源不具有人的性质，过去关于人的理论完全不适用它们。人口固然是由人构成的，但是人口在区域中更多地表现为一个种群，他们消耗资源，与环境之间形成生态关系，与其他生物之间存在合作、竞争、“协同共生”等多种关系，而这些生物至少是保持环境稳定和资源可持续利用所必要的。更重要的是，企业管理中的人通常情况下只能以怠工来反抗管理的失误，区域管理中的人口，却可能举起“造反”的大旗，怠工不能破坏组织，“造反”却可以摧毁结构。所以这些使得仅从“人与组织”“组织与人”角度来认识人口结构是不够的。最后，过去的在组织方面的理论是以在企业发展下人员之间意见一致这些假设为依据的；然而区域组织内部提倡不同的思潮，保护公民的言论自由。组织理论在这里又一次发生了破缺。在企业管理理论中，组织理论实际上几乎是其他所有理论的基础，组织理论的破缺，使得我们必须在区域管理领域内探索新的理论体系。

作为基础的组织理论的破缺，使我们关于区域管理的理论必须回到更基础的出发点上。我们强调过，协调是管理活动的核心。区域管理的理论应该在3E准则指导下从协调出发。

区域是由人口、资源、环境特化空间而来的，协调是否就是这三者的协调发展呢？资源、环境无所谓发展，当然也就谈不上对它们的协调发展。人口的发展指的是什么，不够明确。从一般意义上讲，发展是增长的另一说法，或者说全面的增长，而人口的增长正是人类生存受到的最大挑战。因此，这里并不是人口、资源、环境的协调发展。那么，协调怎样才能成为区域管理的出发点呢？我们还是看一看区域或世界是如何不协调的。在人类社会早期，人类利用自然的力量很弱，那时资源是充分的、环境是稳定的，人口与资源、环境的协调问题并不存在。尔后的过程中，人类通过经济发展和社会发展开发资源、改变环境，然而至少在19世纪初期，人口、资源、环境的矛盾还未突出，甚至20世纪初“水资源”的概念尚未形成。第二次世界大战以后，这个问题日益突出了，造成突出的原因是“发展”：发展使人口无节制地开发资源，发展强烈地改变了环境，发展又使人口增长有了条件。在过去的几十年内，世界人口成倍地增多。一方面是发展不适当，破坏了资源环境；另一方面是发展不足，产生了大量的贫困人口。由此可知，我们需要一种管理，使人口与发展协调，使发展与环境协调。然而，根据3E准则，发展又是必要的，我们可能使环境完善到协调与发展，协调是相互的。在人口、环境和发展中有一个中介物，就是资源。人类的发展是通过开发利用资源来实现的，环境的改变也是由于资源的开发利用产生的；除了战争行为和蓄意破坏，如果不是因为资源开发，人类是不可能去改变环境的。在区域管理中，我们需要的是人口、资源、环境、发展（population，resources，environment，development，PRED）的相互协调，或者称作PRED协调。PRED协调是区域的核心，这是由区域特性、管理活动特征和可持续发展观点共同导出的结论。我们可以发现PRED协调确定解决了区域管理在组织理论方面暴露的三个矛盾。PRED协调面向人口、资源、环境，既突破了协调人的关系的限制，又可面向结构，解决了两个矛盾，而一旦资源、发展需要协调也就没有把管理放在增长与资源充分的环境内，解决了第三个矛盾。PRED协调是区域管理的理论基石。

根据3E准则和PRED协调观点，我们可以深入探索区域管理的手段要素。计划是管理过程的第一要素手段，如第1.2节所介绍的，它在管理实践中最早被采用，直接的原因是计划在协调方面上的独到功能。没有计划，凭借经验和直觉是很难协调的。从更本质的角度看，计划不同于组织，后者是直接面向人的，计划不具备定向性，这使它在面向区域这一新对象时，并不受到“人性”的约束。计划理论在推广时，并不会遇到组织理论所遇到的三个挑战，因此具有协调精神的计划可以适用于区域管理领导，只不过这时计划的内容从过去的经济目标推广到了3E准则，协调的内容由人际关系、人的伦理关系、人与环境的伦理关系转变为PRED关系。

计划，实际在区域管理中早已被普遍地采用。在中文中，习惯将regional planning译作“区域规划”“环境规划”“城市规划”。用规划代替计划，笔者感觉不仅仅是翻译上的问题，因为区域规划与企业计划存在一个巨大的差别。在企业管理中，计划包括政策。区域规划则不然，它一般不包括政策。这不是因为区域环境中政策被忽视，恰恰相反，区域环境中政策十分重要。区域主管正是通过政策治理和管理区域，政策在区域管理中具有十分突出的地位。因此，一般管理的计划功能在区域管理中一分为二：规划和政策制定。习惯上，政策制定成为行政决策的主要内容。行政决策的其他内容包括启动重大项目等。

组织是管理的另一要素，如我们所讨论的，关于组织的理论在区域问题上变得不适当。我们必须面对更本质的东西——结构。由此可见，结构调整具有重要的管理意义。区域的结构是可以调整的，这种调整是在原有结构基础上进行的，管理手段不是使对象结构化而是重构，重构是一种基本的管理手段，它的功能对应于组织，组织是对某些可以任意结构化的管理对象的一种“重构”方式，是重构的一种形式。

状态是系统的另一种特征，系统论认为，状态是可以控制的，我们可以控制系统的演变过程（当然是在结构给定的范围内）。控制作为一种环境要素或功能在区域管理中继续有效。

重构与控制在数学概念上是清楚的，但是在区域现象中，我们很难分开结构与状态，除非建立了数学模型。因此，在地理学中习惯使用“调控”一词，它可以被认为是重构与控制之和，本书以“区域管理”命名，我们将尽可能在调控的大题目下讨论区域重构与控制问题。被调控的是区域结构与状态，这就产生了一个优化结构与状态的问题。优化是一种“人择”，即根据人类的标准来判断优良与否。本书以可持续发展为优化标准。区域管理首先涉及探讨优化的结构及状态是什么，其次才能实现调整，以及制定调控规划等。

领导或指挥是管理的另一类功能，区域管理则主要是通过政策方法、决策方式和行政组织做出的。这些功能实际就是行政。行政在区域管理中相当于领导的功能。应注意到，行政又是一个包括组织领导、控制、计划、人事的一般管理过程，在区域管理学中，我们特别需要研究因区域问题而突出的政策、决策问题，而将一般的行政管理留给管理学本身。

大多数学者认为组织、计划、控制和领导构成了管理，但有些学者则强调“人力资源管理”或人事。对人事作为独立的管理学职能进行怀疑，是因为人事活动又可分解为计划、组织、控制和领导。人事问题在企业管理中之所以突出是因为企业管理面临一种两面选择：企业的经济目标和企业是由人构成的。人事管理是对管理对象构成体的管理。区域管理的对象区域，不仅仅是由人构成的，而且是由人口、资源、环境构成的，因此，区域管理产生了人口管理、经济发展管理和资源-环境管理三个构成单元，企业管理是一维的，区域管理是三维的，这是区域管理问题的复杂性。对于一维的企业管理，我们可以把人事或人力资源管理作为一个要素与其他要素并列，人事是对象要素，其他功能要素是手段要素。在区域管理中，对象要素变为三个，它们有各自的计划问题、控制问题、结构重构问题和行政问题（政策问题），混为一谈是不合适的。因此，我们必须严格地划分两类管理要素，即手段要素，包括规划、结构重构、控制、行政；对象要素，包括人口管理、资源管理、环境管理。将区域管理要素做这种划分是符合20世纪70年代以来科学发展的实际情况的。20世纪70年代以来，人口管理学、资源管理学和环境管理学逐步发展起来了。每一门学科都各自发展了规划（计划）、控制、重构以及领导等手段。确定人口管理、资源管理和环境管理，就产生了一个新问题。当对象要素仅仅为人事时，它是单一的，没有相互作用；现在对象要素有三个单元，它们之间存在相互作用，管理上也就产生协调三者的问题。如何协调三者呢？区域管理中协调的基本核心是PRED协调，所以我们认为人口、资源、环境的协调是通过发展来完成的，实际上它们的矛盾是在发展中产生的，解铃还须系铃人，我们只有通过发展才能解决人口、资源、环境之间的矛盾。于是，区域管理产生了第四个对象要素——发展管理。

总之，区域管理的手段要素或功能要素包括：①规划——选择任务，确定目标，制定完成计划的行动方案、准则和方针；②重构——对区域系统结构调整或组织，组织与调控都是重构的一种形式；③控制——对区域系统状态监测，调整和引导评价；④行政——对区域的总体指挥和领导及计划，包括确定政策、启动重大项目行政决策、制定行政法规、批准预算、执行规划等。

一般的区域行政管理是一般管理学的缩影。区域管理的对象要素或构成要素包括人口管理、发展管理与资源-环境管理。

1.3.2 可持续发展

在区域管理中，我们一再强调可持续发展问题。按世界环境与发展委员会（1997）的定义，可持续发展是指当代人的发展不构成对未来一代发展的威胁。本书认为，可持续发展是现代意义下的发展，它包含了保障就业、经济增长和保持社会公平等现代人的基本要求，而不仅是代际公平。对于区域管理，可持续发展形成4条原则：资源可持续利用、环境可持续完善、经济可持续增长、社会可持续公平。为了帮助读者理解可持续发展，我们将1992年联合国环境与发展大会签署的《环境与发展宣言》整理为表1.3.1。作为宣言，它尚不具国际法地位，也未必最好地反映了环境与发展的原则，然而它可以成为我们在区域管理中贯彻准则的一个适度的纲领。

表 1.3.1 《环境与发展宣言》

目录	内容
序言	联合国环境与发展会议，于1992年6月3日至14日在里约热内卢举行了会议，重申1972年6月16日在斯德哥尔摩通过的联合国《人类环境宣言》，并试图在其基础上再推进一步，怀着在各国、在社会各个关键性阶层和在人民之间开辟新的合作层面，从而建立一种新的、公平的全球伙伴关系的目标，致力于达成既尊重所有各方的利益，又保护全球环境与发展体系的国际协定，认识到我们的家乡——地球的整体性和相互依存性，兹宣告：
原则1	人类处于普遍受关注的可持续发展问题的中心。他们应享有以与自然相和谐的方式过健康而富有生产成果的生活的权利
原则2	根据《联合国宪章》和国际法原则，各国拥有按照其本国的环境与发展政策开发本国自然资源的主权权利，并负有确保在其管辖范围内或在其控制下的活动不致损害其他国家或在各国管辖范围以外地区的环境的责任
原则3	为了公平地满足今世后代在发展与环境方面的需要，求取发展的权利必须实现
原则4	为了实现可持续的发展，环境保护工作应是发展进程的一个整体组成部分，不能脱离这一进程来考虑
原则5	为了缩短世界上大多数人生活水平上的差距，和更好地满足他们的需要，所有国家和所有人都应在根除贫穷这一基本任务上进行合作，这是实现可持续发展的一项不可少的条件
原则6	发展中国家，特别是最不发达国家和在环境方面最易受伤害的发展中国家的特殊情况及需要应受到优先考虑。环境与发展领域的国际行动也应当着眼于所有国家的利益和需要
原则7	各国应本着全球伙伴精神，为保存、保护和恢复地球生态系统的健康和完整进行合作。鉴于导致全球环境退化的各种不同因素，各国负有共同的但是又有差别的责任。发达国家承认，鉴于它们的社会给全球环境带来的压力，以及它们所掌握的技术和财力资源，它们在追求可持续发展的国际努力中负有责任
原则8	为了实现可持续的发展，使所有人都享有较高的生活素质，各国应当减少和消除不能持续的生产和消费方式，并且推行适当的人口政策
原则9	各国应当合作加强本国能力的建设，实现可持续的发展，做法是通过开展科学和技术知识的交流来提高科学认识，并增强各种技术（包括新技术和革新性技术）的开发，适应修改、传播和转让
原则10	环境问题最好是在全体有关市民的参与下，在有关级别上加以处理。在国家一级，每一个人都应能适当地获得公共当局所持有的关于环境的资料，包括关于在其社区内的危险物质和活动的资料，并应有机会参与各项决策进程。各国应通过广泛提供资料来便利及鼓励公众的认识和参与。应让人人都能有效地使用司法和行政程序，包括补偿和补救程序

续表

目录	内容
原则11	各国制定有效的环境立法。环境标准、管理目标和优先次序应该反映它们适用的环境与发展范畴。一些国家所实施的标准对别的国家特别是发展中国家可能是不适当的，也许会使它们承担不必要的经济和社会代价
原则12	为了更好地处理环境退化问题，各国应该合作促进一个支持性和开放的国际经济制度，这个制度将会导致所有国家实现经济成长和可持续的发展。为环境目的而采取的贸易政策措施不应该成为国际贸易中的一种任意或无理歧视的手段或伪装的限制。应该避免在进口国家管辖范围以外单方面采取对付环境挑战的行动。解决跨越国界或全球性环境问题的环境措施应尽可能以国际协调一致为基础
原则13	各国应制定关于污染和其他环境损害的责任和赔偿受害者的国家法律。各国还应迅速并且更坚决地进行合作，进一步制定关于在其管辖或控制范围内的活动对在其管辖外的地区造成的环境损害的不利影响的责任和赔偿的国际法律
原则14	各国应有效合作阻碍或防止任何造成环境严重退化或证实有害人类健康的活动和物质迁移和转让到他国
原则15	为了保护环境，各国应按照本国的能力，广泛适用预防措施。遇有严重或不可逆转损害的威胁时，不得以缺乏科学充分确实证据为理由，延迟采取符合成本效益的措施防止环境恶化
原则16	考虑到污染者原则上应承担污染费用的观点，国家当局应该努力促使内部负担环境费用，并且适当地照顾到公众利益，而不歪曲国际贸易和投资
原则17	对于拟议中可能对环境产生重大不利影响的活动，应进行环境影响评价，作为一项国家手段，并应由国家主管当局做出决定
原则18	各国应将可能对他国环境产生突发的有害影响的任何自然灾害或其他紧急情况立即通知这些国家。国际社会应尽力帮助受灾国家
原则19	各国应将可能具有重大不利跨越国界的环境影响的活动向可能受到影响的国家预先和及时地提供通知和有关资料，并应在早期阶段有诚意地同这些国家进行磋商
原则20	妇女在环境管理和发展方面具有重大作用。因此，她们的充分参加对实现持久发展至关重要
原则21	应调动世界青年的创造性、理想和勇气，培养全球伙伴精神，以期实现持久发展和保证人人有一个更好的将来
原则22	土著居民及其社区和其他地方社区的知识和传统习惯，在环境管理和发展方面具有重大作用。因此，各国应承认和适当支持他们的特点、文化和利益，并使他们能有效地参加实现持久的发展
原则23	受压迫、统治和占领的人民，其环境和自然资源应予保护
原则24	战争定然破坏持久发展。因此各国应遵守国际法中关于在武装冲突期间保护环境的规定，并按必要情况合作促进其进一步发展
原则25	和平、发展和保护环境是互相依存和不可分割的
原则26	各国应和平地按照《联合国宪章》采取适当方法解决其一切的环境争端
原则27	各国和人民应诚意地本着伙伴精神、合作实现本宣言所体现的各项原则，并促进持久发展方面国际法的进一步发展

注：1992年6月14日在里约热内卢通过。

为了实现可持续发展，我国政府制定了《中国21世纪议程》。在区域管理实践中我们发现，对于地方政府来说，不仅需要作为政策基础的《中国21世纪议程》，还需要更具可操作性的“可持续发展行动计划”。这两部分内容构成可持续发展管理的计划内容。笔者协助制定的《陆良21世纪议程》和《陆良县可持续发展行动计划》包括了下列内容（王铮等，1999a）：

陆良21世纪议程

第一章 序言
第二章 可持续发展的战略与对策
第三章 可持续发展的经济政策与管理能力建设
第四章 粮食基地与农业可持续发展能力的建设
第五章 第二产业的可持续发展
第六章 第三产业结构与规模调控
第七章 构建可持续发展的旅游产业
第八章 城市化与人类住区优化
第九章 人口与社会发展
第十章 各项社会事业的可持续发展
第十一章 可持续发展的环境保育体系的建立
第十二章 自然资源的保护与可持续利用
第十三章 消除贫困与山区可持续发展
第十四章 科学技术促进可持续发展
第十五章 公众与社会团体参与可持续发展
第十六章 可持续发展的地理建设

陆良县可持续发展行动计划

第一章 人口可持续发展行动计划
第二章 建立可持续发展经济的宏观经济行动计划
第三章 就业结构的调整和优化行动计划
第四章 城镇体系可持续发展行动计划

第五章　地理建设行动计划
第六章　粮食生产与调整农业结构的行动计划
第七章　农村经济可持续发展行动计划
第八章　农业资源可持续利用行动计划
第九章　第二产业结构的调整与优化计划
第十章　工业企业推广工业工程行动计划
第十一章　第二产业组织结构调整计划
第十二章　第二产业发展与环境协调行动计划
第十三章　第三产业可持续发展行动计划
第十四章　旅游业可持续发展行动计划
第十五章　教育文化卫生事业可持续发展行动计划
第十六章　社会保障事业行动计划
第十七章　科学技术促进可持续发展行动计划
第十八章　环境管理行动计划
第十九章　反贫困与山区可持续发展行动计划

在《陆良21世纪议程》研究中，笔者较全面地考察了一个开始工业化的山区县的可持续发展问题，这里可以作为区域管理的参考。这项工作的许多内容是应当时的陆良县领导的要求增加的，例如可持续发展的宏观经济管理问题。作为实践中的区域管理者，他们更多地了解管理的需要。在《陆良21世纪议程》中，我们引用系统科学家钱学森的地理建设观点，把它作为区域重构的具体形式，同时我们也对区域产业结构、产业组织和城镇结构做了规划，这也属于重构区域的计划内容。

到目前为止，中国已经出版了许多关于可持续发展的理论著作，其中有的著作特别推荐可持续发展指标体系。1996年，笔者在《可持续发展管理：从指标体系到政策》一文中批评了重视指标体系的做法。笔者认为，在可持续发展理论不清楚的条件下，片面提出任何指标体系作为区域发展的控制标准是不慎重的。联合国提倡指标体系，是因为它不是一级政府，没有管理功能。区域政府更需要可持续发展的政策与计划，在政策与计划制定中，研究和制定实现可持续发展的目标控制指标。

1.4　区域行政问题

1.4.1　公共行政与公共服务

1. 公共行政

区域管理活动，特别是它的领导功能，其技术实现是公共行政。什么是公共行政？伦纳德·怀特认为：行政乃是为完成或为实行一个政权机关所宣布的政策所采取的一切活动（White，1926）。《美利坚百科全书》定义行政为：行政是政府事务的管理。在法律上它是区别于立法、司法的活动。广义地讲，行政是在政府指导下，通过计划和组织完成政府目标的过程，公共的含义是与私人相区别的，它包括社会的、公众的、非营利的意义。因此，公共行政执行政府负责的公众事务的管理过程。戴维·H. 罗森布鲁姆等（2002）定义公共行政是在公共部门实行管理、政治和法律。从上述定义我们可以看出公共行政是一种管理活动，与一般管理活动不同，公共行政是在公共事务领域内政府实行的管理活动。这种活动受到两方面的约束：第一，它的行动根据是法律；第二，它的目标是公众利益，在这里我们把公共政策的制定纳入公共行政范围。当然有些学派认为制定政策是政治，执行政策才是行政。这种分类割裂了政府事务。

公共行政作为一种管理，它满足一般团体的特点，即它包括计划、组织、领导或指挥、控制以及贯彻四者的协调。但是它是一种特殊的管理，与企业管理不同，公共行政的性质主要是服务，为公众服务，在这个条件下公共行政的目的不是盈利而是为公众提高服务水平。19 世纪 70 年代以来兴起的以乔治·弗雷德里克森为代表的新公共行政学派认为公共行政要解决三个问题：①怎样才能利用可利用的资源提供更多、更好的服务；②怎样才能花费更少的资金保证服务水平；③怎样才能使服务增强社会公平（彭和平，1995）。也就是说，在管理的有效性、高效性外又增加了公平性。服务与公平是公共行政有别于工商管理的本质特征，也是区域管理有别于工商管理的本质特征。

需要特别指出的是，行政与政治是有区别的。例如，在我国，政治既包含把思想品德和理想规范到共产主义的思想范畴内，也包含拥护中国共产党的领导、坚持四项基本原则。行政则关心经济计划的完成、居民的就业。

公共行政作为管理的一种专题，还在于它产生了一个突出的功能：制定和执行公共政策。所谓政策，就是一种由行政当局或顶级管理层提出的大型计划，它有别于法律。法律是由立法机构提出的一系列关于社会的控制标准，具有长期稳定性，政策多为阶段性的，在西方国家，政府是经常更换的，每一届政府都要提出一套政策，总统竞选者也以自己的政策蓝图去吸引选民。但法律是稳定的，公共政策就是关于公共事务管理的政策，也是在公共行政过程中执行的政策。与政党的政治政策不一样，工党政府可能实行对资本家加税，保护工人阶级利益，提倡“社会主义”经济模式。但是公共政策则不是着眼于某个阶级而是全体公民，如环境政策、经济增长政策。当然政治政策可能向公共政策转变，但它毕竟不是公共政策。例如，英国保守党代表人物撒切尔夫人上台后推翻了工党政府的政策，降低了国有化水平，这使得保守党的政治主张向公共政策转化。而这种新政策一般被认为是实行新经济学派的“弛管制”经济主张，是为普遍改进公众福利实施的。

公共行政与政治不同的第三点是公共行政必须“依法办事”。由于公共行政涉及区域内全体公众的利益，一旦失误就会伤害公众的利益，而不像企业管理仅仅损失企业的利益，又由于政府是向每一个公民负责，而不是像企业主管那样向股东或董事会负责，因此需要以法律的形式约束管理者。20世纪以来，每一个现代国家几乎都制定了行政法作为行政管理的根据。

本书认为，行政与政治在实践中的根本差别还在于政治是需要民主的，行政特别是行政决策不能按民主的模式进行，政府主管必须被赋予个人做出决策的权力（这种权力是由民主方式制定的，法律赋给的）。行政决策的直接约束是法律而不是公众，行政首长决策问题的原则是“言必信，行必果”。在行政与政治不分的情况下，往往有人把民主的要求推广到了行政决策方面，造成许多事情言而不议，议而不决，决而不行。

2. 公共服务

公共服务是公共行政的重要内容。在区域问题领域，它是一种治理形式。所谓公共服务包括两层意义（潘小娟，1997）：一是组织意义上或形式意义上的公共服务，指的是所有隶属于行政法人的机关和组织，如国家的外交部、教育部、住房和城乡建设部、国防部等，地方政府的林业和草原局、教育厅、发展和改革委员会等，它们具体承担行使这一法人的职能。从这一意义上说，各个政府部门只能被理解为公共服务机构，是“人民的勤务员”。二是功能意义上或实质意义上的公共服务，主要指的是行政法人的活动。但是与第一种意义不同，并非行政法人的所有活动都构成公共服务。因为行政法人的活动可以是公共服务，也可以是其内部的活动，如内部财产的管理等。此外，也并非只有行政法人的活动才能构成公共服务。公共服务还可适用于某些私法人的活动，即被法律视作构成公共服务的私法人的活动。因此，确切地说，实质意义上的公共服务是指行政法人为直接满足公共利益需要所从事的活动，或者私法人在公共行政的控制下，为完成公共行政所规定的目的而从事的满足公共利益需要的活动。

公共服务具有两个基本特点：第一，在目的上，公共服务是为满足公共利益需要设立的；第二，在原则上，公共服务的管理必须遵循用户平等原则、适应性原则、服务运行连续性原则等。

根据目的，公共服务是为满足公众利益需要设立的，因此必须为公共利益服务。换言之，公共利益是公共服务理论的核心，是设立公共服务的目的。而私人的活动虽说可以有这一目标，但并不是必需的，而且通常也不以此为目标。这就是说，公共服务机构把本部门利益放在前面，甚至把公共服务变为部门“创收”的手段，实际上把公共服务转变为私人活动了。这种“创收”成为腐败的温床。为了防止公共服务的蜕化，笔者认为公共服务是为满足公众利益设立的原则，行动上又需要接受下列原则的约束：作为基本原则的行善原则、尊重生命原则、公正原则，以及作为职业伦理的社会责任原则、普通道德原则、诚实行为原则、关怀老幼原则、帮助与服务原则、礼貌原则。关于这些原则我们在“人口管理”一章中再详细讨论。

1）管理原则

在管理原则上，公共服务的管理必须遵循连续性原则、适应性原则、公共服务面前平等原则，这些原则由路易斯·罗兰提出，被称为罗兰原则（潘小娟，1997）。

（1）连续性原则。当一项活动被设立为公共服务时，就表明该项活动或是对国家生活而言，或是对集体生活而言，满足了某种公共利益的急切需要。公共需要的满足是不可间断的，否则有可能引起社会混乱。因此，公共服务必须保持连续性。法国宪法委员会在1978年7月25日的裁决中确认连续性原则是具有宪法价值的原则。这一原则导致的法律效果之一是公共服务机关可因此享受特权，也必须因此承担义务，如公共服务部门的罢工权利受到一定的限制，公务员辞职未被接受不得离职。当一项公共服务设立后，可享受这一服务的被管理者有权要求其正常运行，合法地中断公共服务将承担赔偿责任等，都是这一原则的具体应用。

（2）适应性原则。由于公共服务是为满足公共利益需要设立的，因此，公共服务必须不断适应公众环境，特别是公众需要的变化。无论是公共服务的实施者，还是公共服务的受惠者，都无权提出公共服务不得改变的要求，适应性原则应用十分广泛，它既体现在公务机关必须承担的义务上，又体现在拥有的权利上。例如，公务员的地位必须随法律的修改而立即变更，公务员不得为保持需要单方面变更合同内容或终止合同关系，对由此给相关人造成的损失应做适当赔偿。

（3）公共服务面前平等原则。这一原则源于法国1978年制定的《人权和公民权宣言》。该宣言第一条提出，在权利方面，人生来是而且始终是自由平等的。公共服务面前平等主要指的是对用户不得歧视，也就是说，凡符合法定条件的人都可以得到公共服务提供的利益，不得因个人因素而区别对待；处于相同地位的人应受到相同待遇。在实施公共服务的安排方面，应尽量使一切符合条件的人都能享受和利用。

2）管理方式

公共服务需要管理，管理方式多种多样，根据潘小娟（1997）的观点，现代社会制度发达的法国主要有以下几种管理方式。

（1）采用政府管理方式实施公共服务。在这种情况下，公共服务由它所隶属的国土单位公法人（国家、大区、省和市镇）直接管理，由这些法人的权力机关（部长、大区议会主席、省议会主席、市镇议会主席）领导。这些法人对实施服务导致的损失承担赔偿责任。这种方式是法国实施公共服务的主要方式。法国绝大多数的公共服务都采用此种管理方式，分别隶属于国家、大区、省和市镇。

（2）通过公共机构管理公共服务。由于某些公共服务的管理需要一定的独立性和灵活性，因此，法国中央和地方都设立了一些拥有法人资格的公共机构从事管理。

（3）采取公共服务特许的方式进行管理。公共服务特许是一种公法上的协定，即通过签订协定，公法人（特许人）将其所实施的公共服务之一委托给另一法人（特许权享有者）承担。这可使公法人在较长一段特定时期内将某一工商性公共服务（极少涉及行政性公共服务）的运行托付私法人管理，减轻了行政机关的负担。公共服务特许制度是建立在公私利益兼顾基础上的，它遵循两项基本原则：一是特许公共服务必须是真正的公共服务，其运行必须接受行政机关的监督；二是特许权享有者必须是私营企业主，他只通过合同与特许公法人发生联系。这就是说，一方面，由于公共服务特许管理对象是公共服务，因此，他必须接受公法人（特许人）的监督，采取符合公共利益的方式进行管理。为此，特许人对特许权享有者拥有许多特权，以保证公共利益得到满足。特许人在公共服务特许管理中的特权主要有：①监督和领导权，特许人有权对特许公共服务的正常运行和有效管理进行监督，并做出指示，特许权享有者必须接受；②制裁权，当特许权享有者不履行义务时，特许人将采取某些制裁措施，如罚款、代执行等，强迫特许权享有者履行义务；③单方面改变或终止合同权，特许人有权根据公共利益的需要，单方面对所签订的合同条款做适当的变更，增加或改变特许权享有者的义务，当特许人认为某一公共服务的存在由私人管理不符合公共利益时，有权全面终止合同，但应赔偿由此给特许权享有者造成的损失；④解约权，当特许权享有者严重违反规定的义务时，特许人有权解除合同，当特许合同中没有规定解约权时，特许人须申请行政法院宣告解除合同。另一方面，由于公共服务特许权享有者是私营企业主，其经营管理必定要寻求一定的经济利益，因此，特许权享有者在公共服务的管理中必须拥有一定的权力和利益。特许权享有者拥有的权利主要有：①享有某些公共权力的特权，如公用行政收费、独占管理等；②收取公共服务使用费权；③享有某些财政利益。为了便于特许公共服务的实施，特许人可给予特许权享有者某些财政平衡权。当因特许人单方面改变特许合同条款，或因出现未能预见的重大情况变更，增加了特许权享有者的负担，影响了特许权享有者的财政平衡时，后者有权要求特许人给予一定的财政补贴，以恢复财政平衡。

（4）由利害攸关的自然人或法人管理。这一管理方式就是将某一公共服务交给有利害关系的私营企业主管理，它可避免特许公共服务的弊端，在保证公共服务管理的同时，使行政机关分享收益。判断这一管理方式的标准主要取决于管理者（通常为个人）的报酬；而与公共服务特许不同，该报酬不是由其经营盈亏数额组成的。该管理方式的付酬方式灵活多样，主要有：①管理者领取一份或若干份根据已实现的经济效益或服务发展计算的管理奖金；②管理者领取盈亏数额差额的一部分，通常低于半数。在这种形式下，经营亏损由行政机关承担。

（5）租赁。公共服务的租赁就是行政机关将某一有收益的公共服务的经营委托给私人管理，后者向行政机关缴纳一定的金额，并在行政机关的监督下，向公共服务的用户收取承租人参与行政机关的开支；而承租人要向行政机关缴纳一定的承包租金。公共服务的租赁管理在法国旧制度时期广泛应用，在当代法国较少应用。

我们这里不厌其烦地介绍法国的公共服务管理模式，是因为我国是一个改革中的国家，建立现代国家管理体制，需要大量地借鉴经验总结教训。在社会主义初级阶段理论提出以前，我们的公共服务主要是直接服务和公共机构服务，此后出现多种形式的服务。值得注意的是，特许权方式、法人管理和租赁制应用得不好，会形成社会特权阶层产生的温床，引起政府与公众的对立。

改革开放以后，上述公共服务的管理形式也推广到国家对企业的管理中，自然人或法人管理，特别是租赁成为对国有企业的主要管理形式。原来属政府管理的国有企业租赁给了厂长，笔者在《走向县域可持续发展——陆良21世纪议程与可持续发展行动计划》中对这种租赁制做了经济学和管理学方面的分析，结论是这种管理模式是存在着某些缺陷与不足的（王铮等，1999a）。笔者的分析如下。

“租赁-承包制”是从农业经济发育而来的经济制度，有长期的传统。在利益分配方面，资本的所有者（简称所有者）与资本的经营者可以采用分成制和定租制两种形式。在我国，土地归国家所有，农民经营土地，按某种固定标准缴纳农业税（2006年我国已全面取消农业税），农业税不与经营成效联系。由于所有者与代表公众利益的政府合为一体，农民感受到的是定租制，而且农户具有长期不变的经营权。与农业情况不同，企业上缴利税与经营成效联系，企业的税前利润按67%留成，作为企业的发展基金、福利基金，为企业所有，形成了一种分成制特性。特别是政府对亏损企业做出或多或少的补救，这时分成制中补充了非租赁的成分。

最早亚当·斯密就指出分成制阻碍经营者改良土地与投入更多劳动。马歇尔证明，分成制会造成土地（资本）的浪费，他通过理论分析证明，佃农在追求自己效用最大的动力下，乐于租入更多土地，直到土地的边际产品为零。对于我国企业来说，这意味着企业乐于向政府要求扩大资本，直到资本的边际效益为零。如果经营者用自己的分成参与扩大资本，情况将发生变化，但实际上经营者更不愿用自己的分成扩大同一主体的资本，因为他们感到资本的扩大即意味着让所有者获利更多，即上缴更多利税。企业发展走向了尽可能地向银行贷款。在地主与佃农的关系中，地主愿意用分成所得去扩大资本，由于农业生产的简单性，地主的这种经济活动是可能成功的。所以亚当·斯密没有看到资本扩张问题。在我国，企业经营的是工业经济，所有者与经营者之间存在信息不对称性的情况，企业通常比所有制的代表——政府更了解生产与市场，所以政府只能在企业引导下实现资本的扩张，而这种扩张如马歇尔证明的，边际产品为零，政府在投资上容易陷入企业的圈套，有盲目性。在一些地方我们观察到，几乎全部企业，一旦投入“技术改造”资金，就会发生亏损。原因就是资本趋向了零边际效益和信息不对称造成的盲目性。这种效应最终造成企业负债经营状态加剧。分成制下的企业存在实物资本浪费。

与佃农和地主的关系相比，政府与企业或企业家的关系复杂得多，这是因为工业企业组织的复杂性。企业由不止一个人构成。在租赁承包条件下，理论上任何人都可能成为企业顶级负责人，而如我们看到的，顶级企业负责人是有利可图的，这就诱发企业里那些接近负责人的人员成为企业负责人的否定力量，他们很难与顶级负责人同心同德。反过来，顶级负责人也会“防着”下级，或者任人唯亲，建立自己的“帝国”。企业的这种内部摩擦，使得租赁制下的企业存在人力资源浪费情况。这个问题还需要继续探讨。

1.4.2 区域的行政结构

一般的工商企业由人群组成，人群经过组织操作形成实体组织，类似地，区域也包括人口、资源、环境、经济、社会系统等多种构成因素。这些构成因素是不能任意组织的，所以我们经常只能局部重组结构，而不是组织新结构。但是，支持区域管理的行政结构是可以实行组织操作的。

关于行政结构，本书从两个角度来理解。第一，区域内各亚区作为单元形成的地理型结构。第二，对区域实现行政管理的机构，这就不包括区域的立法机构和司法机构。第二种结构显然与政治有关，我们先讨论第一种结构，我们讨论的目的在于想知道什么样的区域行政结构有助于区域的“长治久安”。因为如我们前面所认为的，长治久安有助于可持续发展，符合区域管理的目的。

在一般的组织理论中我们看到，结构有三种形式，递阶的、矩阵的和网络的，以亚区为单位的行政结构首先是递阶的，在考虑行政部门内部联系时，它们是矩阵的。作为递阶结构组织，即一个省管辖几个市，一个市管辖几个县。但是它们内部的行政部门关系是作为矩阵结构组织的，大区政府的水利局或农业局在矩阵上领导亚区政府的水利局或农业局，同时亚区的水利局、农业局受到亚区政府领导、控制（图 1.2.2）。

按组织理论，递阶结构组织形成了分层结构。上级部门主管下级部门的数目，被称为跨度，在一般组织理论中，跨度为 6～8 级被认为是适合的，然而这个结论是针对企业组织的。企业面临着激烈的外部竞争，这样必须能快速反应，集中力量；同时外部的竞争压力也形成了内部凝聚力。在中国历史上，唐代设道、州、县三级行政区，全国共10道。唐初期，道仅是一个监察单位，国家直接控制到州。天宝初期，节度使总揽一区民政、财政、军事。杨国忠的这个行政错误使得节度使称霸一方，很快出现了“安史之乱”。唐政权为了平息安史之乱，扩大节度使权力。最后，节度使尾大不掉，唐王朝被自己的节度使控制的众多“小国”代替了，形成了分裂局面，东方一个强盛的国家从此消失了。

这里特别要提的是，据浦善新等（1995）的研究，中国历史上行政区结构几经变更，但县作为行政的地理单位基本上稳定。这种保持基层单位稳定的做法，也许是中国较欧洲国家更具国家凝聚力的原因之一。

区域行政结构的第二种形式实际上是由区域政府的部门构成的，这种结构的直接目标是有效地提供公共服务而不是“长治久安”。它不要求稳定性而要求效率高，所以跨度小。由政府行政领导而下，这种结构一般包括了直线职能部门和参谋部门，图1.4.1显示了中国的区域部门行政结构。在中国古代，从唐代开始形成三省六部制度，即国家设立尚书省，作为政策、法令执行机关，含吏部、户部、礼部、兵部、刑部、工部。中书省为政令制定机关，门下省为政令审议机关。皇帝任命文官主持上述各部门。

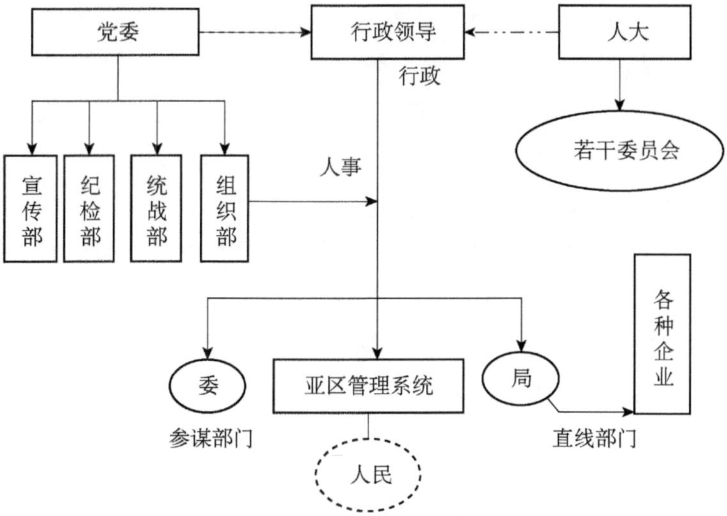

图 1.4.1　中国的区域部门行政结构

与区域的地理行政结构不同，部门行政结构一般随着政府的更迭而发生调整，这是因为每届政府往往有不同的阶段性发展目标。在西方国家，经济政策往往存在不同的阶段，以及不同的政治模式。例如，1981 年，法国左翼上台，恢复了劳工、就业和职业培训部，根据经济发展状况，将商业部、工业部改为商业、工业和旅游业部，促进了旅游业发展。后来，右翼政府上台，以劳动和社会事务部代替了劳工、就业和职业培训部，成立交通与旅游部。旅游管理部门的这种变迁反映了右翼政府执政时国家对旅游业做了较多的商业监管，左翼政府则更多关心劳工福利。20 世纪末，我国绝大多数省（自治区、直辖市）把旅游业作为国民经济的主要部门或支柱产业。各地方纷纷建立旅游局，但由于旅游点往往分别隶属于城建部门、水利部门、林业部门，旅游局形同虚设。笔者认为，除非像张家界、石林这样的拥有著名旅游点的地方，否则政府介入旅游业的早期经营往往是必要的，因为只有政府才能有效组织被各政府机构通过种种形式占用或管辖了的旅游资源。城建部门介入旅游景点，按城市规划方式设计旅游点，造成了内部观赏点和布局、人造景观的千篇一律，破坏了可持续发展所要求的“景观多样性”和“文化多样性”，降低了旅游点的观赏性。同时没有交通的配合，许多地方虽然投入很大，结果仅仅是发展了地方休闲业，没有明显的经济效益；当然我们不是说，每个地方都有发展区域性旅游业的前途，发展地方休闲业有时是必要的。2018 年，我国将文化部、国家旅游局的职责整合，组建了文化和旅游部。这一改变将推动文化事业、文化产业和旅游业融合发展，从而提高国家文化软实力和中华文化影响力，增强和彰显文化自信。

在形成行政结构时需要对部门的权限进行划分。潘小娟（1997）介绍，在法国，部门权限划分主要依据下列原则：①职能原则，即依据所完成的职能和工作任务来划分，将相同性质的事务归为一类，交由一个行政部门负责，如国民教育部、外交部、国防部等；②“主顾”原则，即依据工作和服务的对象来划分，每一个行政机关负责解决所有有关这类“主顾”的问题，如妇女权利部、青年部、老战士部等；③地域原则，即依据管理区域来划分，有关某一特定区域的所有事务均由一行政机关负责处理，如新喀里多尼亚部、海外部等。在对部门的权限进行具体划分时，通常是根据管理的需要灵活运用这些原则，以便于管理、避免交叉、减少矛盾、协调统一为主要依据。

除了上述原则以外，笔者认为需要有一个基元完整原则。这主要是为了保持原有工作的持续性，以国家为单位，处是基元，以省为单位，科为基元。当组织重构时，最后能保持原处/科工作的完整转移，而不是把一个处/科的原职能范围分向几个单位，以避免对原职能工作的“丢三落四”或重复管理，也避免文字档案的混乱。特别是原一个基元单位的工作可能是在行政统一领导下协调的，单位的分裂可能使原协调的工作计划的内部发生冲突。

我们知道正式结构首先就是要实际分权。在行政结构中，分权是与政治联系在一起的，例如，省长与省人大的权限范围，对地方官员采用任命制还是选择制，等等。讨论这些问题就必须与政治学联系在一起，这超出了本书的立意范围，我们不再讨论。本书对行政结构的讨论是从纯管理学的角度来看的，主要限于结构的形式化方面。

与行政结构密切联系的是官员的管理问题，管理学把它称作人力资源管理或人事。由于公共行政提供的是公共服务，所以在人事问题上与企业人事不尽一致。据刘太祥（1995）考证，在中国汉代，官吏任命主要依靠地方官吏推举，即“察举”，另一种重要形式是“任子”，那些岁禄2000石以上的官员，在任三年后可以推举“子一人为继，不以德选”。当时官员有考试的，但是必须先察举，汉代的这种方法，特别是任子制度使官员形成世袭，这样使得某些家族形成足以与朝廷对抗的力量。在《三国演义》中，我们看到东汉就是由这些世袭贵族以家族力量取代的。董卓、曹操这些最初向国家政权挑战的人，都是任子制度的产物。任子制度使得皇帝与世袭官员均分天下利益，当他们的所得不能保证，双方利益冲突时，或者国家财富被瓜分完毕时，相应的国家体系也就走到了尽头。到了唐代，官员的选择任用主要依靠考试。官员子弟也可被选入，但以这种途径入官，“一品子正七品上，二品子从七品……”位置较低，而且任用前要经吏部考试。宋代开始，对权贵子弟入仕做了限制，王安石实施新政，对科举制度做了彻底改革，使科举制度完善起来（苗书梅，1996），其形式接近现代的公务员选拔。从隋代开始，中国开始实施官员任命的籍贯回避制度，以求地方官员在地方管理中公正。中国古代形成的“任人唯贤”、籍贯回避制度在没有民主政治制度的条件下是一种优良的制度。后来，科举制度因考试内容陈腐、考试形式化被抛弃了。西方没有籍贯回避制度，恰恰相反，一般只有当地人才可能竞选地方行政官员。当时，中华民国只学习了西方的表面，让官员在故乡任职，但在没有民主选举制度的保证下，人事制度退步到了汉代的水平，“任子”、在原籍贯地做官十分流行，结果形成了强大的地方势力，国家日趋腐败，日趋内部分化。这就告诉我们，西方的人事制度与政治制度是一个整体，“中学为体，西学为用”的改革是没有出路的。

第二章　经济发展管理

兴时化若何？莫善于侈靡。

——《管子》

2.1 宏观经济管理

2.1.1 引言

区域发展的经济管理，是个宏观问题，不再限于微观管理，而是涉及宏观的经济发展，且是与政治不可分的治理问题。限于作者水平，本书主要局限于区域经济范畴之内。

区域经济的基本问题是区域增长，区域增长的基本特点是国民收入不断提高。宏观经济学中重要的概念有国民收入、国民产出和国民支出，所谓国民收入是指国家从经济活动中得到的货物和服务的货币价值的量度。有三种衡量国民收入的方法，第一种是取所有经济活动的收入之和，第二种是消费支出和投资之和，第三种是各行业产值之和，这三种方法计算的结果均为同一值。

经济增长是宏观经济学概念。在宏观经济学中，政府关心国民收入的变化，国民收入的增加表示国民经济发生增长，国民经济的波动，表示国民经济发生周期性涨落。周期性波动意味着经济出现周期性衰落，因此政府要努力控制这种情况。周期的控制，要求保持国民收入的平衡。图 2.1.1 展示了国民经济的这种循环过程。如果需求超过供给，产出和/或价格会上升，导致国民收入名义价值增加，这时实际价值未必会增加。反过来，如果供给超出需求，价格和/或产出会同时下降，导致国民收入名义价值减少。两种情况都可能引起经济危机。国民收入是社会的全部产出，也就是社会提供的总供给 Y，它要与社会的总需求平衡，社会总需求由社会消费支出 C、投资支出 I、政府支出 G 和出口 X 构成，当然我们还需要进口 M，因此国民收入均衡由下式构成：

$$Y=C+I+G+(X-M) \tag{2.1.1}$$

需求与供给的变化在这里影响了国民收入平衡，然而我们是通过调节需求还是通过调节供给来保持国民收入增长，形成了宏观经济学的两大流派，即凯恩斯学派和供给学派。

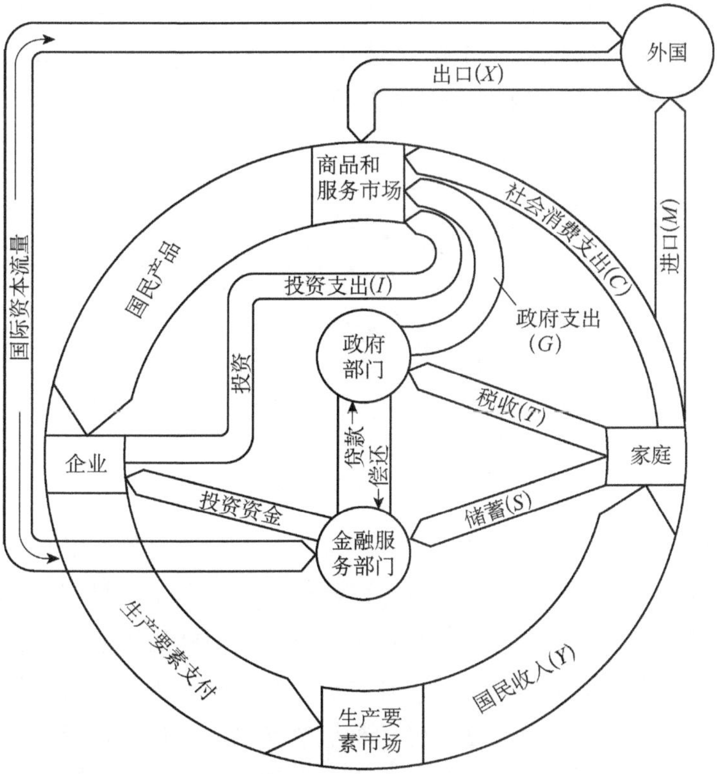

图2.1.1 国民经济循环流量系统（纳理斯和帕克，1998）

2.1.2 凯恩斯主义

约翰·梅纳德·凯恩斯1883年出生于英国剑桥，父亲是剑桥大学的教授。他曾经在印度服役，后来转到了英国财政部。1936年在剑桥大学任职的凯恩斯发表了他的名著《就业利息和货币通论》（凯恩斯，1997），这本书开启了一个经济学的新时代。凯恩斯学派认为，社会的全部产出（总供给Y）

和为这个产出而吸收劳动力导致的就业水平，决定于对商品和服务（也是一种商品）的总的需求水平。因为社会的总供给函数取决于生产技术和生产要素价值，生产技术和生产要素在一定时期内是稳定的，所以社会出现生产能力过剩和失业时，需要刺激需求、吸收产出和增加就业，即短期的总需求是国民收入和就业水平的决定因素。他分析证明通过增加政府支出、降低银行利率可以做到这一点。图 2.1.2 说明了这种情况。在图 2.1.2 中，政府支出 G 增加，结果总需求曲线 AD_1 向 AD_2 平行移动，AD 与总供给曲线 AS（Y）的平衡点也随之向上移动，国民收入 Y 增加了，经济发展了。

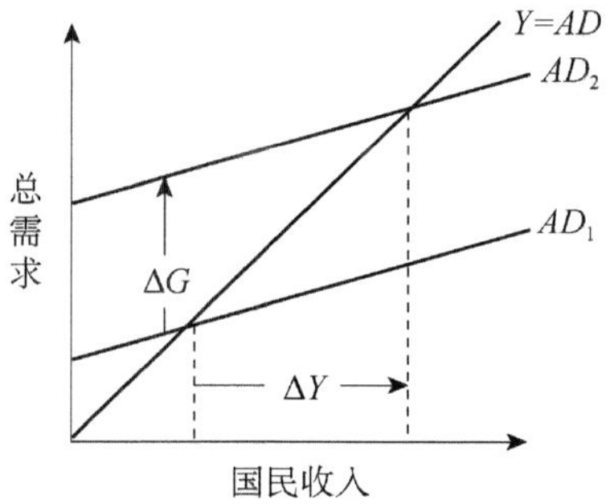

图2.1.2　总需求与总供给

在凯恩斯的学说中，他强调了有效需求的概念。有效需求是由物资、财富所能支持的货物与服务的总需求，这里的物资和财富是指实际中用于取得货物和服务的物资和财富，地下矿产未被开采则不能用于取得货物和服务。有效需求与一般意义上的需求不一样，后者指对商品和劳务的愿望，并不一定有支付能力，因而也就无法通过价格机制向供应者传递，或者说公众虽然需要东西，可是买不起东西，结果厂商生产的东西还是没人要，所以这种需求不是有效的。在经济危机发生时，一方面是公众有强烈的需求，另一方面由于失业等原因这种需求没有支付能力，结果需求对供应不是有效的。凯恩斯还认为有效需求达到了最大，也就保证了充分就业。

怎样拉动有效需求呢？这就是凯恩斯经济学的政策关键。为了寻求这种政策，凯恩斯论证了经济过程存在三个基本心理法则。第一个基本心理法则是：就社会平均来讲，当收入增加时，人们将增加他们的消费；但消费的增加额ΔC不如他们收入的增加额ΔY大，即$0<\Delta C/\Delta Y<1$。这里的$\Delta C/\Delta Y$叫做边际消费倾向，而消费支出C和国民收入Y的比C/Y叫平均消费倾向，在一定条件下，比如失业大量存在时，平均消费倾向可以大于1，因为这时人们不得不将过去积累的物质和储蓄用于消费，即$C>Y$。由于国民收入Y必然用于消费支出C和投资支出I，故有

$$Y=C+I \tag{2.1.2}$$

成立。在平衡点附近，式（2.1.2）也就意味着

$$\Delta Y=\Delta C+\Delta I$$

成立，它很容易变形为

$$\frac{\Delta Y}{\Delta I}=\frac{1}{1-\dfrac{\Delta C}{\Delta Y}}$$

令边际消费$\dfrac{\Delta C}{\Delta Y}=a$，以$\Delta Y$以替$\Delta C$项，得

$$\Delta Y=a\Delta Y+\Delta I$$

它容易变形为

$$\Delta Y=\frac{1}{1-a}\Delta I \tag{2.1.3}$$

1/（1−a）被叫做乘数，即投资增加ΔI后，国民收入ΔY增加的倍数。从式（2.1.3）容易看出边际消费a越大，投资ΔI增加的产出ΔY越大。在经济危机时公众手中没钱，怎样提高消费呢？凯恩斯提出靠增加公共支出。他写道：在失业非常严重时期，雇佣一定的劳工从事公共工程对总就业量起的作用要比以后接近充分就业时所起的作用大得多。1999年，笔者的一位日本朋友来华，他兴高采烈地告诉我们，日本政府1998年增加了对大学的投资。在座的一位遥感学者问："为什么日本经济下滑反而给大学增加投资呢？"这位日本朋友说："日本政府每在经济下滑时就给大学投资，这样能刺激经济增长。"笔者认为，日本政府的做法一方面增加了公共支出，刺激了经济增长；另一方面保证了公共投资指向能创造新生产力的部门，比当年罗斯福政府兴建公共工程似乎棋高一着，真是一举两得。把投资科技、教育作为新的经济增长点，是1998年以来中国经济界的一个想法。从管理学来看，问

题关键在于这里的投资是公共投资还是私人投资，日本选择的是公共投资，我们提倡的是“鼓励人们的教育消费需求”，希望的是私人投资。王铮等（1999b）计算表明，1989～1996年，我国城市居民教育消费支出占总消费支出的2.5%～5.2%，而1995年的经济合作与发展组织（OECD）国家约为1.1%。在出现下岗的情况下，鼓励民间的教育投资能否促进新的经济增长，值得研究。1999年6月，国家提出增加50亿元教育投资，这是非常正确的经济学决定。然而在管理上，这些投资被强调“办好若干所大学”，又是一个值得研究的问题。我们的模拟研究表明，至少这个政策在产生回报时是有风险的。

增加资本投入得到的产出增额叫资本边际效率，凯恩斯的第二个基本心理法则是关于资本边际效率的法则。凯恩斯认为，当资本边际效率大于储蓄利率时，厂商愿意扩大投资，反之，则厂商不会扩大投资。因此降低利率，向高收入者增税都有助于扩大投资，从而增加国民收入和提高就业水平。当然，这里是就一个封闭体系而言的。在一个地方内，如果政府提高地方税，也就冒着把投资者挤出当地的风险。在一个货币自由兑换而工业证券市场又不发达的国家，降低利率可能使许多人抛出本币，换取坚挺的货币，如美元，结果造成本币贬值，产生经济危机。这就是经济全球化下，凯恩斯理论失效的原因之一。

第三个基本心理法则是关于货币的。凯恩斯认为货币不但充当流通手段，而且充当储藏财富的手段。人们为了便于交流而持有货币，也为了应付紧急情况而持有货币。更复杂一些，人们为了投机，即为了在未来市场活动中获利而不急于购买债券、股票等而持有货币，投资不利发生时，人们又急于抛出证券股票等以换取货币，结果加剧投资的减少，这就是人们对货币的流动偏好。调控持有货币愿望的手段是市场利率，因为放弃流动偏好需要有利息来作为报酬。利率决定流动偏好，流动偏好增加，利率上升，加剧股票未来收益的下跌，结果投资会相应地缩减。

基于上述法则，凯恩斯认为经济系统不会自动达到充分就业，因此对经济增长需要国家干预。以财政收入和支出来影响有效需求是政府的主要手段，包括政府兴办公共工程带动就业、投资非生产性部门、政府实施举债支出（如赤字财政）、扩大货币供应量、借助战争等。凯恩斯认为这些不会引起通货膨胀，因为它解决的是就业不足。后来的事实证明这些措施引起了通货膨胀，但经济却发展了。因此一些后继的观点认为适度的通货膨胀有助于经济增长。

凯恩斯的经济观点，实际上与我国汉初经济学家的思想非常一致。汉初《管子》[①]提出“不侈，本事不得立”“兴时化若何？莫善于侈靡”，认为人性是“好利”的。经济增长靠消费启动，消费致富，因为没有消费，生产也就发展不起来。《管子》还主张国家干预经济，在税收方面“贫富有度”“取民有度”。这种思想一直为西汉初期、中期的政府所利用，而那时中国是世界上最强大的国家。

2.1.3 供给经济学

进入20世纪70年代，美国经济陷入了滞胀状态。所谓滞胀就是失业与通货膨胀并存，那种认为适度的通货膨胀有助于失业的想法与事实不符。此外，储蓄率、投资率同时下降，凯恩斯认为的降低利率令储蓄率下降会使投资率上升的观点也与事实不符。因此，阿瑟·拉弗、罗伯特·芒德尔等经济学家转而引用19世纪经济学家杰恩·伊萨的观点（即供给自行创造需求），创立了供给经济学。这个学派被称为供给学派，供给学派还进一步引用科林·克拉克发现的一个统计事实，即超过25%的税收会阻碍人们的储蓄和工作，提出了著名的拉弗曲线。拉弗曲线的诞生很有故事性。当时美国总统派了一个助手去了解供给经济学的主要观点。这位助手和拉弗在一个餐厅里边吃边聊。拉弗讲了半天，对方还是不懂。于是拉弗拿了一张餐巾纸在上面画了一幅图（图2.1.3）。这幅图告诉我们，当税率为零时，政府的税收为零，当税率为100%时，人们感到继续投资没有任何利益，没有投资也就没有产出，所以政府的税收也降为零。实际经济中政府税收不为零，所以在两个零点间一定有个最大点，不到这个最大点，政府提高税率，税收总量是上升的；超过这个最大点，政府提高税率，税收总量是下降的。

---

① 《管子》虽然托名管仲，但几乎没有学者认为它是春秋时期的著作，而把成书年限推定在战国到西汉这段时间（熊逸，2009）。

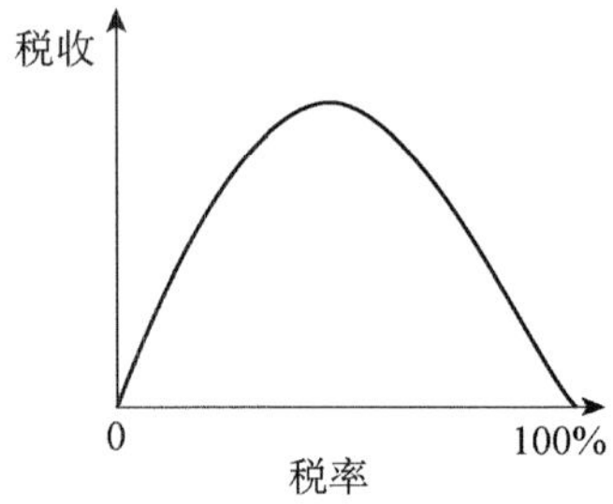

图 2.1.3　拉弗曲线

供给学派的经济学原理可以用图 2.1.4 来说明。供给学派认为，供应曲线有图 2.1.4 所示的 3 种形式。第一种形式 AS_1 是最常见的，随着价格 P 的增加，产量 Y 增加，由于总量的增加导致生产需要的资源紧缺，于是边际效应递减，曲线是凸的。第二种形式是 AS_2，呈水平状，价格给定下供应变化，不增加工资、不提高资源单价就可以增加供给，这出现在资源未充分利用的情况中。供给学派认为，在供应曲线呈曲线 AS_1、水平 AS_2 的情况下，提高需求都意味着总产出 Y 对应的平衡点增长，这时凯恩斯理论有效。但是供应曲线呈垂直形态的 AS_3 时，刺激需求只能刺激通货膨胀。这种情况出现在资源已经被充分利用的情况中，资源总量只能支撑产量 Y 时，却不能增加需求。如图 2.1.4（b）所示，总需求 AD 增加到 AD^l，价格从 P 上涨到 P^l，Y 则不变。当然这是一个极端的说法，实际上只要 AS 变得比较陡，刺激需求虽然提高了 Y 值，但 $\Delta Y/Y$ 远小于 $\Delta P/P$，结果产生对通货膨胀超过了就业量增加的感觉，或者一个家庭虽然增加了一个人就业，但是他们的实际收入因通货膨胀变得更少，所以经济仍然是处于滞胀状态的。

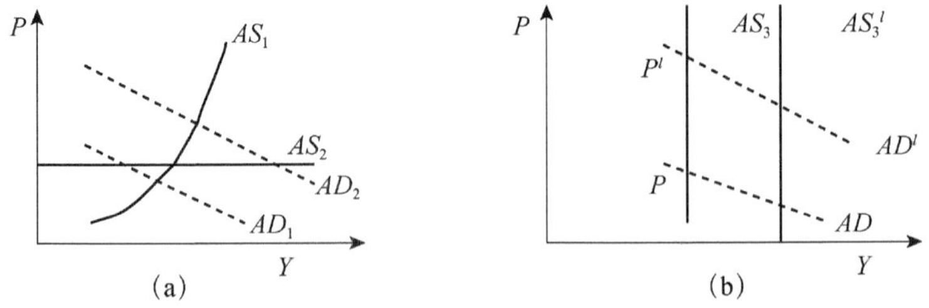

图 2.1.4　需求变化的效果

针对上述情况，供给学派认为解决的方法只能是提高供给，即将供应曲线向右移，形成AS_3^l，这时如果保持价格水平不变，则总需求相应地增加，即“供应创造了需求”[图2.1.4（b）]。因此，供给学派认为，刺激经济增长和就业的关键为：增加经济资源，如劳动、资本或自然资源；改变技术或采用其他方法，以提高社会经济资源的生产效率。为了实现这一点，供给学派提出了以下三个政策主张（纳理斯和帕克，1998）。

1. 减税

减税是供给学派的基本政策。通过减税刺激投资。实践中根据拉弗曲线减税的一个困难是难以确定当时的税率是在曲线峰点的左方还是右方，因此我们不知道某一阶段应该是减税还是增税，为此发展了一些计算技术。1979年，本斯托克通过计算提出将英国的税收与GDP之比从40%降到35%，加上大幅度降低边际税率，GDP将增加15%。然而布朗1987年用调查资料对其做了反驳。对一些实践成功的例子，凯恩斯学派均从需求变化的角度做了说明。

2. 弛管制

“弛管制”一词的英文是deregulation。deregulation普遍被译成“放松管制”。前一译法强调弛管制本身也是管制的一种形式。弛管制作为一种政策就是放弃政府对某些经济部门特别是产业部门的控制，改变对公共部门的国家控制，取消生产垄断特别是政府对电力、邮电等公共部门的垄断经营，在经济部门引入更多竞争，进行工资立法，解除交易限制作用以及私有化。

弛管制在英国推行得最为积极，政府放开了电力、水资源等公共部门的国家垄断，鼓励私人资本进入。但是弛管制作为一种管制形式，国家对电价和水价做了规定，例如电价是根据两个最大的电站电力成本的平均值定价的。钟颖杰模拟结果发现，相对即时成本定价、远期合同定价而言，平均成本定价可以使社会总体利益达到最大。总之，弛管制使政府以公共行政的形式而不是经营者形式存在于市场中。

在资本主义国家，弛管制还意味着私有化，私有化被认为是高效的和富有竞争精神的，至少撒切尔政府的私有化行动带来了这样的结果。对其批评者认为，私有化行动实际上变成了卖国有资产，政府的目的变成了甩包袱，而对私有化之后的竞争不闻不问，把弛管制变成了放任自流，因而放弃了政府职能。有的研究揭示国有企业的管理者乐于私有化，这样既可能摆脱政府机构的监督，又有助于提高自己的工资。讨论私有化问题，不是管理学的任务，但是打破许多部门的管制，特别是公共部门的垄断，是我国经济走向有活力的关键。

3. 削弱工会力量，加强劳动市场的灵活性

在资本主义国家，供给学派还提出了削弱工会力量，通过法律手段使工资水平下降，降低国家的福利保证。

与供给主义同一阵营的是货币主义。货币不仅是指我们常用的法定钞票和硬币，银行的存款、有价证券也属于货币，货币是作为交换媒介随时被接受的。货币主义学派认为货币发行过多会引起通货膨胀。对货币的发行控制是由中央政府做出的，可见弛管制不是不要管制，而是在货币领域实际加强了管理。

2.1.4 对宏观经济学理论的可持续发展讨论

可持续发展与一般的经济发展问题不同，它关注长期发展问题。在发展的历史长河中，我们看到的一个基本的事实就是资源存在耗竭的可能性，同时与这种耗竭相配合的是人类的技术进步不断提高资源利用率和发现新资源。王铮和丁金宏（1994）将资源定义为是具有社会有效性和经济稀缺性的东西。作为资源，它们在质和/或量上是稀缺的，特别是可耗竭的，就是用掉或者破坏掉。资源的耗竭性在古代并没有明显地暴露出来，例如水在古代并没有被看作一种资源，只有现代经济过程对水的需求量变大，同时对水产生污染，这种可耗竭性才暴露了出来。这种可耗竭性在前面介绍的经济学理论中没有给予充分关注，这是因为无论微观经济学还是宏观经济学都没有全面认识区域管理面临的发展总是长期性的，企业首脑或政府首脑所要求的是一种短期效益，也因此使得传统经济学理论在许多经济问题面前失效。

凯恩斯理论认为，鼓励需求可以刺激经济发展，这就隐含了一个假设，只要有需求，供应就会被创造出来。这在资源供应充分大时是可以保证的。中国古代有一个故事，洪水来了，财主和长工分别拿了两个金元宝和一袋馒

头爬上了树，但洪水久久不退，两人饿了，财主想用一个金元宝换一个馒头，长工拒绝了，财主提出用两个金元宝换一个馒头，长工仍然拒绝了。在这里需求是存在的，并随着洪水期的延长而加大，但供给边际是负的，物价上涨到一个馒头的价格大于两个金元宝，这是因为生产馒头的资源——面粉耗竭了，作为生活必需品馒头不可能再生产出来，产出对价格已经无动于衷。供给学派正是从价格不能改变供应量这点上击中了凯恩斯理论的要害。如果树上的长工和财主一旦发现他们爬上去的树是一棵结满苹果的苹果树，馒头就会重回到一个金元宝以下的价格。财主饿了，财主这时说："我有金子，你摘苹果给我吃吧。"长工摘了苹果说："用金子来换。"供给就这样自动创造了需求，至少对于长工来说是这样的。换个角度看，财主的需求是苹果，长工的需求是金子，需求又成了经济动力。这个过程的关键在于新的资源的发现。接着，只要需求不断，长工就会乐于供给财主苹果，凯恩斯理论重新发挥作用。假设洪水长期不退，苹果越摘越少，馒头和苹果的价格也会重新上升，供给学派描述的现象又重新出现。因此在财主与长工组成的这个社会中，阶段性的凯恩斯主义有效，阶段性的供应主义有效。显然，区域管理者有两个任务：识别阶段，组织开发新资源。

在财主-长工系统中，他们的经济过程与唯一的这棵苹果树的性质密切相关：树是否结果，是否有较大的产量。无论财主还是长工在决定交换活动时都会看一看树上有多少成熟的苹果；他们的经济活动是受制于苹果树的。可持续发展观念就在于告诉人类，树上的果子是有限的。摘苹果时要看看还剩下多少苹果，新的苹果什么时候能长出来。这是一个全局观的经济学，地球只有一个，一个全局观经济学是一个全球观的经济学。然而，这种全球观经济学显然还未建设起来。在目前的可持续发展理论中人们习惯于推广基于微观经济学的环境经济学，尚不足以解决问题。

王铮（1998）研究发现，在中国的历史长河中，当人口低于人口承载力的95%时，凯恩斯主义有效，当人口超过这个极限时，凯恩斯主义失效。公元前140年的汉武帝时代，中国社会经济达到阶段性顶峰，并出现衰落迹象。于是汉昭帝时，霍光召开了"盐铁会议"讨论经济政策。当时旧的经济政策基本上是凯恩斯主义的，鼓励消费，国家干预经济。所谓"兴时化若何？莫善于侈靡”，国家垄断盐铁生产与贸易。儒生们则提出了供给学派的政策主张，降低税收，实行弛管制，鼓励生产，不过他们进一步强调政府放弃铸造，特别是用伦理思想教育来代替经济活动，结果削弱了国家与社会的经济力量。会议的中心人物桑弘羊则提出了折中方案“节奢刺俭”，这与二十多年后卡拉汉在英国提出的政策一致。桑弘羊政治上失败了，卡拉汉政治上也失败了。经济问题无情地与政治联系在一起，产生了治理难题。

2.1.5 政府经济学是实用经济学

尽管宏观经济理论的各个学派相互对立，但政府在制定经济政策时往往奉行“拿来主义”。政府经济学是一种实用主义的经济学。关于这一点，我们可以从历史的经验来认识。

20世纪20年代末到30年代初，西方资本主义发生了普遍的危机。经济持续衰退，1929～1932年，美国的国民收入降低了50%，工业生产下降了55.6%，农民的收入甚至下降了57%。与此同时，失业量剧增，当时美国的失业率达到了18.2%，金融体系接近崩溃，5000多家银行倒闭。生产的棉花卖不出去，而孩子却穿着报纸做的衣服上学。一场被称作大萧条的经济危机威胁着世界。1933年罗斯福就职美国总统，开始推行他称为新政的新经济政策，这种新经济政策后来被认为是凯恩斯主义的。詹姆斯·伯恩斯认为，罗斯福是一个出色的务实派（黄少军和何华权，1998）。罗斯福感兴趣的不是伟大的经济学理论，而是人们能够看得见、摸得到、用得上的具体成就。罗斯福曾试图紧缩经济，然后是扩大支出，后来又限制开支，他时而增加直接救济费用，时而增加公共工程支出，他曾经试行过有控制的通货膨胀，然后又实行物价管制。黄少军和何华权（1998）指出，罗斯福新政经历了两个阶段：第一个阶段即第一次百日新政。所谓百日是指大约在100天提出相应的政策法案。与光绪皇帝实施了103天即告结束的“百日维新”不同，这一政策体系的某些部分得以长期实施。这个阶段罗斯福宣布：我们的首要任务，是使人们有工作可做。这是一个典型的实用目标。为此，他采取了下列措施。

（1）罗斯福认为经济危机主要起因于金融系统，因此实行《紧急银行法》，该法规定由政府向私营银行提供帮助，使银行开门，授予总统完全控制黄金动向的权力，惩罚囤积黄金的行为，批准发行新的联邦储备纸币，改组银行。同时政府加强了对金融体系的监管，将投资银行和商业银行分开，建立联邦储备基金，并规定债券公司提供假信息时负有民事或刑事责任。

（2）按照传统的经济思想，实行《节约法》。该法规定削减政府开支，把退伍军人补助费砍掉4亿美元，把联邦雇员薪金减少1亿美元。

（3）提出实行“农业法案”。该法案认为农业产品过剩是由耕种面积过大引起的，因此需要减少供应。故规定按户分配耕地面积以缩减耕地面积，以应对农产品生产过剩引起的降价。但是这一法案最终未被参议院通过，而代之以农产品价格补贴使得农民从价格补贴中获得利润从而稳定农业。结果这一政策从传统性质过渡到具有凯恩斯主义色彩。

（4）基于凯恩斯的主张，放弃金本位，制定了《托马斯修正案》。这一措施导致了通货膨胀。与此同时，禁止黄金出口，后者减小了通货膨胀带来的国家金融风险。

（5）基于凯恩斯主义，提高公共投入。为此罗斯福政府提出了一系列公共工程法案，其中包括著名的田纳西水利工程，该工程建立了一个公司与地方管理合一的流域管理局。公司性质使它具有灵活性，地方政府权力使投资带有公共性并且加强了政府对经济活动的干预。《国家工业复兴法》是又一个带有政府全面干预经济活动性质的综合性法案。政策体系具有一定的计划经济色彩。后来的供给学派提出弛管制主要就是针对这个政策体系的。

罗斯福新政的第二个阶段即所谓的第二次百日新政，是在第一次新政取得经济振兴的初步成果后，于1935年初开始实施的。这一阶段，政府的主要目的是建设福利国家。其主要内容包括以下几点。

（1）以工代赈。罗斯福认为纯粹的救济只是一种麻醉剂，因此他提出了一个庞大的非常时期政府雇工计划，以50亿美元国库储备的代价给予350万名失业者工作，这一政府措施既消除了失业又提高了消费，刺激了经济增长。

（2）建立社会保障制度。1935年8月生效的《社会保障法》强制大部分受雇人员参加老年保险，这里的保险制度实际上增加了投资。《社会保障法》

还创立了联邦政府与州政府共同负责的失业保险体制。该法案使美国走向福利国家。

（3）依据凯恩斯主义，1935年通过了新的《银行法》。这一法律使得对金融体系的控制权从私人金融财团转到政府手中，确定了美国行政部门对货币和信贷的管理体制。

实行新政以后，美国经济普遍繁荣起来。1937年6月，罗斯福担心“繁荣”带来通货膨胀，于是采取了紧缩财政、裁减公共事业振兴署人员、撤销公共工程管理局、加大社会保险税等措施。这些措施曾经在新政的第一阶段发挥了作用，1937年却带来了新的经济衰退。整个1937年罗斯福都在试图平衡预算，结果，1938年初经济又出现衰退。1938年2月，凯恩斯给罗斯福写了封信，批评他和美国政府犯了“乐观的错误”，罗斯福“纳谏”了，有意识地做了个赤字预算，结果经济重新回升，于是罗斯福开始执行扩张性经济政策，用赤字财政增加公共工程和房屋建筑拨款。

在这一阶段，第一阶段的一些非凯恩斯主义的紧缩财政政策被放弃。鼓励通货膨胀、实施赤字财政被认为是罗斯福实施凯恩斯主义的政策要点，而事实上凯恩斯一生都在反对通货膨胀。

从罗斯福的经历中我们看到，在不同的阶段罗斯福新政有不同的经济学特点，在第一阶段，为了解决就业和投资问题，面对当时经济的混乱状况，罗斯福的政策核心是政策性的政府干预而不是确定的某种经济学模式。实际上在普遍存在失业、公众连维持一般生活水平都困难的情况下，鼓励消费是不可实现的。美国国会否决罗斯福减少农作物产量以刺激农作物涨价也许是关键的一步。这一步以农业补贴拯救了农业，同时又保证了公众能够“消费”得起食物。而补贴农业的钱是靠反凯恩斯主义的《节约法》提供的。另外，如果没有凯恩斯主义色彩的兴建公共工程来救济失业，得到食物保证的人民生产只能支持低产出的经济系统运行。所以这一阶段的政策可以说是新旧经济理论的“大杂烩”。新政的第二个阶段，罗斯福推行的基本上是凯恩斯主义政策。特别是当机立断地取消反凯恩斯主义的紧缩财政政策时，开始以赤字财政刺激经济增长。这个例子表明，经济学有一个完备的逻辑体系，逻辑力量使各种政策相匹配，必须基于一种政策的完备性来实现。第二个阶段与第一个阶段不同，第一个阶段是一个过渡阶段，完整的政策体系赖以成立的实在基础不存在，所以需要“大杂烩”。当过渡完成，形成了一定基础时，就需要完备的政策体系。第二个阶段后期政策取得成功说明，政府经济学有一个纲举目张的管理学问题。“赤字财政”就是凯恩斯经济政策的纲，尽管凯恩斯根据他的考察分析没有得到这个结论，但凯恩斯的考察是在没有出现完备的凯恩斯主义政策体系下完成的，他不可能发现所有的问题。

美国的实用主义特性还表现在里根政府的经济政策中。自罗斯福政府以后，美国一直执行凯恩斯主义的经济政策，事实上在第二次世界大战后，凯恩斯主义为西方政府所普遍接受，人们认为它带来了普遍的经济繁荣。然而进入20世纪70年代，英美经济进入滞胀状态。滞胀的原因我们在第2.1.3节中分析过，类似于撒切尔政府，里根政府实施了一套反凯恩斯主义的经济政策。西方学者总结认为，里根政府采取了供给学派的减税、弛管制政策，也采取了货币学派的减少政府干预金融机构、减少货币供给，即以控制货币的政策代替控制财政的政策。此外新保守主义经济学保持预算平衡的经济政策也为里根政府所倚重。尽管在许多方面供给主义与货币主义思想一致，但是供给主义主张减税是关键，它能提高供给。货币主义认为紧缩货币是关键，它能抑制膨胀。保守经济学派则主张关键是保持预算平衡。里根政府采取了先减少货币，再平衡预算后减税的方式。作为一个政府这样做是很现实的。在消费物价上升和失业率有所下降后，继续减税却没有收到预期的效果，即没有刺激投资和储蓄。当时著名的经济学者萨缪尔森认为，供给学派的“里根经济学寿终正寝了”（黄少军和何华权，1998）。然而，从1984年起，里根政府全面实行供给学派经济学，开始了其第二阶段的“新政”，特点是实施税制改善和弛管制，个人所得税的最高税率从50%降到30%，企业所得税从46%降低到33%，同时开始“私营化”，限制医疗照顾、医疗补助、对铁路的补助以及出售政府拥有的不必要财产，在企业推行提高分红，下放一些事务给州和地方政府等。全面的供给主义经济政策使得1981年到1986年美国经济平均增长2.8%，超过第二次世界大战后的任何时期。减税和弛管制作为供给经济学的关键政策得到了人们的公认。也正因此，1997年亚洲金融危机发生后，日本政府宣布了永久减税的政策。

罗斯福和里根的经历似乎表明，从管理学看，振兴经济的新政需要两个阶段。第一阶段是一个“大杂烩”阶段，它旨在制止衰退，营造全新的经济政策基础。经济复兴后，我们需要一个内部逻辑一致的政策体系。

实践中的区域经济治理是一个实用主义的经济政策体系，管理学落入了权变理论范畴。

2.2 经济增长管理

2.2.1 经济增长的要素

增长管理要解决的是政府的中期和短期经济政策。一般认为，经济增长受诸多因子的影响，在形式上我们可以写出描述经济增长的生产函数：

$$Y = f(K, L, R, A) \tag{2.2.1}$$

式中，Y为产出或国民收入；K为资本存量；L为劳动力数量；R为自然资源存量，这里的存量是指在经济过程中保持使用的量，未开发的还在存的资源不是资本存量，如农业中的耕地是资本存量，而荒山不是资本存量；A为投入使用的技术因子或其他因子的效率。最常见的生产函数有

$$Y = A_0 \exp(at) K^{\alpha} L^{\beta} R^{\gamma}, \quad \alpha + \beta + \gamma = 1 \tag{2.2.2}$$

式中，a为技术进步率。这个生产函数被称为柯布–道格拉斯生产函数。对世界一些国家和地区的经济增长情况的研究表明，随着Y值的增大，a有变小的趋势。例如，20世纪90年代初，在我国，新疆的a值达到0.41，广西为0.38，上海为0.31，a的这种现象是因为越是技术进步，其产生的基数越大，新增长所占的百分比就越小。技术进步率的这种现象叫边际效率递减。在青铜时代，铁器的出现意义巨大，虽然这种铁器技术的复杂性在今天看来十分简单，但今天复杂的技术产生的效应远不如青铜器被铁器取代的效应大。所以在一般的区域管理中，我们简单地要求技术进步率一年比一年高是不科学的。边际效率递减规律在K、L、R中均明显存在，随着资本、劳动力和自然资源存量的扩大，后期增加的资本、劳动力与自然资源产生的效率（即增长的百分率）不如前期的。

随着研究的深入，人们逐步认识到经济增长不仅与自然资源存量R和资本存量K有关系，而且与人力资本H有关。人力资本是舒尔茨提出的概念。什么是人力资本，不仅劳动力是人力资本，劳动力附带的智力水平也是人力资本。现在简单处理，一般用国民平均受教育程度作为人力资本H的度量，而把L作为另外的因子。卢卡斯提出，产出不仅与劳动力数量L有关，而且还与H/L有关，这代表了每个劳动力的人力资本数量。此外仍然包括劳动力数量L。卢卡斯还进一步认为，H还可以分解为H_1、H_2两项。H_1是投入消费品生产中的人力资本数量，H_2是投入新的人力资本生产中的人力资本数量。工厂的工程师是H_1，大学的教授是H_2，工厂的老师傅既是H_1，又是H_2。H的增长率与H_2成正比，这就是说，为提高国民产出，必须重视教育。在此基础上发展的后继理论则进一步认为人力资本还可分为技能型的和研发型的，强调增加研发投入。

在数学上定义一个给定时期内国民产出Y的变化率$\mathrm{d}Y$与Y的比（即$\mathrm{d}Y/Y$）为国民产出的增长率或者说经济增长率，记为G。对式（2.2.2）关于时间t求导数后得到

$$\frac{\mathrm{d}Y}{\mathrm{d}t}=\alpha K^{\alpha-1}L^{\beta}R^{\gamma}\frac{\mathrm{d}K}{\mathrm{d}t}+\beta K^{\alpha}L^{\beta-1}R^{\gamma}\frac{\mathrm{d}L}{\mathrm{d}t}+\gamma K^{\alpha}L^{\beta}R^{\gamma-1}\frac{\mathrm{d}R}{\mathrm{d}t}+a\mathrm{d}t$$

将上式两边分别除以式（2.2.2）等号两边，并取$\mathrm{d}t$为1，即有

$$G=\alpha G_K+\beta G_L+\gamma G_R+a \tag{2.2.3}$$

式中，G_K、G_L、G_R分别为$\mathrm{d}K/K$（资本增长率）、$\mathrm{d}L/L$（劳动力增长率）和$\mathrm{d}R/R$（自然资源增长率）。换言之，经济增长率是资本、劳动力、自然资源增长率和技术进步率的加权之和。区域管理者需要通过这四个因素的控制来实现区域的经济增长。

另外在新的增长理论中，人们发现增长与技术进步有关。要想技术进步，就需要创新，这是一种管理问题。管理学把创新至少分为三种，第一种是产品技术创新，第二种是工艺创新，第三种是制度创新，产品技术创新和工艺创新又通称为技术进步，制度创新则是广义的技术进步。一般来说，产品技术创新可能提高了产出量，创新不会受到阻碍。工艺创新因为要改变工艺流程，会受到产业惯性、技术工人习惯的阻碍，制度创新最多的障碍来自

高中层管理人员，因为他们可能因利益受损失而反对。在区域管理或治理中需要特别关注。

2.2.2 合意增长率

与一般的经济增长不同，区域发展则着眼于长期的和超长期的经济和社会问题。增长与发展具有不同的经济含义，增长通常是指国民收入随时间增加，通常把经济增长作为政府的基本管理目标。但是20世纪60年代以来人们发现在一些国家国民收入增加了，也就是经济增长了，但是财富集中到少数人手中，普遍地出现贫困，没有出现大众消费，即众多居民的消费力名义上提高，却没能进一步刺激社会经济发展。因此人们提出有必要区分增长与发展这两个概念。发展不仅意味着经济增长，而且意味着在增长的同时，经济上出现大众消费，政治经济学上出现社会公平。当然增长是经济发展的基础。

对于区域管理者来说，他们不仅要知道哪些因素控制着经济增长，而且要知道保持什么样的增长率不会出现经济危机，可以保证充分就业。过低的经济增长率，既不能保证充分就业，还会造成物质财富供应不足、通货膨胀，产生经济危机；过高的经济增长率会引起劳动力、资源供应不足和生产的物质财富过剩、通货紧缩等问题，这也是经济危机。这就引出一个合意增长率的概念。合意增长率就是既能保证充分就业又不引起通货膨胀和通货紧缩的增长率。

哈罗德是第一个系统研究合意增长率问题的人。按照经济学的观点，经济增长需要投资，投资来源于储蓄，由此哈罗德认为合意增长应有第t期的投资I_t等于第t期的储蓄S_t，即

$$S_t=I_t \tag{2.2.4}$$

注意到在实际的经济过程中S_t是由$t-1$期的产出Y_{t-1}的一部分储蓄而来的，同时产出增长Y_t-Y_{t-1}以一定比例K转化为投资，于是有

$$S_t=sY_{t-1}, \quad 0<s<1$$

$$I_t=k（Y_t-Y_{t-1}）, \quad k>0$$

式中，s为边际储蓄倾向，k被称为加速数。把这里的三个方程联立且用数学中解差分方程的技术，可以得到

$$Y_t = Y_0(1+s/k)^t \qquad (2.2.5)$$

式中，Y_0是初始的国民产出，s/k是增长率，由于它是考虑了式（2.2.4）的特定条件得出的，所以哈罗德称它为有保证的增长率，即投资资本得到充分利用的增长率。哈罗德以后，多马也独立地得出了同一结论。在多马的工作中，多马证明保证增长率s/k是一个均衡增长率。所谓均衡增长率是指式（2.2.2）描述的经济系统中的资源存量和劳动力存量以相同的速度增长，这样最初保持了充分就业和物价稳定的经济系统，按保证增长率s/k增长时仍然保持着充分就业和物价稳定，因此这个增长率是合意的。这一理论被称作哈罗德–多马模型，按这个模型，提高储蓄率是经济增长的关键因子。哈罗德–多马模型的增长率是不稳定的，也就是说，如果实际的增长率一旦偏离s/k，经济增长率完全偏离s/k，在各种干扰下保持s/k的增长率不变是不可能的，因此人们称这种增长率是刀刃上的均衡。

继哈罗德和多马之后，索洛进一步研究合意增长率问题，索洛认为经济增长需要保证充分就业。显然在不考虑技术进步的条件下，收入与劳动力必须按相同的增长率增长，有下式成立

$$\frac{s}{k} = n \qquad (2.2.6)$$

式中，n是劳动力增长率，也称作自然增长率，这就是说如果劳动力增长2%，去年下岗率为6%，要保持充分就业，今年需要8%的保证增长率。在哈罗德理论中，没有任何机制保证式（2.2.6）成立。索洛证明要实现式（2.2.6）以保证充分就业的关键是实现

$$f(K,L) = \frac{nk}{s} \qquad (2.2.7)$$

这里$f(K, L)$是生产函数式（2.2.1），不过它忽视了自然资源与技术因素的作用。这个条件的关键作用在于能保证增长率受到干扰时，经济能够稳定。索洛的理论被称作新古典经济增长模型，因为他在推导中结合了古典经济学家李嘉图的理论以及凯恩斯主义的思想，并放弃了凯恩斯主义的一些假设。

英国剑桥大学以罗宾逊夫人为代表的剑桥学派自认为是正宗凯恩斯学

派，他们发展了不同于索洛的增长理论，其中比较典型的是卡尔多于1955年至1958年发展的模型。剑桥学派认为，收入Y恒等于工资W和利润P这两大类别之和，总储蓄S是利润储蓄s_pP和工资储蓄s_wW。即有

$$Y=W+P$$

$$S=s_wW+s_pP$$

这两个方程可以变形为

$$\frac{P}{Y}=\frac{1}{s_p-s_w}\frac{I}{K}-\frac{s_w}{s_p-s_w}\frac{Y}{K} \tag{2.2.8}$$

式中，P/Y是利润在国民收入中的份额，即利润率，s_w和s_p分别是工资和利润的储蓄倾向。由于工资收入者工资比利润低，所以s_w接近于零，式（2.2.8）化作

$$\frac{I}{K}=s_p\frac{P}{Y} \tag{2.2.9}$$

式中，I/K是资本存量的增加率。1962年，帕西内蒂进一步证明平衡增长的利润率等于劳动力增长率与资本家储蓄倾向之比，即保持资本增长与劳动力增长同步的平衡增长是存在的。

由生产函数性质可知，Y决定于资本存量K，资本存量的增加率也就驱动着经济增长，因此剑桥模型意味着提高资本所有者的利润，这里的所有者可以是资本家也可以是国家。我国一度鼓励让一部分人先富起来，或多或少采用的是上述政策。在资本主义原始积累阶段，这种政策是有效的。我们在区域发展中看到了某些致富带头人的作用。由于模型隐含了区域是个封闭系统，我们从式（2.2.9）可以看到，关键在于必须使先富起来的阶层的储蓄或投资留在区域中。当然这里的“留在区域中”不一定是空间上的，而是经济上的。笔者知道这样一个故事：某县用县内的资本在海南建立了一家控股公司，该公司既利用了海南的市场与人力资本，同时又解决了该县贫困区农民的就业问题。这个办法解决了这个区域的就业问题，经济上把“投资留在了自己的区域中”。需要说明的是，苏联也是实施的这种政策，只不过在苏联模式中，资本家就是国家。1966年，萨缪尔森和莫迪利安尼证明，工人和资本家在模型中是对称的，经济增长也可以由在没有“纯粹”资本家存在的

情况下的工人储蓄倾向s_w所决定。萨缪尔森的结论是鼓励给广大劳动者（包括作为经理人员的资本家）以更多的收入以驱使他们提高储蓄率，这是一种“藏富于民”的发展政策。从可持续发展出发，笔者推荐采取这种政策。

无论是新古典经济增长模型还是剑桥模型，储蓄对经济增长都有根本的作用，这与凯恩斯关于宏观经济管理中鼓励消费的政策相矛盾。由于中期问题与长期问题的不同，于是产生了一个问题：“长期”有多长？怎样处理鼓励消费与鼓励储蓄这一矛盾，一般来说，一个适当的消费率是必要的。对于各种发展观点，萨缪尔森、莫迪利安尼的近于“藏富于民”的政策是折中的方式。

在上面的分析中我们始终强调充分就业情况下的平衡增长。这就是说，充分就业无论在宏观经济管理中还是在发展管理中，都是管理的基本目标。经济增长政策目标就是寻求一条保证充分就业的平衡的增长途径。在这种条件下我们追求效率、速度才有积极的意义。例如，为了应对气候变化，保护人类利益，人类必须控制CO_2的排放。但是立即停止一切生产、生活活动的CO_2排放是不可能的，人类必须在保护气候的同时，发展生产与生活，特别是在人口不断增加的条件下，保持技术进步，不增加CO_2的排放，这就要求人类社会处于一种社会经济平稳增长的状态。幸运的是，我们发现，这种平稳增长状态可以实现。由此平稳增长是一个社会经济增长的基本保障。

新经济增长模型强调了技术进步与人力资本，罗默、卢卡斯、克鲁格曼陆续发展了一些模型。这些模型在表达上需要用到较多的数学知识，不是本书关注的重点，就不再介绍。需要补充的是，在经济增长理论中，技术进步因子A和人力资本H都被看作重要的增长之源。对于这两个因素的区别这样来理解，H是一个熟练工人或专家的技能，A是机床的技术指标或自动化系统。经济发展需要技术进步，也需要人力资本发展。段平忠（2007）发现，在1985～1990年，流动人口中的智力资本为我国国民生产总值带来了大约72.5亿元的价值，其极大地促进了东部地区和西部地区的经济增长，然而，中部地区流出的人力资本比流入的人力资本水平高，使其人力资本结构更加恶化，在客观上为中部的经济增长带来了负面效应。为实现经济的区域均衡发展，解决人力资本问题需要宽松的人口流动政策和收入分配政策。人力资本问题比物质资本问题更具复杂性在于人力有主体意识。

缺乏人力资本的发展是艰难的，替代的可能是自然资源的消耗。发展中国家的一个不幸就在于人力资本的流失。1990 年，北京大学的一位教授骄傲地对笔者说："我培养的研究生都出国了！"如今，笔者也可以这样说了，可是笔者感到的已经是科学研究人才流失的悲哀。

2.2.3 社会公平与经济增长

1998 年，诺贝尔经济学奖被授予剑桥大学的印度籍经济学家阿马蒂亚·森，以表彰他在福利经济学研究中的成就。他最早发现了经济增长不能简单地等同于发展，经济增长未必带来社会福利的普遍提高，在经济增长问题上提出了社会公平问题。

1960年左右，人们根据印度经济增长情况提出经济增长未必能使人民大众从中得到好处，实际上在印度、孟加拉国、巴西这些国家与经济增长同时伴生的是穷人变得更加贫困，收入不平等状况比发达国家还严重。因此，人们提出在经济增长的同时，实现社会公平的问题。

早在 1955 年，美国经济学会会长西蒙·库兹涅茨就提出，收入分配中人均国民生产总值与不均等之间的关系呈倒U形（Kuznets，1955）。就是说当人均收入增长时，不均等会加重，在中等水平时，不均等达到顶峰；最后人均国民生产总值达到国家的水平时，社会收入不均等下降到一个低的水平。然而，后来发现了一些反例：斯里兰卡是一个低收入国家，却有均等收入分配；韩国在经济高速增长的过程中，收入分配基本上保持着均等。这就揭示，可以找到经济增长的同时保持社会收入均等在一定限度内发展的路线，寻找这样的路线成为各国政府和经济学家共同努力的目标。

威廉·刘易斯是第一个在解决这个问题上取得突出成果的人。威廉·刘易斯（1988）采用了李嘉图-马克思的假设，在固定的实际工资水平下，劳动力数量供给是无限的；进一步地，他提出在发展中国家存在生产力低下的传统部门和迅速发展的新兴工业部门，这两种部门构成了二元结构。由此，他通过分析提出：库兹涅茨的倒U形曲线产生的原因有两个：第一，资本家

（或资产所有者）的收入比重会随着现代化部门或资本主义部门规模的扩大而提高；第二，在存在大量剩余劳动力的条件下，不断有总数不多的劳动者从低生产水平的生产部门中转移出来，这样在维持固定工资水平下，资本家能不断地扩大资本规模从而使自己收入提高，但是工人的工资却固定在一个不变的水平上，结果二者的收入差距不断增加。按照刘易斯的模型，收入不平等不仅是经济增长的必然结果，而且是经济增长的原因，剩余劳动力一旦耗尽，收入差距扩大的趋势就会停止。如果新兴部门的资本扩大不停止，就可以进入一个发展的新阶段，即新古典经济学的时代，在这个阶段古典经济学不再适当，索洛的经济学结论开始起作用。问题在于，可能有某些国家或地区不能进入第二个阶段。

刘易斯的发展政策是先增长后依赖于经济过程机制再分配的战略。与刘易斯的发展政策相对的是先分配后增长的战略。吉利斯等（1998）认为，社会主义国家采取的就是这种战略，韩国也采取了这种战略。本书认为，苏联模式采用把财富集中到国家或集体手中管理的模式，由于没有民主制度监督，管理失败。韩国的儒文化模式采用把财富近于均分的形式交由私人管理并由国家控制一部分以对私人资本收入分配起某种杠杆作用，在治理形态上，依靠民主，监督机制在起作用。这是两种先分配再增长战略的本质差别。

联合国的一些机构普遍地提倡再分配与增长并重。吉利斯等（1998）认为，这种再分配与增长并重的模式的基本思想是：政府的政策应该是这样的，它所规划的发展模式能使低收入的生产者可以看到增加收入和福利的机会，同时又可得到必要的资源以求得福利改进。为此，特别推崇世界银行提出的七类政策工具：

（1）相对于资本使劳动力进一步廉价的措施，这样就可以鼓励非熟练劳动力的进一步就业。

（2）通过鼓励创建穷人所拥有的资产，例如改良了的农田和小店铺等，实行动态再分配。

（3）进一步加强教育，提高识字率和技术水准，以便进入现代经济生活。

（4）进一步加强累进税制。

（5）由政府向穷人提供消费品，如基本食品等。

（6）对商品市场进行干预，以帮助贫困的生产者与消费者。

（7）开发有助于低收入工人提高劳动生产率的新技术。

对于再分配与增长并重战略的七类政策，吉利斯等（1998）批评其对贫困消除得太慢，使人感到失望。我国近些年来采取的扶贫措施，除了移民措施和政府扶植开发当地资源外，其他措施基本都属于这七类政策范围内；但移民与资源开发只是一些可以局部实施的措施。在具有争议的各种政策中，分配问题是焦点。如果仅仅使少数人致富，经济上不能形成大众消费，结果需求上不去，经济难以发展。如果限制个人收入，按剑桥学派的观点，经济系统缺乏投资。怎样分配国民收入，是一个未从理论上真正解决的问题。我们知道，均分国民收入得不到发展，集中收入到个别人也得不到发展，而实际的经济是发展的，因此至少存在一个分配比例使得在区域增长中，经济是发展的。要求得这个合适的分配点，在管理学意义上，目前的可行方式是计算模拟，在经济学意义上，它需要把经济增长理论发展到非线性分析阶段。

分配与增长的问题，往往不是单纯的经济学问题而是政治经济学问题。但是我们这里尽可能地从管理的角度来看它。1985年前，我国在农村实行家庭联产承包责任制，资本实行再分配，由于土地作为一种资本在充分物理分割后仍然具有生产能力，这种再分配公平性容易实现。农业获得了增长。1985年后开始把农业的经济政策推广到工业部门，实行企业的租赁承包。由于工业资本不可任意物理分割和对规模经营的强烈依赖性，租赁承包制造成了严重的再分配不公平，其结果之一是某些国有企业资产被蛀空，工人失去了生产的积极性，最后产生了国有企业效益不佳的问题。公平，不仅是发展的目的，而且是发展的手段，经济治理具有政治经济学意义。

2.3 区域发展的空间进化

2.3.1 区域的发育

区域是一个地理学实体，其发展经历了一个独立的经济学过程。区域治理因此要遵循一些地理学过程规律。地球上任何一个经济实体，必然都占据地球表层的空间，这个空间具有一定的环境要素，这个环境里具有一定的资源禀赋，环境及其资源禀赋构成了一定的空间范围，地理学上就把这个范围称为区域，或者说这个地理事物或区域具有环境-区域二象性，它有环境的一面，具有自己的结构单元和资源禀赋，同时又作为一个整体存在，自己的单元具有某种不可分割性（分割了就不是同一区域的），这就是环境-区域二象性。例如，一个湖泊既是资源，也是环境，又在区域中。这个具有环境-区域二象性的东西的环境特征，主要由地理学的环境科学或者环境动力学研究。这个具有环境-区域二象性的东西的区域特征，主要由区域科学或者区域动力学研究，人口、资源都在其中。这是一个具有经济结构的地域。这个地域在经济观察作用下具有自己的经济动力学进化过程。这里的“进化”的英文单词是evolution，意思是这个发展是不可逆的，具有简单到复杂的特点，发展是必然的，不变的是城市与环境结构这种基因。这是进化经济地理学的观点。

区域的经济动力学进化过程，实际上是一个区域的赋存其上的土地资源的边际效益不断递增的过程。土地最初作为一种资源被人类从牧业中识别出来，世界发生畜牧业与农业的分工，这时在中国诞生的黄河流域，进化发展出农业经济区。在这种条件下，农业发生聚集，出现产业化分工区域，也就进一步进化出城市来，城市的出现引起了城市国家的发展。国家就是区域的一种形式，中国的春秋战国时代，一些区域形成独自的国家，如鲁国、齐国、晋国、楚国、燕国、秦国等。当时欧洲也是这样形成了一些独立的国家，城市是这些国家的核心。第一次产业革命就是在这种条件下发生的。

2.3.2 区域的产业专业化与联盟化

区域国家产生以后，国家在大区域经济体系（如全球经济体系）中，事无巨细地内生出一个封闭的产业体系，越来越需要国际贸易，这样区域必须选择自己的重点产业，从而使自己的经济发展处于一种更接近获得最优增长的状态。这就产生了区域产业特化问题或专业问题，专业化使得区域会产生比较优势，当然这种优势可能部分起因于继承原来的自然禀赋。这样区域之间（不一定是国家）会发生贸易，贸易就需要发展道路，这就使得交通发展起来，区域内的人口、资源、资本又会聚集起来创造出城市，聚集的资本、人口和市场进而形成经济区位，区域就会产生出新地理本性，促成第二次地理分工，在技术进步引导下，城市聚集进一步提高了土地的边际效益，这样第二次产业分工就会逐步发展起来。区域在这种情况下会围绕专业化的城市形成第二次区域本性，其发生的标志便是城乡的产业分工。中国在区域发展过程中形成了“要想富，先修路”的民谚，这里的路是连通城市的交通，发展起来成为区域的另一个区域基因——道路网络。这是区域管理学对区域的地理学第二本性认识。

在历史上，产业分工就是专业化的产业城市从农业经济中发展出来，带来区域经济的第二次革命。20世纪80～90年代，我国东部许多省市先后宣布把汽车工业作为自己的支柱产业，一些项目仓促上马，结果陷入被动状态。广东省率先放弃了这一选择，调整自己的产业战略，获得新的发展机会。这种情况说明开放经济条件下产业特化的必然性。站在我国改革开放前沿的广东省率先放弃了自己的“自力更生”战略，不是偶然的。这是经济发展的“威胁利诱”。从资本聚集、把农业人口从土地上解放出来、产业聚集，再到专业化城市发展是区域经济发展的必然道路。区域发展必须要遵循这种科学道路。

最一般的产业特化的直接因子是区际比较利益的存在。这是亚当·斯密在18世纪就阐明的原理。什么是区际比较利益呢？我们设想两个区域，比如说一个县内的山区和平原。平原可以生产大米和玉米，山区也可以生产大米和玉米，在自给经济下，它们各自进行自己的生产。有一天山里的一个聪明人发现，自己一个单位的土地、资本和劳动力投入，在山区可以生产1公斤大米或者2公斤玉米。而平原地区生产1公斤大米的投入可以生产1.5公斤玉米。于是这个聪明人用1.75公斤玉米去换1公斤大米，结果山里人发现自己占了便宜，平原人也发现自己占了便宜，最后区域分工发生了：山里人种植玉米，平原人种植大米。所谓区际比较利益就是指在同一区域内生产不同产品的成本不一样，单位产品之间存在一个价格比，由于区域差异的存在，不同区域的同样两个产品的价格比不一样，区域与区域之间比较，生产不同产品的利益是不一样的，这里的两个价格比叫作比较利益。在这个例子中，山区与平原各有自己的优势，山区的一个投入比平原的一个投入生产的玉米多，平原的一个投入比山区的一个投入生产的大米多，领域比较是绝对优势。实际上存在相对优势。例如，一个单位的土地、资本和劳动力投入，在山区可以生产0.75公斤大米或者1.4公斤玉米，在这种情况下，山里人发现他们生产玉米仍然可能有利可图，如果交换的比价不变，他们用1.4公斤玉米可以换回0.8公斤大米。如果这个比价提高，比如1.9公斤玉米才能换回1公斤大米，贸易就会终止，因为1.4公斤玉米仅能换回0.74公斤大米，比较利益小于1，区域特化不会进行。

区际比较利益的出现最直接的因素有两个，即区位条件与资源条件。其中区位条件可能是较直接的决定因素。

什么是区位？我们先看一下图2.3.1。图中，三角形和圆点实心分别表示两种产品的利润曲线。我们不妨认为三角形是肉食，圆点实心是粮食。图的中央位置有一个城市。各种商品单位价格不变且互不相同，在任何一个地方生产同样产品的成本也不变且互不相同，同一产品的单位运费（包含损失费）不变且互不相同，比如肉食价格比粮食价格高，生产成本高，运输成本高。于是单位商品在中心城市销售获得的利润只与距离有关，这样各个地方生产肉食与粮食获得的利润是不一样的，从而导致各个地方适合发展不同的产业，最适合发展某种产业的地方，被称为位于该种产业的区位带上。区位就是适合发展某种产业的地方。这里的区位叫农业区位。类似的还有工业区位，它是工业产品适合的生产位置；市场区位，即产品最适合的销售点位置范围；设施区位，即某种设施如体育馆、医院的最适合位置，一般将设施区

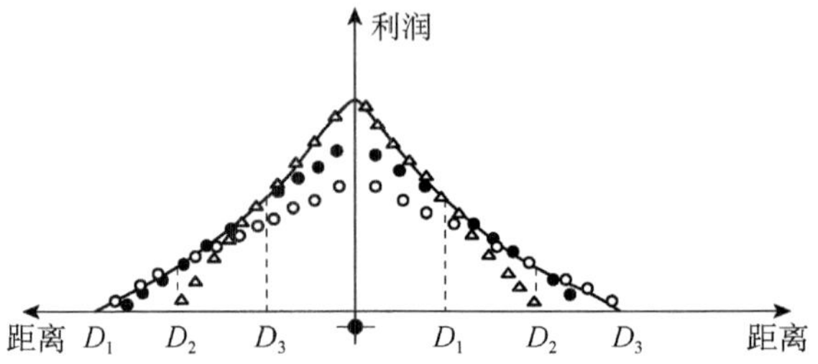

（a）利润随距离改变

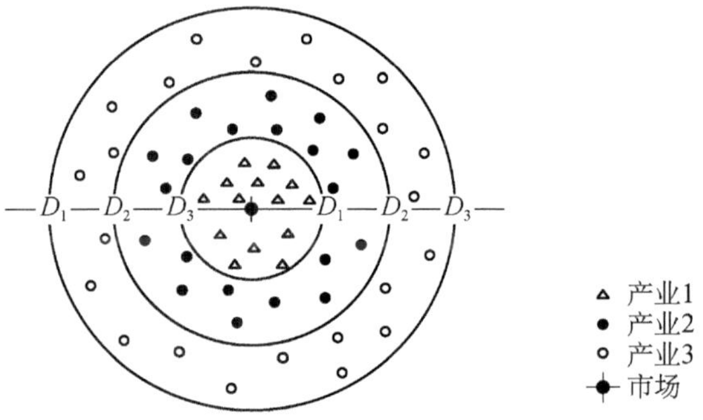

（b）土地利用同心圆带

图2.3.1 区位的形成

位选择研究纳入企业管理的范围。工业区位、市场区位对区域的特化有重要意义。本书第一章图1.1.1是约翰·冯·杜能（1986）的孤立国农业区位，这种农业区位带决定了各区域在市场经济条件下农业的发展格局。然而，这里的区位是一种理想状态，在某种作物带内，不是不可以种植其他作物，而是平均地讲种植其他作物的收益低，而其中有小城市及附属境地，它们又会形成次级的区位。例如，江西省是我国的农业大省，但是南昌市西湖区桃花镇则形成了消费品批发市场，其辐射范围达湖北省。因为南昌市是作为口岸的广州市以北的第一个中心城市，有商品集散需求，在一级条件下，二级条件起作用，桃花镇位于城乡接合部，从市场区位的角度看，这里已经不适合发展零售业，但靠近城市，交通发达而车辆不受城市交通的管制，地价比城区低，可以发展仓储业，从而最初就形成了大宗商品批发业。而市场一旦形成就产生了最初的积累，使得批发业得以发展。这个例子说明区位现象是有惯性的。在选择区域的发展方向时，一定还要注意你所管理的区域级别。一般来说，如果你确定区域的发展方向，需要在全国范围内考察；如果你考虑企业的位置，你要注意与最近的中心城市或消费市场、资源供应地的关系。

区域的专业化不仅决定于它的区位，而且决定于它的资源-环境结构，这里的资源不仅指自然资源而且包括人文资源。自然资源的决定作用可以矿业城市为例。某种矿产的存在，为区域的特化提供了最基本的条件。安达，本来是农业小城镇，因为发现了石油，最终发展成为著名的矿业城市——大庆。旅游城市一般也是首先依靠资源条件发展起来的，张家界就是这样的典型。张家界原为一林场，后建立张家界国家森林公园，随着其享誉海内外，其所在的大庸市最后更名为张家界市。区位理论认为，一旦有资源不可能搬运（如旅游资源）或搬运消耗大（如煤）或资源中混杂物数量大（如某些矿产），会带来产业向资源所在地集中。否则，该地仅能发展相关的资源开发业，而产业聚集中心则会指向人文资源即交通条件、市场条件、人力资本条件占优势的地方。当然，环境容量也会限制该地区的发展。

人文资源是一个较广义的范围。在决定区域特化时，它通常比自然资源有更强烈的作用。区域的智力资源、交通条件、通信条件和市场条件（人口规模、进出口条件）都是人文资源。第二次世界大战以来，西方发达国家从掠夺自然资源转向了掠夺人力资源。西方发达国家正是依靠这种人力资源发展了“知识经济”，从而有力地提高了生产率来替代依靠自然资源维持其庞大的经济体系。在最近的30年中，笔者培养了许多研究生，但是他们多数因故去了国外，我们可以看到，在区域管理中，发达地区有明显的人才优势。留住人才，是一个区域发展的起点。但是仅有这个起点是不够的，区域管理者必须会使用人才。如果区域管理者忽视人力资源问题，只关注区域的经济增长数据，那么这不能不说是片面的区域管理。这又是企业管理与区域治理的一个差别。企业管理只需考虑短期的收益增长，人才储备在社会中是外在的。区域治理则不然，人才几乎只能储备在自身中，是内在的，特别是一个国家。虽然科学是没有国界的，但是科学家是有国籍的，越国聘用人才是艰难的。本国人才为他国经济做出的贡献可能会成为一种压抑本国经济的力量。这是区域治理的复杂性。

作为人文资源的交通条件、通信条件、市场条件，我们容易理解，这里要强调的是人口规模。如果没有一定数量的人口规模，那么就构不成强大的消费群体，由凯恩斯理论我们知道这无助于经济增长。从这一点上看，我们需要增加人口。但是，人口增加会加速自然资源消耗，产生不可持续发展问题，因此，区域管理者必须平衡这二者的关系。在实际问题中，靠近中心城市，接近大规模的消费群体，有助于局部区域的经济发展；远离中心城市，则需要选择生产可远程运输的消费品或工业材料，形成特有的产业方向。

区域特化实际上是与区域联盟化同时发生的。所谓区域联盟化，就是不同区域经济单元之间相互配合，形成统一的经济体系。在区域内部，平均收入之差控制在一定的范围内，区域之内人口流动较自由，资本不存在明显的壁垒。联盟化最后形成经济一体化，这时区域之间人口与资源流动的中间障碍如关税、定居权趋于消失。联盟化使大区域内部形成对外的强竞争力，同时在大区域内部完成区域分工从而使大区域的整体经济利益达到最大。在学术界，自两德统一以来，关于区域联盟化的理论迅速地发展，为我们提供了许多经验。经验表明，经济制度、市场结构与资本流动规则的一体化有重要意义。

联盟化犹如企业组织的集团化，会形成某些组织结构。我们知道组织结构的两种主要形式是递阶结构和矩阵结构，联盟化、集团化的形式主要是网络结构。这种网络结构可能是由区域内产业互补产生的，如我国西南地区各省（自治区、直辖市）之间；也可能是产业衍生造成的，个别中心城市发展带动了周边地区为它生产配套产品，如深圳与其毗邻地区；还有二者共同作用产生的，这时中心城市可能更多地起到区域口岸的作用，如长江三角洲。因此，区域管理者必须在这个网络中认真地确定好自己区域的位置，采取恰当的经济策略。

从管理学角度选择区域在大区域中的位置或策略的做法就是一种地缘政治-经济过程。区域在发展中需要奉行某种地缘经济政策。笔者在《普通地理学》中认为地缘政治-经济关系仅仅是国家之间的关系与国际竞争态势，这是片面的。区域间存在地缘经济问题，地缘关系在区域内部表现为控制什么地区为中心地区、什么地区为边缘区，产业链如何，在外表现为与什么地区经济结盟、与什么地区竞争。战国时期，秦国实施的“远交近攻”战略，就是一种外部地缘政治政策；西汉时期，司马迁提出的“三河在天下之中，若鼎足，王者所更居也”，就是一种内部地缘政治经济战略，不仅如此，司马迁的话还道出了地缘政治-经济选择的关键——控制核心经济区，控制人口密集区。在人口稀缺的古代，人口是主要的资源，这就意味着控制了人口就控制了资源（物质的和人文的）密集区。改革开放之前，我国在地缘政治政策上有三种选择：1949～1959年，与苏联结盟；1960～1970年，用世界的“农村”（亚非拉）包围世界的“城市”（欧洲、北美）；1971～1979年，实行“三个世界”理论[①]。这是不同阶段的产物。第一阶段，我国的政治目标主要是建设一个工业国，1950年朝鲜战争爆发后，美国派第七舰队封锁台湾海峡，我国的这种政治目标是合理的。1960～1970年，我国受到美国和苏联的双重压力，出于国际政治的考虑，这种世界“农村”包围世界“城市”的提法是容易被人接受的。1970年后，为了对抗来自苏联的军事压力，产生了“三个世界”的理论。由此可见，地缘政治经济政策是需要不断调整的。但这种调整对经济实力弱小的区域来说，必须防止出现单极化世界，从而使区域不公平被单极政治强权所加强。1999年，北约轰炸不结盟运动领袖南联盟。在1991年以前，这样的事件是不会发生的，因为核大国怕引起自身的冲突，不结盟运动蓬勃发展。1991年以后，世界出现了单极状态，世界变得更加不公平了。在国家内部，当某些区域只能依靠某港口城市运输货物时，该港口城市可能采取法治手段用本币与外省结算，留截外币。这种既合作又竞争的关系是网络结构的区域联盟的特性。对于这个问题的协调，必要时需要国家干预。

2.3.3 空间激励

改革开放之初，我国在深圳等地设立经济特区，给它某些特殊的优惠政策，从而带动了整个广东省的发展。后来这种特区政策被推广到海南省、上海市，带动了新的经济增长。这种对某些区域实施特殊经济政策，将小城镇

① 1974年2月22日，毛泽东在会见赞比亚总统卡翁达时提出了“三个世界”理论。美国、苏联是第一世界；中间派日本、欧洲、加拿大等发达国家，是第二世界；亚洲（除了日本以外）、非洲、拉丁美洲和其他地区的发展中国家是第三世界。

迅速建设成一个中心城市的做法，在区域经济学中被称为增长极理论。从管理学上看，它对作为组织的区域群体，选择其中某个或多个区域作为典范，提供充分的资源和发展机会，就类似于在人群组织中树立典范激励机制，有利于群体奋发图强。在企业管理中，激励是一种基本的管理手段，可对全组织实施。在区域管理中，空间激励是一种重要的经济政策，也可对全区域实施。不过，激励的主要形式还是利用榜样的力量，在区域管理领域，相应的是设立增长极。

中心–腹地理论认为，当对某个地区实施中心建设的区域激励政策后，空间会形成四个带。第一个带是中央增长区，这个区域的经济全面增长，而且发展建设快，人口发生集结；第二个带是向上转化带，它包围在第一个带范围内，经济增长较快，一些新产业得到发展，劳动力得到充分就业；第三个带是向下转化带，这个区域经济停滞不前，青壮年劳动力流失，经济只靠农业或被称为夕阳工业的产业维持着；第四个带是包含在第三个带内或第二个带与第三个带之间的资源前沿带，这个带中一般包含某种资源，经济得以增长，比之邻区处于一个就业较充分、发展速度较快的水平上。这种情况可以我国广东省在实行经济特区政策后的一个时期内的情况说明。深圳、珠海作为经济增长区，是广东的中央增长区，全国性的物质资本、人力资本向它集中，经济增长速度迅速加快，深圳以外的珠江三角洲作为向上转化带，经济欣欣向荣。在 20 世纪 80 年代，粤北山地则处于一个向下转化带，经济衰退，劳动力流失严重，经济停滞不前。这种理论被进一步称作增长极理论。对这种被称作增长极理论的学说，机理上是这样解说的：在区域增长初期，必须实施资本集中政策，这样才能使原来普遍的经济停滞状态得到一个兴奋的机会，在这个过程中，周边地区的物质资本、人力资本向中央增长区自动集中，称作“倒灌”，当经济发展到一定阶段后，经济增长使得中央增长区资本过于密集，只有向周边地区寻找发展机会，出现所谓的“滴漏”。“倒灌”和“滴漏”构成了一对矛盾，推动了整个区域经济的发展。

笔者从 1986 年起陆续对这种理论做了数学分析。笔者发现，区域过程在外生因素对区域强制性地设立一个增长极时才有可能开始，这相当于设立了一个“种子”。但是“种子”要想“发芽”，需要一定的条件。“发芽的种子”才能成为增长极。增长极引起周边地区增长速度加快，但是这种加快限制在一个圆的范围内，在这个圆的边界上增长速度最快，随着时间的增加，圆的半径在不断地扩大。经过一个阶段后，出现区域的全面增长。进一步地分析还发现，从中央增长区向外围扩散的增长数实际上先以3～6支向外扇形扩散，在某些方向上出现增长，这大概对应于资源前沿区，在城市向外发展的过程中，人们确实观察到了这种现象，如图2.3.2所示。[①]

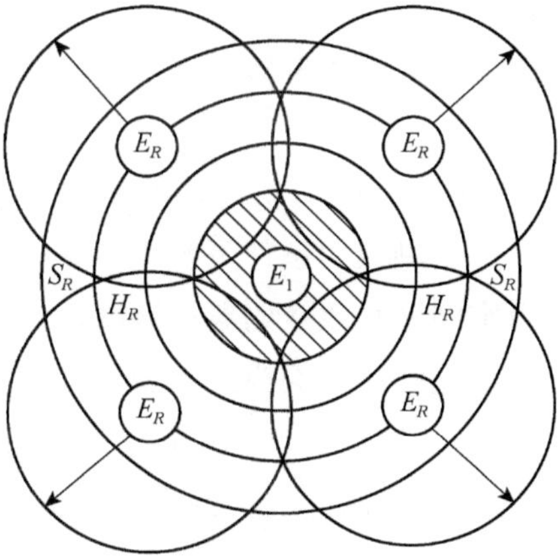

空间动态

E_1：就业中心；E_R：次中心；H_R：硬环；S_R：软环

图2.3.2　区域的空间分异（增长极模型）示意图

图中阴影区为向上转化带，硬环地区为向下转化带，与向上转化带联系的几个次级环带为资源前沿带，它们可能围绕某些资源点形成有次级的聚集中心，并可能形成扇形区

前面的理论都是在理想模式下分析得出的，而且主要是经济学的，“看不见的手”去操作它；管理学则要求“该出手时就出手”，管理是“看得见的手”。区域管理者必须回答怎样才能引起最初的经济聚集，形成“种子”；此外，还必须回答什么样的管理措施可以保证聚集转向为增长。

2.3.4　城市化

无论是区域专业化还是实施空间激励，都需要城市化。而人口的空间过

① 有兴趣的读者可参见王铮等著《理论经济地理学》，对其进行严格的数学分析可以表现为贝塞尔函数的一个阶解。不过在交通便利原则引导下，其中4支比较发达。

程的最终指向实际上是城市。尽管在西方一些发达国家，富人往往住在郊外，但郊外也是围绕城市的。城市之所以成为人口迁移的最终目的地，是因为其能提供更多的就业机会、更丰富的文化生活和更好的福利待遇，在经济发展中发挥着主要作用。人口的这种趋向造成了全球性的城市化趋势。18世纪中叶，世界上只有3%的人口居住在城市中，到了1950年，城市人口占世界总人口的29%，仅仅35年后，这个比例便达到了41%。根据世界资源研究所1992年编的《世界资源 1990—1991》，在发达国家中，73%以上的人口住在城市中，发展中国家的这个数据为34%。下一阶段的城市化将主要发生在发展中国家。

Goodfriend和McDermott（1995）认为，城市化是早期增长的充分必要条件。城市化需要在农业产生剩余的条件下发生。这种学说适合于落后地区的初期发展。巴西是采用空间激励政策的典型国家，为了促进落后地区的发展，巴西政府采用了向落后地区迁都的模式。罗斯福新政期间，兴修田纳西水利工程，则是采用了大型公共项目投资的方式来实现区域再开发。管理有多种模式，目前理论上还不能回答什么样的激励模式适合什么情况，但是所有这些模式都有一个共同特点——城市化；离开城市化，经济起飞还没有成功的先例。

在笔者读小学的时候，课本上有首诗，开头两句是："发了芽的榆树，得了雨水更茂盛。"空间聚集发生后，犹如种子发了芽，需要进一步的机制保证向它输送资本，使其生长，榆树是利用雨水和空气合成碳水化合物让自己生长的。对于空间激励来说，理论上目前还不清楚应该怎样提供后继政策使区域发展。我国的模式更多的则是在保持原有"种子"地区的基础上，不断增加新的"种子"地区，如北京、上海。这其实已经超出了前面我们对问题讨论的基本模式范畴，即增长极单一假设。实际上增长极不一定单一。陆大道（1986）提出，针对中国国土辽阔的情况，应该实施"点轴"战略，即由点而连线的增长极形成"增长轴"。进一步地，他提出了T字形战略，按这个战略，沿海城市、沿长江城市构成两个"点轴"，形成T字形态势。王铮（1989）进一步提出，由于中国各区域发展差异大，自然资源密集区与城市密集区各处东西部，这样仅仅在东部设置增长极会造成资源供给不足，欠发达区长期落后，因此合适的战略是在西部设置增长极。这个战略被称为对称型非平衡增长战略。1998年，王铮、周贵荣的模拟结果证明，在单一增长极、轴式增长极和对称型非平衡增长极几种模式中，对称型非平衡增长极模式为最优（周贵荣，1998）。不过笔者认为，这种多增长极模式在一个普通区域内特别是一个县域内不适用，因为它往往把有限的发展资源分散，不利于地方经济增长和形成空间聚集。

城市化对社会发展有两种作用，一种是正的，一种是负的。城市化过程使人口集中到城市中，由于人力资源的集中，人类的文化和发明更容易交流，人类的生活水准提高而产生更多的经济需求，从而促进了经济发展。事实表明，几乎全部发达或较发达国家，其经济起飞过程都伴随着迅速的城市化。从表2.3.1中我们可以发现，日本经济起飞的20世纪50年代是其人口增长最快的时期。1955～1960年是日本第二次世界大战后经济高速发展的时期，城市人口增长率为3.31%。这种现象还发生在美国、加拿大、苏联、韩国等。西欧国家则由于其较早的工业化，经历了城市化的最快阶段。第二次世界大战前，英国是城市人口比重最大的国家，城市人口达全国人口的70%之多；第二次世界大战后，发达国家城市人口比重呈对数形式增长趋势，发展中国家城市人口则出现加速情况。1970年以前，发达国家城市人口比重上升率大于发展中国家，1970年以后，这种情况反了过来，总的来讲，这种趋势是与发展中国家经济陆续起飞一致的。

表2.3.1 日本城市人口增长过程

年份	1910	1920	1930	1940	1950	1960	1970	1980
城市人口比重/%	14.9	18.1	24.1	37.7	37.3	63.3	72.1	76.2

人口城市化既提供了发展的机会，又对发展提出了挑战。这首先表现在城市就业人口增加和农村人口减少方面。大量的农村人口涌入城市，给城市就业带来了压力，在经济出现萧条时，会有大量人口失业。不过总的来说，这种压力可能会因为发展有所减小，甚至会推动发展。过去一些保守的观点认为，移居城市的都是贫穷落后的农民，对经济发展没有什么贡献。研究表明，情况恰恰相反，大多数来自农村的移民，充满活力和雄心勃勃，作为城

市的贫困者，他们强烈的奋斗精神对城市经济的发展具有举足轻重的作用。在最近的 40 年中，无论是经济特区深圳，还是国家原有的经济中心上海、北京，外来移民，特别是农民，对当地的经济发展起了重要的作用。

农村人口的减少，带来了局部地区农村劳动力的不足，农业的发展受到了阻碍。但是，由于血缘和文化上的联系，进城的农民为当地农业带来观念上的革新和经济上的资助，大多数情况下促进了农业的发展。最近的数十年中，我国实际上在不同地区实行了不同的农民迁移政策。以 1986 年和 1992 年的江苏、浙江、江西、湖南农业总产值比较，经过数年，相应各省的农业总产值分别上升 1.02、1.10、1.40、1.16 倍。这种现象表明，农民进城以“绿条子”（汇款）方式支持了农村的经济发展，至少不比“离土不离乡”产生的经济效益低。2017 年，我国提出乡村振兴战略，其对广大农业经济区的发展越来越显示出积极意义。对我们这样一个有 5000 年文明史的大国来说，实现马克思、恩格斯构思的消灭“城乡差别”，是一种重要探索。

城市化的挑战还表现在环境方面，大量人口涌入城市，使城市的供水、环境和治安状况趋于恶化。有些学者认为，这种“人口流动”增加了人口出生率。不过发表在《人口研究》上的许多文章指出，大多数流入城市的农民倾向生育更少的孩子，虽然他们比原来的城市居民倾向多生。总之，关于农民进城问题，至少可以这样说：杯子里有半杯酒，悲观主义者说只有半杯，乐观主义者说还有半杯。这是一个复杂的经济治理问题。

2.3.5 区域创新管理

基于进化经济地理学观点，王铮等发现由于创新可能带来区域变化，或者说进化，所以区域管理者要特别调控下面几点，以实现区域创新。

（1）惯性与聚集：区域存在长期发展中，可能形成产业优势或技术专业化，这可以成为产业惯性，继承了原有产业惯性的企业具备了更多适宜性的文化惯例，超过同类竞争者而得以生存。众多继承了惯性的企业在特定区域由于技术上相互溢出，作为产业链中的一个环节，就形成了产业聚集。

（2）累积因果机制：相似的企业倾向邻近的区位以节约本地搜索成本。当某个区域存在多个类似的成功企业时，说明该区域的区位因素适宜此类企业，或者说不适宜的区位因素已经在之前的选择过程中被抛弃了。因此，新企业可以利用现有企业在该区域对制度环境、基础设施、劳动者技能的积累，使得产业聚集，并在技术、资本水平维度上迅速发展。同时，互补企业被当地强大的需求或供应能力所吸引，使得区域的产业链层面得到扩展。这就是一条累积因果关系的进化链以至于出现专业化基础上的城市群。

（3）知识网络：进一步，某一个有规模的城市，与邻近的区域，由于伙伴间知识认知、空间距离、文化组织的接近度形成了城市间知识交流网络，而且知识创造程度越高，越能吸引伙伴，形成更多的对外联系。因此聚焦发展问题，区域需要知识管理。企业知识管理侧重于知识经济的管理，要保护自己的专利；而区域知识管理要促进自己企业的知识交流，包括使得专业化程度更高的区域拥有更多知识交换的外部联系以至于成为区域知识流汇聚与扩散网络的枢纽。特别要强调的是，建设区域中心的知识枢纽城市是重要的。

笔者认为，区域知识管理是区域的重要现象，也是现代的知识经济的区域可持续增长的途径。在城市专业化和联盟化作用下，城市创新聚集，形成统一供应链，发展出城市群。

对于区域经济治理，刘筱和王铮（2013）还提出下一阶段的发展应该是城市作为地理基因创新为“枢纽城市”，枢纽城市具有文化枢纽、技术枢纽和经济中心的作用，也可以一般性地叫它“创意城市”（creative cities）或创新性城市。这种城市具有激发思想创意、工艺创意的功能，由于它提供新思想、新文化、新技术、新工艺，并且辐射更大区域，所以新的区域正在围绕这种枢纽性的创意城市发展起来，区域发展的经济管理需要更多地把握这种城市的发展，更多内容可以参见Andersson等（2011）的《创意城市手册》。这种区域基因的出现，正在引起越来越多的科学家的注意。

2.4 区域经济发展战略

2.4.1 发展战略

目前，还没有某个或某组理论能用来完全解释区域经济发展，因而也就没有公认的最好的区域经济发展战略。如第2.3节介绍的，有几种不完全的理论可以用来帮助我们理解区域经济发展的基本原理。这些理论的要点可以表达如下：

区域经济发展$=f$（自然资源，人力资源，资金投入，与企业家的关系，交通，通信，企业构成，技术，规模，出口市场，国际经济形势，地方政府接受力，国家和地方政府的投资，开放程度）

上式括号里包括了许多因素，所有的这些因素都是重要的，但在任何特定的情形中，经济开发者都不可能确定哪一个因素是最为重要的。因此，也就影响了经济发展战略的制定，这里我们只能介绍若干战略模式。这些战略模式一般可归纳为以下几种。

（1）大多数地方政府倾向建立专业化的“经济基地”的增长模式，为建立经济基地，地方需要实行经济体的空间聚集，形成经济基础建立经济基地。如我们在第2.3节中讨论的，空间聚集意味着在区域实现产业专业化，实际上在开放的经济环境中，即使美国这样的大国也发生了区域专业化。因此建立经济基地的条件是存在地区外部对本地区生产的产品的需求，这就是说，建立经济基地的模式是一种出口战略。

在专业化实践中，地方政府倾向扶持大企业，然后是提高城市化水平，为经济活动提供服务，如“及时存货制度”。“及时存货制度”是建立在这样一种简单的想法基础之上的，即如果能够安排供应厂商把原材料在生产需要之前及时运到，那么生产者就可以大大降低产品的生产成本，因此企业乐于向这个区域聚集。从理论上讲，只有发生“经济聚集”时，才有可能使“及时存货制度”仅仅存在低风险。“经济聚集”成功的例子有很多，其重要性也在日益增加。但实际上，“及时存货制度”也有其消极影响，即生产者易于受到原材料供应厂商的支配。为了完成聚集，政府往往通过各种公共手段满足私营部门纳税人的要求，比如对私营部门中经过挑选的一些公司给予补贴，以鼓励人们在本地区进行投资。国外对私营部门的补贴政策是多种多样的，如减免税收、签订租赁协议、降低土地费用、提供基础设施及停车场、通过贷款资金和风险资本的形式参与股权以及提供工作培训等。在我国，这些政策也经常被采用。

（2）满足基本需求战略是一种“反专业化战略”，它首要考虑的是解决就业和普遍地改进公众福利、消除贫困，从而提高区域的人力资本和物资资本水平，实现自力更生。满足基本需求战略并不是不要求国民生产总值的增长，而是要求这种增长必须来自人民大众的基本需求的有效增长，而不是以大多数贫困者的赤贫化为基础的高层阶级的消费膨胀。联合国在《联合国第二个发展十年国际发展战略》中，也明显地注意把社会目标集中于教育、保健、营养、住房、收入分配、土地制度等方面，而不像前一个十年战略那样把目标集中在国民生产总值的增长上。

满足基本需求战略强调全体人民的基本需求和贫困阶层的社会福利，强调经济结构与经济总量并重，强调因地制宜地采取多样化的区域政策解决本国、本地的经济问题，与建立经济基地战略相比，显得成熟、全面。但这种战略缺乏快速增长的基础，同时仍然无法摆脱既定的区际经济格局对地方经济发展的巨大影响，造成人力资本、物资资本的流失，受到了多种批评。

（3）经济“追赶战略”。这一战略以国民生产总值或国民收入的最大增长率为主要发展目标，该战略模式的出发点是认为发展中地区与发达地区的经济差距无非就是国民生产总值的差距，只要以最大的增长率奋力追赶，差距就可以缩小，有朝一日接近发达国家的经济水平。经济“追赶战略”强调仿效发达国家或地区曾经的经济发展模式。发达资本主义国家历来强调资本的积累和集中，实行扩大再生产；强调高产值商品的生产。

经济“追赶战略”作为一种发展模式受到众多批评。批评者认为作为发展中国家，要照搬发达国家的模式，就会面临各种困难，诸如资金短缺、技术落后、经济结构畸形等。更为严重的是，今天发展中国家所处的国际经济环境已与资本主义上升时期完全不同，资本主义（帝国主义）垄断和瓜分了世界工业产品市场，它们对发展中国家数百年的殖民统治造成了这些地区和民族经济极端落后、畸形，极端依赖于发达国家。况且，发达国家在垄断加工品市场的同时，对国内的初级产品生产实行高额补贴和贸易保护政策，致使发展中国家农业和资源产品的发展也遇到强大的竞争压力，经济增长忽冷忽热，无法摆脱工业化国家的影响。

另外，发达国家的经验证明，沿着它们的历史道路，国民生产总值的增长往往意味着“国民总污染”的增长和不可再生资源的消耗。发达国家已经走过了一段“先污染后治理”的道路，在世界资源日益匮乏、环境变化的条件下，发展中国家无力承担这种风险。

尽管经济“追赶战略”过于单纯，难以奏效，但是在地方发展中，发达国家和地区的成功道路非常值得借鉴，按照它们的道路走，存在经济增长的可能性。对发展中国家和地区而言，“不增长的发展”会比按历史发展更令人失望，因为在开放的经济环境中，发展重点盲目就意味着资本逃逸。

（4）进口替代战略。“进口替代”就是替代以前从地区外部进口的产品和服务。这一模式原则上是合理的。这种模式技术上通过建立和发展本国的制造业和其他工业，以其产品替代过去必须进口的那些制成品，来带动国民经济的增长，实现工业化。这一战略是对区域专业化的反省，具有内向性特点，产业和产品主要指向国内市场，以期逐步摆脱对发达国家的依赖。为了替代进口，国家担负起阻止进口、保障市场和资源的责任，民族工业在这一保护伞下得到发展，风险性较小。

由于工业资本需要逐步积累，这种战略往往要从轻纺工业起步，重工业的发展会受到一定的抑制，引起新的结构畸形。同时，由于国家阻碍了国际竞争，工业技术的进步难以实现，民族经济与世界经济的关系可能由依赖走向脱节。

在区域发展中，地方经济在整个国家市场上是开放的，这意味着它们只是国家经济的一部分，贸易是跨地区自由进行的，阻止外地价格较低的产品进入本地几乎是不可能的。通常地方政府对外部市场力量所能采取的办法叫作“累积生产职能”，它通过帮助当地资本，吸引外地资本投入，提高在当地私人资本投资或生产过程中的边际效率，使本地区获得相对其他地区的竞争优势。其中各种措施有增强基础设施、改进教育制度和提高环境质量，在开发初期，环境质量往往是区域的优势。

（5）出口替代战略又叫出口导向型战略，也就是让本国的工业生产面向国际市场，以制成品出口逐步取代过去的初级产品出口，借以带动经济增长，实现工业化。这是彻底的区域专业化。采取这一战略的一般是已有一定工业化基础的沿海国家或地区，如巴西、韩国、新加坡及中国的台湾、香港。出口替代战略具有外向性特点，工业发展的牵引力主要是外需，以本国或本地的廉价劳动力与发达国家的资金、技术相结合，发展国际贸易中具有比较优势的部门或产品，因而其对发达国家的依附性仍然很强，但毕竟已由初级产品市场依附转变为制成品市场和技术、资本依附。

有人将与上述两种替代战略相对的初级产品出口也作为一种战略。这实际上是一些发展中国家无可奈何的“卖血”的选择，没有什么战略意义可言，只有少数资源禀赋极丰的区域才用得起这种“战略”。

威廉·M. 鲍恩等在《美国地方政府的管理：实践中的公共行政》中写道（理查德·D. 宾厄姆等，1997）：

应当指出的是，州一级的情况同地方一级的情况有很多相似之处。各州、各地的经济繁荣主要都取决于他们同各自对手竞争时在市场中所处的地位。一个拥有诸多经济竞争地区的州，其自身在经济上多半也具有进取心。而且，无论是地方政府还是州政府都不可能对其区域的经济发展的某些方面进行政治控制。管理州际商业的权力在联邦国家而不在州一级。因此，州和地方一样也在试图制订新的经济发展计划，其理论依据同地方政府的一样。

还应指出的是，国家一级的情况与州和地方的情况大不相同。尽管国家是一个必须同其他国家进行竞争的地理区域，在这一点上，国家之间的竞争与州际和地区之间的竞争类似，但是国家政府却拥有州和地方政府无法拥有的广泛权力。国家政府能够控制移民、规范资本流动、印刷货币并控制其发行量、制定贸易法规，以及利用军事或外交政策对别国的经济施加影响。但与州和地方的经济相比，国家一级的经济相对来说是封闭的。而且，因为处于相对封闭经济中的国家税收结构不能因地区不同而有很大差异，因而国家只能得益于下述特定所选属区的经济：①与可供选择的地区相比，所选属区的工业混合程度高；②所选属区的地理位置可为公司创造较多的竞争优势，能使公司比设在其他地区获得更多的国际出口；③所选属区具有创造新的资本的独特长处。这也是目前国家政府对经济发展的内部事务干预基本上只限于宏观经济税收、支出和金融管制等几方面的原因。只有创造出新的财富，而非仅仅是生产能力在国家内部各地区之间转来转去，国家政府才能从州和地方的企业活动中获益。

2.4.2 政府与企业：两种政策方法

20 世纪 90 年代以来，国际上大多数政府旨在形成一种对经济发展内涵更为现实的看法。国家和区域管理者们为了刺激地方经济的发展不得不采取全国性的经济发展战略。此外，国家经济利益和跨国公司目标的结合，往往与地方、劳动者或劣势人群的利益相冲突，这样的例子不胜枚举。在受市场支配的经济体制下，地方也意味着市场。因此，地方必须合理地经营它们的各项资源，取得竞争优势来组建新公司或者维持它现有的经济基础。以地方为基础的经济发展的主要特征在于强调利用地方人力资源、制度优势和自然资源潜力。也就是说，在一般经济增长模式中，地方必须运用它现有的各项人力资源、社会资源、制度优势和自然资源建立一个可以自我支持的经济系统。着眼于地方的经济发展不仅代表一种新的风格，同时也象征着在与经济发展有关的各个参与者和各项活动之间的基本转变。自 20 世纪 70 年代以来，美国政府和商业之间的联系开始进入比以前更为有效的时期，也可以将这段时期看成是朝“企业化”政府前进过程的一个部分，本质上这种“企业化”的方法是一种新的尝试，它的主要形式是政府确定的经济区，当地政府和企业合股或将人力和物力投入私营企业以创造就业机会，刺激经济活动。传统上提倡福利的口号已经被经济增长、资源再生利用和公共/私人合作关系等所取代，这在城市中表现得尤为突出。改革开放以后，我国企业制度发生了变革，地方政府从对企业“包起来”向朝“企业化”政府转变。在这种条件下，地方政府在确定经济区、把国有企业股份化、发展私营企业方面起着重要作用。由于缺乏法律依托，私营企业为了获得发展，通过不正当手段将国有的人力和物力转入自己的企业，同时发生腐败行为，由于它创造就业机会，刺激经济活动，所以得到了政府人员和公众的某种认可。政府的另一种政策是加强对劳动者福利的重视而不是仅仅注重经济增长，这个模式强调普遍增加公众收入，提高国民素质，被称作“内在发展”。实践表明，“内在发展”是可以实现经济增长的。实际上，在重视公众利益的条件下，两种政策方法是可以协调的，而政府的作用始终应该是积极的。

“企业化”政府与提倡福利、强调“内在发展”的政策形成了两种发展地方、发展政策的方法。罗宾逊（Robinson，1989）把这两种方法分为：①以企业为中心的方法，该方法把经济发展的重点放在开发房地产和吸引工业上；②与①相反的方法，该方法试图将经济开发活动倾向地方上的贫困居民。表2.4.1对两种方法进行了概括。

表2.4.1 两种经济发展政策方法及其参数（Robinson，1989）

参数	以企业为中心的方法	第二种方法
政府部门和私人部门	首先考虑私人部门市场决策； 私人部门优先； 政府部门负责营造一个有利于私人投资的经济和社会环境	在政府部门干涉影响下的私人部门市场决策； 政府部门优先； 政府部门负责引导私人投资决策以产生预期的经济发展效果
政府部门规划	目标有助于经济增长和税基扩大； 规划程序对低收入人群和少数民族是比较难以实现的	目标有助于提高低收入居民和少数民族的直接利益； 规划程序对低收入人群和少数民族是相对可行的
政府部门干预	公共资源作为用来适应私人企业需求的一种手段； 政府对地区的干预可能带来增长（如吸引城市以外地区的商业）； 以增长型部门为目标（如高级服务业、高科技、旅游业）； 以总部和分工厂为目标； 方案的注意力集中于中央商务区及其周围地区； 强调为白领阶层和高技术人员创造更多就业机会	公共资源作为一种确保特种经济发展的手段有条件地供给； 政府对地方的干预可能会给低收入居民和少数民族带来直接利益（如对失业工人进行再培训）； 以增长型部门和能满足重要经济需求的部门为目标； 以地方所有的公司为目标； 强调当地劳力需求的范围，包括那些不充分就业的工人、不熟练工人和蓝领工人

政府“企业化”不是政府代替企业，把企业“包起来”，而是指政府把企业发展作为地方经济发展的关键来抓，政府为企业发展提供政策优惠和营造一种扶植企业的社会氛围。在我国，许多地方政府在引进外资、吸引国内投资方面，出台了许多政策，许多城市形成靠一两个企业支撑的局面。这种发展模式在经济发展初期往往有效，但是一旦这些企业在市场竞争中失败，地方经济就会出现全面衰退，在我国这样的例子不少。事实上，就投资、就业和生产能力而言，发达的工业经济主要依赖于大企业，即有数亿元资产、几万名工作人员的公共集团。例如，在20世纪80年代中期，制造业中最大

的20家公司的就业量占全国制造业和采矿业总就业量的比例，美国为19%，日本为10%，德国为28%，英国为35%。尽管日本的数字较小，但日本的产业组织方式是将一个主要的公司和大量的小规模的供销商联系在一起。在上述四个国家中，数以万计的小企业的财富，依赖于若干大企业的投资战略和经营效果。从理论上看，区域扶持大企业能够发展地方经济的主要原因是大企业有较多的留用资金支持企业的创新活动。创新是经济增长的关键，它是一种开发过程，需要有计划、有组织、长时间地分工协作。为了维持创新过程以使它最终产生高质量、低成本的产品，需要提供资金保证。因此，创新过程的成功依赖于资金和人员有一定的稳定性，而不会在市场中轻易流动；大企业保障了这一点。

大企业的发展经验表明，区域对大企业组织的错误控制或重组，可能对经济产生很不幸的冲击。在这种条件下，政府政策对产业组织的扶持模式对经济发展影响很大。研究表明，1997年开始的亚洲金融危机，很大程度上与这种组织特征有关。在亚洲金融危机发生之前，日本、韩国政府对自己的企业给予充分的扶持，特别是对金融业，政府介入很深。政府向其提供充分的基金以通过它们扶持其他企业。20世纪50年代，日本商界在主要工业公司和银行的高层管理人员的领导下，发起了一场交叉持股运动，以保证外界股东不能打断在一些工业中的资金积累，像家用电器和汽车工业等。日本企业相互购买股份，目的是保持股东的稳定。为保证组织发展，这些股东既不能出售其股份，也不能要求提高分红率。伴随而来的是企业的联合进一步加强。通过将为雇员提供终身就业和更高的工资作为企业的主要目标，企业联合加强了组织控制。1960年日本加入经济合作与发展组织后，日本商界加强了交叉持股，以保证外国商人不能通过市场对集团进行控制而接管日益成功的日本公司。20世纪80年代晚期，交叉持股占日本上市股票的70%。通过与贷款公司领导层的不断接触（如财阀内部各公司董事长每月一次的集会），这些银行成功获得了保证资金所需的人员和项目方面的知识。主要银行不仅为持续经营单位的长期投资进行资金平衡，而且提供新投资项目的资金保证。在政府的扶持下，企业倾向扩张，直到边际效应为零。这样，日本、韩国出现了丰田、现代、三星这些在世界上具有举足轻重地位的企业。

这些公司的员工与企业产生了终身联系，促进人员流动的二次技术创新被截断。最初，它们在世界上表现出强大的竞争力，一时成为我们学习的榜样，然而到20世纪90年代，在经济全球化的背景下，这种东亚企业模式显得格格不入，因为企业规模扩展到零边际效应附近，可能因市场的一次冲击而出现亏损。这样的大企业一旦亏损是充满风险的。而且国家承担着市场力量对企业冲击的风险，使企业风险意识降低。同时由于国家的担保，金融组织缺少自我警惕能力，坏账、呆账增加，在这种情况下，日本开始改革金融体制，结果问题暴露了。如果这种改革再晚一些，可能就会出现更大的危机。

理论研究表明，在“企业化”政府方式下，政府对企业的支持可能产生对区域公共建设方向的偏离。例如，对企业污染熟视无睹，为企业生产某些不急需的公共设施，成功地将收入从其他纳税人手中转移到新的企业集团的股东手中。有时对企业或产业的扶持，可能为了企业形象损害区域形象。例如，为了发展旅游业，某地电视台习惯宣传其民族传统文化，结果外地投资者认为该地文化落后，不愿投资。此外，在地方一级政府，为一个中心城市区域内的少数企业提供的鼓励措施，可能会影响企业的布局决策，对邻近的城市产生不利影响，这是一种“割肉自啖”的做法。

罗宾逊所说的第二种方法，强调“内在发展”政策，强调利用地方人力资源和自然资源潜力来创造新的就业机会，强调由市场对企业的资金运行“控制”，刺激立足于地方的经济活动（Robinson，1989）。

“内在发展”政策模式认为，以前的经济发展理论和经济发展程序过分依赖于一种信念，认为经济增长和膨胀会自然向下层阶级渗透，给穷人带来好处，改善他们的生活。而且他们几乎把所有注意力都集中在改善穷人身上表面的“缺陷”：缺少充分的教育和熟练的技能，缺少社区的支持，缺少积极性。这种理论忽视了真正的内在的障碍，那就是劳动市场综合体在“需求”方面对穷人提供的机会存在结构问题，即穷人被事实上挤在粗重活计的领域中。

“内在发展”模式认为，地方经济发展有明确的步骤。也就是说，它是一个包括形成新制度、开发可供选择的工业、提高现有雇员的能力以生产出更好的产品、确定新市场、传播知识以及培育新公司和新企业等在内的过程。

按“内在发展”模式的逻辑，在资金问题上，我们赞成以金融市场来控制经济增长带来的资金。从市场控制的角度来看，若没有资金市场的约束，那些控制企业留用收入的管理人员将做出只对自己有利，而不能将公司收入分配到最能盈利的地方去的投资决策，从而也影响了地方经济的进一步发展。20世纪80年代以来，在弛管制思想的引导下，美国政府对银行的支持通过联邦储备基金的控制削弱，迫使金融业不得不更多依靠市场，金融工具不断创新，更多的资金进入产业证券市场，于是减少了留用资金。这就产生了所有权与管理权的进一步分离。这种关系的变化，增加了美国主要公司高层管理人员与市场控制力量结合起来的愿望和能力。在美国，尽管产权的传统概念假象还为很多人认可，但是国家工业获得成功的核心，与这种所有权联系实在太淡薄了。工业企业在它们进入股票市场之前所具有的力量以及进入股票市场之后的股权分散则表明，这种假象目前不会损害工业的发展。笔者认为，在我国这种假象却阻碍了产业发展，国家与地方政府只要有控制资金不外流和合理的劳动者保护与税收法律、法令与政策，无论是国有资本还是私人资本都具有同样的发展经济、解决就业、增进社会福利方面的职能。美国、日本、韩国的发展经验表明，“企业化”政府方式、组织控制方式对区域的早期发展优于“内在发展”模式与市场控制方式，但是在聚集了一定经济能力后，区域后期发展中需要“内在发展”模式。

无论采取哪种模式，从本质上说，地方政府在利用现有的以社区为基础的制度时（这些社区拥有资源和经济潜力），必须对所需资源的潜力进行评估并对它们进行合理配置，以规划和发展地方经济。地方政府和社区组织应该逐渐意识到政府部门所有的活动都会对资本的决策产生影响。即使地方政府采取最保守的把它们的行为限制在传统的房屋管理服务和维持社会秩序方面，也通过它们的消极行为影响了社区的经济发展。许多地方政府可能由于没有理解或估计到它们的行为对经济造成的后果，而在无意中采取一些限制就业机会或企业的行为。

国外经验表明，邻里级别的社区协会作为为社会服务的非营利性组织，也会对个人投资决策产生巨大影响。对开发者和投资者来说，好的社会风气、好的学校，无论是公立的还是私立的，往往是私人确定新投资区域要考虑的一个基本要素。因此政府需要改造“软环境”。

总之，资本决策和政府经济活动是密切相关的，两者均对当地居民的就业机会产生影响。这一观念将会使地方政府和以区域为基础的各种组织以一种全新的观点去看待在初始阶段已经经过规划和协调的经济开发。任何企业都必须了解，无论它们的财力有多雄厚，地方政府、社区协会以及私人部门都是它们在经济发展过程中必要的合作伙伴。

第三章　人口管理

人有一双手，还有一张口。

——儿歌

区域管理不仅要发展经济、保证就业，更重要的是它的基本目标是服务人，因此，人口管理是区域管理的基本问题。人口管理，即为区域内的人服务，调动人的力量，保证人类社会的可持续发展，而不是把人管制和控制起来。为了实现这种管理，我们需要认识区域人口的特征。人是什么？首先他要吃饭、繁衍后代，在区域内以群体形式居住、开发利用资源，这与其他生物是一样的。因此，人口表现为一个生物学种群。其次，如上一章所讲的，人口为经济发展提供劳动力，又消费生产出来的东西。人造出东西来，没人买，没人消费，堆在那儿，就成经济危机了。所以人不只是生物学的，还是经济学的。不仅如此，仅仅把人看作要吃饭、要挣钱的生命体是一种庸俗的观点；人有各种需求，如要求平等、消除贫困、实现自由等。人还是社会的，人们喜欢聚集在一起互相依靠、互相帮助，结果还形成了阶层，产生了制度。人的最后一个特征是要居住，要迁移，要发展城市和利用环境，又形成了不同地区的文化模式，这些使人与地球表层发生关系，所以人还是地理的。把人看作生物人、经济人、社会人和地理人才可能有效地完成人口管理。区域的人口管理问题也是治理问题，不过本书重视的是人口问题的管理学科问题。

在区域管理或人口治理中，我们关注的是人作为一个群体，特别是作为一个以生物学种群为基础的群体，怎样才能被更好地服务，怎样能保证他的社会持续发展，更学术一点我们可以这样讲，人口管理遵循下列基本原则：行善原则、尊重生命原则、公正原则。行善就是要为公众提供最好的服务保障，使他们能够幸福地生活，为此需要促进就业、调配资源、营造环境、保证社会经济持续发展、帮助与服务公众。尊重生命包括尊重人权，关怀老幼，管理人员对公众礼貌是基本的职业道德。公正是尊重生命的延伸，既是管理的原则，又是管理的技术，孔子提出的“不患寡而患不均”，是一种保持社会文明数千年的管理学智慧总结。

人口管理的“人”是具有种群特征的人群，因此，人群的政治行为不为人口学和人口管理学所考虑。

3.1 具有生物学特征的人口管理

3.1.1 作为资源消费者的人

人口也就是具有种群特征的人群，单个的人不能称为人口。人口是表现出这样的统计特征的人群：人群数量特别大以至于单个人的加入或退出并不能引起平均寿命、性别比等人口学特征量的变化，人口群体中的个别人在人口分析意义上是不可识别的或者说不必识别的。20世纪以来，世界人口增加了近5倍，日趋增长的全球人口带来了突出的结构性失业问题，以历次工业革命为代表的技术进步对全球劳动力市场产生了重大影响。21世纪以来，中国人口形势发生了重大的转折性变化，低生育水平长期稳定和人口结构性问题日益突出。在人口总量方面，多数研究认为我国将于2030年前后迎来人口峰值，其规模约为14.5亿人。如今关于人口总量、结构性的问题，以及其引发的社会发展问题已经成了世界关注的焦点。

最早认识到人口问题的是法国人马尔萨斯，他发现当时的法国人口数量以几何级数增长，耕地只以算数级数增长。这就是说，开始时的人口数为2，下一阶段就是$2^2=4$，再下个阶段就是$2^3=8$，而耕地的速度增长则是2、3、4（图3.1.1）。后来生物学者用下列公式表达了人口随时间变化的关系，即单位时间人口增长量=（人口生育率−人口死亡率）×人口数，公式为

$$\frac{\mathrm{d}n(t)}{\mathrm{d}t}=(\lambda-\mu)n(t) \tag{3.1.1}$$

式中，$n(t)$是时刻t的人口数，λ是时刻t的生育率，μ是时刻t的死亡率，$\lambda-\mu$是人口增长率，设时刻t人口数为n（t），我们可以积分求得

$$n(t)=N\exp\{-(\lambda-\mu)t\} \tag{3.1.2}$$

式中，N是初始人口数。随着时间的推移，人口数以几何级数增长，图3.1.1

就是一个示意图。

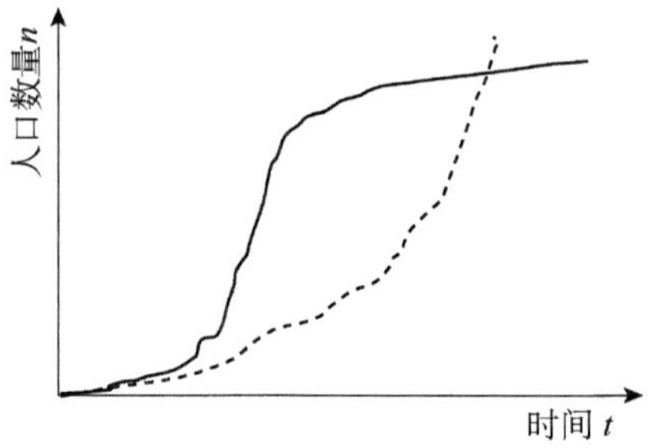

图3.1.1 人口的增长趋势

虚线：按式（3.1.1）增长，人口不断上升；实线：按后文中式（3.1.3）增长，人口趋向定值，考虑实际人口过程有随机起伏，图中曲线有涨落

在古代，由于人类的生产水平、医学水平低下，抵御自然灾难的能力弱，加上战争频发，一段时间内接近某个饱和数，人口数增加量不大。随着科技的进步和生存环境的明显改善，λ 显著地大于 μ，结果人口以几何级数增长。在中国公元2年统计的人口量约为5000万，经过约750年，至742年，人口数也约为5000万，又经历了约750年，至1506年，人口数仍约为5000万。此后人口持续增长，尤其是从清代开始，引入了玉米、马铃薯，使资源量的限制得到了突破，中国人口迅速增多，至1790年，中国人口达到3亿，中华人民共和国成立之后，中国人口增长速度更快。尽管学术界对中华人民共和国成立以后的人口政策有所批评，但是中国人口的增长主要是因为新中国极大地改善了农民的经济地位，人民温饱得到满足，现代医学得以普及，国家在农业技术上持续投入，使得中国的死亡率降低。有种观点认为中国人口问题是20世纪50年代学习苏联，鼓励生育造成人口过多，这是片面的。人口增长是社会进步的必然表现。图3.1.2给出了人类转变不同发展阶段出生率、死亡率和人口总数的变化规律。世界上的发达国家目前处在第四个阶段，即低出生率、低死亡率，大多数发展中国家处于第三个阶段。我国死亡率降低了以后出生率也降低了，所以在不同时期和发展阶段应积极调整人口政策。然而经过一段时间的检验，人类发现出生率要与社会的可持续发展相匹配，出生率过低就会引发劳动力不足、社会消费乏力、老龄化等问题。

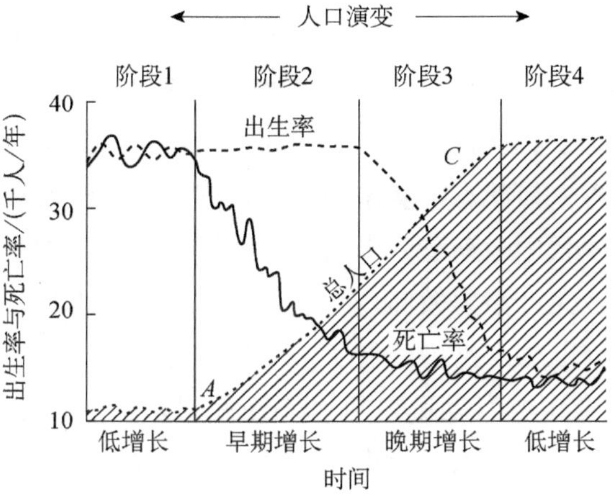

图3.1.2 人类转变不同发展阶段出生率、死亡率和人口总数的变化

人类的发展史表明，人口的增长始终伴随着资源的开发与消耗，因此人口的增长必然受到资源的限制，这种限制反过来制约了人口的增长。由此另一个模型被导出，人口的增长率即可修改为

$$\frac{\mathrm{d}n(t)}{\mathrm{d}t}=(\lambda-\mu)n(t)[1-n(t)/M] \tag{3.1.3}$$

式中，M为资源允许的人口量，一般称环境人口容量，当 $n(t)>M$时，人口增量是负数，人口减少，世界人口出现负增长。可见，$[1-n(t)/M]$作为一个因子是资源限制对人口增长率的修正项。

对这一关系式的数学分析发现，人口系统最终有一个资源限制造成的稳定人口量M。据哈贝曼给出的计算结果，1870～1930年美国的人口增长数与式（3.1.3）计算结果的误差最大不超过1.3%。20世纪40年代开始实际人口数对计算结果的偏离越来越大，70年代以来，美国人口为2.04亿，计算量为1.676亿，误差超过17.8%。这一人口偏差的存在，在40年代可以看作是战争的影响，从50年代起，美国成为第一资本主义强国，国力增强，美国又更多地利用了世界其他国家的资源，同时美国积极的技术创新也提高了它的人口承载力，使得其环境人口容量M增大。这就是说，稳定人口量M实际上不仅仅是资源量的函数，而且是技术条件等的函数。历史上，在中国过去数千年中，人口数量有缓慢的增长，汉代约为5000万，明代约为6500万，这与由技术进步引起的生产力的提高和社会形势的变化有直接关系。清初引进高产作物玉米、马铃薯，使粮食产量增加了，加上赋税制度的优化和人口统计口径的日益科学，使得人口的容量增加了，清代人口数量达到了封建社会的最高峰，也奠定了我国近现代庞大的人口基数。由此可见，技术进步与计划生育一样是改善人口状态的基本手段，也就是可持续发展的基本途径。值得注意的是，在明代中晚期进入了气候小冰期，出现三次气候波动，在温暖的气候半期，农业生产潜力较高，人们可以生育更多人口；在寒冷的气候半期，长城以北的农业生产潜力降低了，早期生育的人口过剩且引发了人口迁移。明朝末期，全国爆发动乱，饥民不断起义，清军南下入关，聚居在东北、内蒙古等地区的满族人大批南下，开始了清政府的统治。伴随着历史车轮的行进，适度人口问题也成了科学研究的重要方向。

3.1.2 适度人口

如果我们仅仅强调减少人口数量是很片面的。正如本章首页的儿歌所说的：人有一双手，还有一张口。人不仅是资源消耗者，也是资源开发者。三国时期诸葛亮第一次北伐，失街亭后，撤回汉中，把占领地区的人民同时带走。这一决策不仅是刘备心善爱民的表现，还反映了在中国古代，人口稀少，特别是西南地区，增加人口是关键。古代战争争夺人口往往比争夺城池更为激烈，在三国以前，长江以南地区经济落后，时人谓“江南卑湿地，丈夫早夭”。当时中国的南部有些像十八九世纪初美国的西部，没有充足的人口来开发。自2000年以来，中国青年劳动力供应不足、老龄化问题已经显现，这就要求实施一种适当放松人口控制的政策，使得中国出现适度的人口。现在我国政府已经开始了这种调整。

适度的人口的思想由英国学者埃德温·坎南于1888年提出。坎南从报酬递减的规律出发，提出：在任何一定时期内，在一块土地上生存的达到产业最大生产率的人口是一定的。其后，瑞典经济学家纳特·威克塞尔于1916年第一次提出了适度人口的概念，威克塞尔认为，人口增长对经济的作用，必然出现相反的两种趋势。一是由于人类只有极少量的土地或自然资源，一般讲来，劳动生产率会下降；二是为了对付自然力的束缚和提高生产率，人力的结合、分工、协作以及产业的组织往往是重要的，这就产生了劳动需求。当这两种趋势相互抵消时，确定会有适度人口规模（彭松建，1987）。

20世纪以来，众多的学者对适度人口做了研究，法国人口学家阿尔弗雷·索维是这一理论的集大成者。索维针对19世纪以来在适度人口概念上的种种争议，批评这些争议往往是基于对不同的自然条件的考虑，他提出了一个适度人口定义，认为适度人口是“一个最令人满意的方式达到某项特定目标的人口”，从而断定适度人口是在人为给定的“目标”和“方式”下才有意义。他称适度人口是“一个过渡性的工具”，“就像数学家使用的虚数一样”，在计算上很难给出精确的数字，真正需要知道的只有一个国家实际上是人口过剩还是人口不足。他又提出最高人口与最低人口的概念，提出一定时期内，一个地区人口增长达到的生活水平不低于维持生存的最低水平，这个人口规模就是最高人口（阿尔弗雷·索维，1983）。另一个有意义的量是最低人口，最低人口是指一定时期内在一定地区维持一个人口种群存在所必需的最低限度的人口规模。两个概念同样可以从经济、社会、生物学角度来理解。在最高人口与最低人口之间，对应于某种目标，必然存在一个人口规模，这就是适度人口①。索维从理论上进一步研究了适度人口的存在性。为了确定它的存在性，索维首先提出了确定适度人口的目标：

- 个人福利
- 福利总和
- 财富增加
- 就业
- 国家或地区的实力（即各种能用于团体目标的手段，但不一定是军事实力，索维以前许多人强调军事实力）
- 健康长寿
- 寿命总和
- 文化
- 居民人数

① 参见彭松建（1987），分别出自坎南的《初等政治经济学》《适度人口》。

在这9个目标中，前4个是从经济学角度考虑的，第5个是军事、政治与经济的综合，后4个是从社会学角度考虑的。依据可持续发展的3E准则考察这9个目标，我们可以发现它忽视了资源限制和环境容量的问题，这是因为索维对问题的思考限于“经济适度”的范围。从可持续发展的角度看，这个范围是不够的。笔者认为按PRED协调的要求，确定适应人口的依据的目标准则是3E准则，因此笔者建议从下列角度考虑适度人口目标：

- 环境污染在可控制、可治理的范围内
- 保持生态系统稳定，生物多样性不被破坏
- 可更新资源量至少维持现状，可供利用的耗竭性资源量在技术进步下保持不变或者可被替代
- 个人福利得到逐步改进
- 社会总福利增长
- 社会经济实力增长
- 保障就业
- 人类得到健康长寿
- 传统文化得到尊重但不阻碍文化的发展
- 一个大于种族最低人口数量的人口量
- 有助于社会公平和国际公平

在这11项内容中，我们不强调军事力量，因为保障和平是可持续发展的前提和基础，而它是不能由人口数决定的。不过有人计算过，如果考虑军事力量，中国人口达到7.5亿就可以了。

由上述目标条件确定的适度人口规模，一般是动态的，因为技术进步对经济增长能力、环境保护和资源节省一般都有正向作用，不过这种影响主要是对最高人口的提高。关于技术进步对就业的影响，学术界存在着种种争议，但普遍肯定它对经济结构和社会结构的调整、生活方式的改善产生积极影响，一定程度上也缓解了老龄化给劳动力供给带来的压力。同时，确有大量技术更新而使某些领域增加了“机器换人”的风险，结构性失业问题是必须要面对的。不过从长期的、社会的、全面的角度看，由于人类对

福利的不断追求，新技术也会创造新的工作需求，催生更多的职业和岗位，使更多的人转向社会服务业。当前，第四次工业革命和产业变革以人工智能、云计算和大数据等技术为实现基础，就是技术进步的效应，而且由于人类的求知欲，技术进步可能使更多的人转向知识探索领域和基于知识的产业，如机器人维修工程师、大数据咨询师、云客服等多种类型的新型就业岗位。

技术进步真正产生效应的环节可能是资源利用。地球的资源量是有限的，虽然以加速消耗资源为代价可以在局部时段提高人口最高容量，但从资源的可持续利用角度看，我们宁愿接受一个稳定资源的世界。地球的适度人口是多少还是一个科学之谜。从列文虎克开始，科学家和研究机构从未停止过关于地球人口承载力的估算，估算结果的范围从十亿到几百亿，也难以判断哪种说法更可信。各种预测都出于不同认知下变量条件的组合，就像索维认为的那样，只是个“指标”和“虚数”的意义，缺乏科学精准性。而且，随着科学技术水平的提高，生产潜力也会不断提升，所以将来决定适度人口数量的最重要因素很有可能是科技水平。

由于人口的居住载体是城市等居民点，适度人口在管理学领域的一个延伸是适度城市化率，或者用经济学术语称作合意城市化率。在人口方面，适度城市化率需要考虑城乡劳动力数量和结构、可服役的人口数、人口受教育程度、婚育标准以及户籍管理等因素。努力实现适度城市化率是区域管理者的一个任务。

3.1.3 人口数量控制

适度人口的提出，意味着人口需要数量方面的管理。从一般管理原理看，人口数量管理涉及人口数量规划、重构，以及人口数量控制及“领导”。单独讨论人口数量的规划是没有意义的，因为人口规划一般要同时考虑经济增长的劳动力需求和与人口相协调的资源承载力，这个问题我们留待后面讨论。人口的“领导”实际上是对人口的社会控制，不存在人口数量领导的概念。对人口数量的管理，直接的管理操作是人口数量控制与人口结构重组，按一般人口学的习惯，它们可统称为人口数量控制。

目前来看，人口数量控制应该是控制到适度人口，即适度人口的确定过程，实际上是一个人口计划过程，它确定的标准具有人口控制指针的意义。与一般的企业管理不一样，那里的控制可能是及时完成的，但人口数量的增减，需要随着人口过程来实现。从生物学上看，人口的生育与死亡控制了人口数量，但是由于人口是社会的，人有生存的权利，人口控制只能控制出生率，即计划生育。但在某些国家，计划生育被认为是“侵犯了人权”，如果不实行计划生育政策，那么人口控制的任务就变得极端困难了。

计划生育，即按人口政策有计划地生育，在人口明显大于适度人口时需要采取的措施是节育。节育有两种方式，其一是晚婚晚育，其二是减少育龄妇女的生育胎数。这两种方式不是相矛盾的，晚育的主要缺点不仅是高龄产妇生产的危险性增加，统计表明，晚育产生的抚养能力、后代负担、家庭和谐方面的压力概率增加。所有这些都不利于提高人口素质。晚婚的主要缺点源于生理、心理和社会等方面，除了晚育的生育质量风险外，晚婚还容易受到传统世俗观念的挑剔。我国早期对节育的控制方式是晚婚晚育，20 世纪 80 年代后，晚育控制逐步被“一对夫妻一个孩”的计划生育基本国策代替，但如我们所知，这个政策在农村并不是绝对的，因为男性劳动力在农户家有重要意义。这就是说，节育政策必须与实际的社会现实有机结合。有的人口学家认为，“一对夫妻一个孩”的政策引起了人口结构失衡、男女比例失调、劳动力供给不足以及一些社会和伦理问题，对于现今阶段的国家发展而言已不相适宜。虽然计划生育在历史上可能是最优的选择，但不能是长期不变的。现在，政府已经适时调整了生育政策。

人口数量控制形成了人口金字塔的不同形变。所谓人口金字塔如图 3.1.3 所示。我们把人口按年龄分组，以人数作为横坐标，年龄作为纵坐标，我们就可以把某一区域特定时期的人口做成图 3.1.3。图 3.1.3（a）是典型的发展中国家人口金字塔，图 3.1.3（b）是发达国家的。前者即所谓正金字塔，后者呈剑形金字塔。

在金字塔分析中，一般按年龄划为 3 个阶段，即 0～14 岁为生育前和非劳动力阶段，15～64 岁为生育和劳动力阶段，65 岁以后为生育后和赡养阶段。更严格地讲，妇女的生育阶段取作15～49岁，男性生育阶段取作18～60岁。为了保护妇女、儿童和劳动者，我国规定的劳动年龄为年满16岁，退休年龄为男性60岁、女干部55岁、女工人50岁。研究发现，在正常的情况下，初生婴儿男女性别比例为1.05～1.08∶1，但是在我国，由于文化和社会经济结构的长期影响，一些人为的干预使成活婴儿性别比高于这个比例。许多研究发现，在我国经济发达地区的农村，这种现象最为严重，这说明农民有强烈的生育男孩的愿望，是文化原因主导的还是经济原因主导的，目前还无定论。笔者认为经济原因是主要原因，因为在传统的农业劳动生产方式下，充足的男劳动力几乎成为决定性力量，这种由性别需求产生的生育倾向不断强化，最终成为根深蒂固的重男轻女思想。所以，只有农业经济发展了这个问题才能解决。

由图3.1.3我们可以看出，发展中国家人口增长尽管受到抑制，但总的趋势还在上升，由于死亡率的降低，估计到2050年会呈一种“蒙古包”形态。发达国家人口正在向剑形演化，人口数量基本维持不变。结合我们提出的可持续发展的3E准则，剑形人口结构显然更符合3E准则要求。首先，我们要保持环境稳定，如果没有大的技术突破，至少希望人口不再增多，因为人有一张口，作为资源耗费者人们正在消耗地球的资源和破坏环境。其次，依据经济发展原则，我们希望人口适度，以保障经济发展。人有一双手，社会的经济发展是靠人完成的。一个发展的社会，它的人口不应该持续减少。人口减少带来的劳动力减少，使社会过度地承担老年人口，而使经济发展停滞。如果逐步延长退休年龄，那么又破坏了代际公平准则，一代一代人的负担日益加重。在每个人平均需求不变时，人口持续减少还意味着社会总需求持续降低，这样经济增长过程将停止。如果使个人平均需求提高以补偿社会总需求的缺额，那么就更加重了劳动力的负担。当然在一段时间内减少生育率，使人口数有所下降还是合理的。其实既然发达国家是经济发展的楷模或成功范例，那么金字塔结构演化为剑形就是一种稳妥而合理的选择，即使它不是最优的。更进一步地讲，我们希望找到一个稳定的人口金字塔结构，从长远来看，人口随年龄增长而递减的“正金字塔结构”，当然以逐年等速方式死亡一部分人，以维持一个典型的三角形人口金字塔，但是这个金字塔意味着平均寿命降低，也违背了可持续发展的原则。

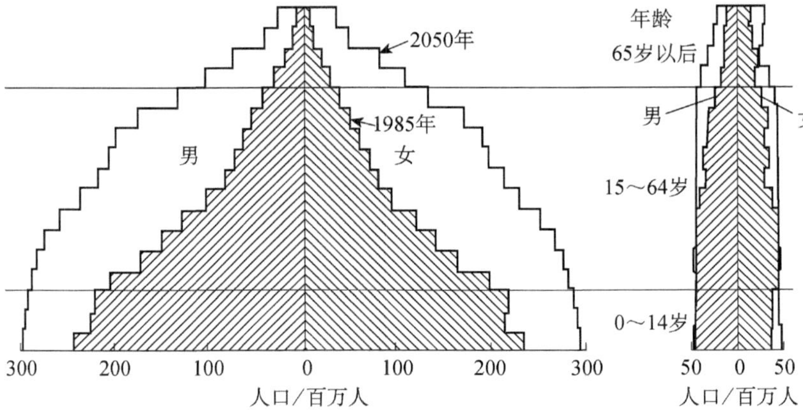

（a）发展中国家　　（b）发达国家

图3.1.3　人口金字塔

实际上，联合国开发计划署于20世纪90年代提出的"人类发展指数"中，将人均期望寿命作为三大重要基础指标之一衡量各国的经济社会发展水平。在每年几乎不变的出生率的条件下，在某一个年龄前几乎没有人口死亡时，这样形成在这个年龄以下为矩形、以上近似三角形的金字塔，这就是剑形的人口金字塔。目前，发达国家人口大都维持在一个剑形金字塔上。为保持这种人口金字塔，是否存在一个育龄妇女生育率与之对应。我们设想一种简单情况，人的寿命≥80岁，人口金字塔已达到剑形，为了维持剑形，一对夫妻需要平均只生2个孩子，即保持总和生育率 $B(t)=2$，如果 $B(t)>2$，则随着世代的演化人口逐渐增多，如果 $B(t)<2$，则随着世代的演化人口逐渐减少。然而，考虑到初生婴儿男女性别比例为1.05～1.08：1，即总和生育率要在2.05～2.08才能保持平衡，再加上婴儿夭折等因素，所以维持剑形金字塔的妇女平均生育率应在2.1才能维持人口规模。通过数学研究发现，如果要维持一个稳定人口（量），$B(t)$ 还必须小于所谓的妇女临界生育率，并且无论原始人口分布状况如何，只要妇女生育率小于使人口发展过程中稳定的妇女生育率的最大值，即临界生育率 $B_{cr}(t)$，意为 t 时刻妇女年龄小于 r 的生育率临界值 c，人口数会趋向某一稳定人口数。据陈任

昭和高夯（1990）计算，相应于我国1975年、1978年、1981年的B_{cr}（t）分别为2.1600、2.1943、2.2396。B_{cr}（t）的增大，主要是女性比例B_{cr}（t）变小所致。换言之，如果我国妇女平均生育率大于2.23，我国人口将持续增长下去。20世纪80年代我国的妇女平均生育率在2.3左右，是合适的育龄妇女生育率。

虽然在剑形金字塔下，人口形成了一个稳定的数量，但一些学者认为，在现阶段相应于稳定人口，合适的是选择一个适度人口增长率，这个人口增长率宜在1.2‰～1.3‰，因为世界上一些发达国家保持着1.2‰～1.3‰的人口增长率时，维持了社会经济的持续发展。世界观察研究所认为1.0‰～2.0‰的人口增长率可被定义为是人口的零增长。保持这个水平，人口可以达到一个“静止”状态，称作静止人口。它既保持了一定的生育率以促进经济发展又不至于超出自然资源的供给能力。显然，1.0‰～2.0‰这个数据还需要全面的分析。

人口数量控制的最后问题是人力资源问题。我们需要使人力资源处于一种高水平状态。作为人力资源的人口，其资源的特征或“资源量”决定于人口素质。我们可以将人口素质分为身体素质、技能素质和文化素质三个方面。身体素质主要指相应的体魄和有无智力障碍，技能素质指人口的知识水平、技术能力，文化素质指人口的道德水准、价值取向和文化特点。在经济活动中，人力资源表现为劳动力和人力资本，人口素质表现为劳动力素质和人力资本水平。人力资本问题我们已经在第二章中讨论过。劳动力素质主要指身体素质与技能素质。一般认为，身体素质取决于先天遗传、后天营养、医疗卫生水平和保健、社会平均经济水平；技能素质、文化素质取决于社会结构、文化传统和教育水平，后者是最直接的原因。教育对提高人力资源的有效性不仅是逻辑推导，而且已为事实所证实。考虑到社会变化，文化进步不属于管理学范畴，因此，要获得优质的人力资源，教育是区域管理中可以实施的关键措施。

在人口学中，通常把人口按受教育年龄排序构成文化结构金字塔，该金字塔反映了人力资源的状况。在这里我们可以看到人力资源金字塔不是以正金字塔为最优，社会总是要提高自己的平均教育水平。在这个思想下，人类社会需要重点关注教育，发展人类的研发能力，形成社会的合理的对应产业和人力资本结构。

3.2 具有经济学特征的人口管理

3.2.1 就业

人口经济学特征之一是它的就业需求。就业指的是劳动力的经济参与，劳动力就业的直接目的是获得工资，劳动力供给和需求决定了就业的实际状况（图 3.2.1）。以劳动力数量 Q 为横坐标，工资 W 为纵坐标，一般情况下供给函数具有正的斜率，在一个人口经济系统中，工资越高，提供的劳动力越多；另一方面，劳动力需求函数具有负的斜率，劳动力增多，企业可以几乎在工资不变的情况下获取更多的劳动力。在给定的经济活动结构下，需求曲线 D_L 与供给曲线 S_L 有一个交点（L_0，W_0），对应于均衡工资和均衡就业量。如果产品成本上升，需求曲线从 D_L 变到 D_L^1，在新均衡处，工资为 W_1，劳动力就业量为 L_1。如果 D_L 不变，移民使劳动力供给人数从 S_L 变到 S_L^1，同时使工资降到 W_2，劳动力就业量上升为 L_2。就业量是在劳动力就业的供需市场过程中达到均衡的。从第二章内容我们可知，保证充分就业是经济发展的关键，在这里我们发现，就业是在市场过程中完成的，与人口迁移有关。区域政府在管理上需要创造就业环境，调控劳动力迁移。

一些研究发现，劳动力供给函数可能在顶端转向 W 轴，因为超过某一个工资水准，较高的收益使得劳动力倾向追求享受更多的闲暇时间而减少工作。在经济学中这种情况往往会引起批评，企业管理学中也应防范这种现象，所不同的是区域管理原则上鼓励这种现象的出现，较高的工资水平使得现有的劳动力可能提供较少的劳动，但总会吸引新的劳动力，这样可以提供更多就业机会，同时给人民更多自由创造的机会，有利于可持续发展。因此，减少就业者劳动时间和增加福利等在多数情况下是区域政府的目标。

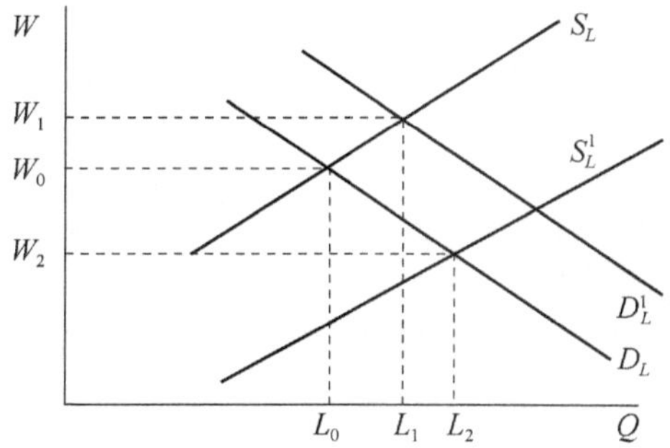

图3.2.1 劳动力需求与供给的平衡

就业人口总是服务于某一产业部门的，这样就形成了人口的产业结构，人口产业结构不同，也就引起人口收入分配及社会文化的差异，同时也影响区域的发展。由于人口主要被动地适用于区域的产业构成，因此在短期内，人口的产业结构是不可调整的。另外，区域管理者可以通过管理手段使人口就业趋向某些优先发展的部门，从而通过调控劳动力的产业分布变化来引导区域的经济发展和激励区域经济系统。例如，我国传统重本抑末的经济思想，使得劳动力主要集中于第一产业部门，从而基本保障了中国人口的食品供应，这种结构社会持续性好，经济却不发展。反过来，改革开放之后，国家扶植第三产业，为鼓励形成自由竞争的市场，也允许一定程度的计划外自由定价，形成的“价格双轨”为市场经济带来了空间，但也产生了副作用，结果在1988年物价轮番上涨；虽然发展势头好，但经济不能持续。因此可持续发展目标下的区域管理学必须寻找合理的产业就业结构。实际上，产业就业结构决定于产业结构本身，发展中国家对产业结构的选择多考虑的是经济增长而忽视就业要求，这是发展中国家经济增长未带来普遍发展的原因之一。在区域管理中，这个问题值得注意（表3.2.1）。

世界上现有的各国人口产业结构表明，劳动力具有从第一产业转向第三产业的趋势，广大发展中国家的就业人口主要分布于第一产业中（表3.2.2）。许多人根据这种情况，认为社会发展的一个重要标志是劳动力从第一产业逐步转移到第三产业。第三产业就业人口数＞第二产业就业人口数＞第一产业就业人口数是社会发展的一种目标，我国学者也强调这一点。这一现象实际上最早于17世纪为英国人威廉·配第所提到，所以又称作“配第–

表3.2.1 三次产业划分

第一产业	第二产业	第三产业
（1）农业 （2）林业 （3）畜牧业 （4）渔业	（1）采矿业 （2）制造业 （3）电力、热力、燃气及水生产和供应业 （4）建筑业	（1）农、林、牧、渔专业及辅助性活动 （2）开采专业及辅助性活动 （3）批发与零售业等其他活动

注：按照国家统计局修订的《三次产业划分规定（2012）》，现代产业一般被分为三类，即第一（次）产业、第二（次）产业和第三（次）产业。第一产业就是直接自然获取产品的产业，通常包括农牧渔林业；第二产业是通过对自然物质和工业品原料生产工业加工品的产业；第三产业是第一、第二产业以外的产业。我国通常将采矿业作为第二产业。三次产业的划分最早在澳大利亚、新西兰两国利用，后来为英国统计学家C. G. 克拉克所推崇，故又称“克拉克大分类法”。

克拉克定律”。克拉克认为之所以发生这种转变，是因为制造业比农业利润高，商业性服务又比制造业利润高，相应的收入也就高。笔者认为这种解释是表面的，就业人口产业转移的本质原因是技术进步。农业技术进步产生农业产品剩余的同时也产生劳动力剩余，二者联合使劳动力向第二产业转移。工业进步又使工业劳动力剩余和福利增加，结果发生产业资本与劳动力的第三次转移。第三产业直接服务于人，人的要求具备多样性，使工业的制度精华，即标准化的批量生产失效，结果解决了更多的就业问题。因此，不顾技术现实，片面提高第三产业占有量，是区域管理特别是大区域管理的大忌。

表3.2.2 20世纪80年代初若干国家人口的产业结构 （单位：%）

国家	第一产业占比	第二产业占比	第三产业占比	国家	第一产业占比	第二产业占比	第三产业占比
英国	2.4	36.6	61.0	巴基斯坦	53.9	18.1	28.0
联邦德国	5.7	43.6	50.7	印度尼西亚	60.7	10.6	28.7
法国	8.2	33.1	58.7	孟加拉国	77.1	4.8	18.1
挪威	8.3	36.6	55.1	中国（1982年）*	68.1	18.3	13.6
日本	10.6	33.3	56.1	中国（1990年）*	60.0	21.4	18.6

*中国的资料分别为1982年、1990年人口统计结果，取自当年《中国统计年鉴》。

产业结构的这种变化学说受到了两点批评：首先，第三产业似乎是发展的最后阶段，但是在一些发展中国家，第三产业的就业量实际上超过了第二产业的就业量，而发达国家却未必如此；其次，理论上没有根据认为第三产业有更高的增加国民收入的效益。而且最根本的，对于一个国家特别是一个大国来说，没有第一、第二产业的后果是不可想象的。对于区域管理者来说，还必须了解自己的发展阶段、经济区位才能决定产业结构。在最近30年，旅游业开发成为各地的热潮。很多地方花天价搞旅游业发展规划，却对自己产业结构一体化未给予充分重视。学术界对支持第三产业的发展非常认同。1996年，笔者参加了一个去上海的考察团，笔者提出上海应该把发展第二产业特别是制造业放在首位，同行主要专家有异议，因为与上海市政府当时的政策不一致。笔者争辩说："如果一致了，要我们来干什么？"1998年上海重新明确发展第二产业。当前上海的"十四五"规划也提出加快发展"高端制造、智能制造、绿色制造"等产业转型升级的发展战略。其实新兴的电子工业、智能制造技术、工业互联网等代表了产业的新方向，它们有着较高的国民产出率，英特尔公司、微软公司的成功证明了这一点。当然为了解决上海的就业问题，发展第三产业是必要的。因此，笔者认为，发展使第三产业就业人数排到第一位，在许多情况下是正确的，但是这不意味着产业资本的同样变化。

就业向第三产业倾斜，创造了更多的社会福利，这种趋势是符合社会发展需要的。但是劳动力集中于第三产业未必是普适的模式，也非国家持续发展之本。英国与法国经济水平相近，但第一产业人口比重却相差4倍多，这种现象可以解释为法国缺少英国那样的海外商业利益和传统特权，其经济发展更多地依赖本国条件。法国是欧洲的农业生产大国，农业现代化程度高，农业产品出口量长期居欧洲前列。与法国相比，中国基本上没有海外利益，众多的人口主要依赖于本国的农业养活，其他经济活动和生活需求也依靠本国的工业生产。中国在融入国际市场以来，发展为一个制造业大国，所以我国要重视国际经济的贸易自由化和经济一体化，由此决定了我国的人口就业结构。总之，合理的产业就业结构，也像适度人口一样，适度的产业结构是一个动态的问题，是依赖于地理条件的。这个问题的最后解决，一定是因国家而异，因区域而异的。

就业的另外一个方面就是失业，失业问题经常是区域政府最为棘手的问题。经济学上一般将失业分为两类，即自愿失业和非自愿失业。自愿失业就是不愿意在现行市场工资率下工作的失业，包括主动提前退休，以及长期找不到工作而最后退出劳动力市场的。非自愿失业，如摩擦性失业、结构性失业、周期性失业。还有一类是隐蔽性失业，隐蔽性失业主要发生在城市中企业的冗员，虽然有岗位但实际上从事了低于其教育水平和业务能力的工作的一种现象。地方政府受到的失业挑战是非自愿失业。非自愿失业也有三种：摩擦性失业指因工作变换，毕业求职过程中的劳动力闲置；周期性失业是由于经济周期性变化，产业的员工被辞退；结构性失业，则指由社会生产和消费结构引起的失业，如三轮车被汽车淘汰造成的三轮车工人失业，这时失业者与职位空缺同时存在。因此，结构性失业经常被认为是最极端的摩擦性失业，它只能通过重新训练工人、改变产业结构和失业者区位来清除。结构性失业被认为是最经常发生的失业，尤其是在技术变革中。我国早期的工人下岗问题部分属于结构性失业。结构性失业的一种形式是季节性失业，由特定行业中工作的季节性特征引起，在我国，农业、建筑业和旅游业都表现出明显的季节性特征。还存在一些特殊的失业和就业现象，我国农民季节性的农业生产结束后，发生了季节性地涌入城市的“民工潮”，呈现出季节性就业热潮。这是我国区域管理中值得注意的现象。

一般认为，发展中国家的就业存在以下三个突出的问题。

首先，农村剩余劳动力。发展中国家农村由于技术进步等，已出现了地少劳动力多的局面，但是缺少资本和城市化条件，农民家庭成员都集中在有限的土地上，其实劳动力是低就业的，这部分劳动力即使离开土地，产量也不会减少，他们的劳动力边际生产为零，与城市地区的就业人口的经济收入形成显著反差。农村剩余劳动力收入得不到提高，他们陷入越来越贫困的境地，农业技术得不到改进，国内消费力得不到提高以刺激经济增长，成为一个严重的人口问题。因此，城市化是必要的。

其次，人才外流。发展中国家花费了巨大的财力培养了一批专业技术人员，但是许多专业人员选择到发达国家就业，这样发展中国家既损失了前期的培养成本又流失了必要的专业人才。人才外流的情况也同样发生在区域中，我国落后地区人才向发达地区流动是不争的事实。深圳的发展就与这种流动分不开。发生人才外流的部分原因是专业人才回到原地不能发挥应有作用，部分原因是收入不高。曾经不能发挥作用的原因主要还是缺乏市场竞争，在旧的经济管理体制下，一些人占据了某些工作岗位，很不称职，可是适合的人才得不到可以发挥作用的岗位，甚至受到排挤，造成人力资源的外流。例如，战国时期，在保守的国家，保护旧贵族的利益阻碍了人才的个人发展道路。在自己国家得不到重视的公孙鞅去了秦国成了商鞅，他为秦国变强奠定了基础。后来秦国又来了一个叫李斯的楚国人，秦王听取了他的《谏逐客书》，吸引别国的一流人才，使秦国变成了强国。秦国的经验表明区域发展要争取更多的人才来就业。在20世纪，美国就是这样做的，我国的深圳也是这样做的，它们都发展了。1999年，许多城市出台了“控制人口，不控制人才”的政策，这是一种积极的政策，这是中国经济的良好起点。但是，从根本上讲，在吸引人才就业问题上，只有废除“贵族”制度，创造公平的竞争环境，才能解决问题，最终提高区域的人力资本水平。那种给个别人才以特殊优惠的做法，只会形成新“贵族”，造成“招了女婿，气走儿子”的人才再流失结果。

最后，学非所用。发展中国家参照发达国家的教育体制与专业设置培养的人才和建立的教育制度，往往不适用于自身的具体需要，或者由于经济不发展，某些专业萎缩，专业人员找不到合适的就业职位，不能发挥自己的专长。这种既缺人才又缺职位，发生结构性就业错位，成了经济发展中的难题。

实际上，这三个问题是发展中国家人口管理中的普遍问题，我国难以例外，应在持续发展中进一步解决这些问题。

3.2.2 人口迁移

人口经济学的第二个特征是它为经济收入和社会福利而发生人口迁移。人口迁移诱发劳动力和资本迁移，从而改变经济发展状况和社会福利状况。对人口迁移的管理是区域政府的重要工作。

人口迁移有两种形式：迁移人口一般指发生了户籍变化的，主要类型有被录取的学生，复原、转业、退伍的军人，投靠家属的人员，服刑及释放的人员等；流动人口一般要具有离别复归、往返流动的特点，主要类型有外出务工参与经济活动，出差访友、求医问病、观光旅游的旅途流动人员。我们这里不区分这两种形式，除非有特别说明。

人口迁移的原因有多种，不过最基本的是经济原因，特别是那些自发地经常地发生着的人口迁移现象。因战争、政治原因发生的人口迁移则属偶发现象，不过，这种迁移在一段时间内往往是很强大的。比如，第二次世界大战时欧洲发生的犹太人被迫迁移；又如，我国历史上“闯关东”“走西口”“下南洋”等现象，以及近年来脱贫攻坚战“五个一批”精准扶贫工程中的“易地搬迁脱贫”。这些问题属于区域管理。

为了说明正常的人口迁移现象，发展了多种理论。最初的理论是E. G. Ravenstein和D. B. Grigg提出的迁移定律，计11条，具体如下：①大多数迁移者只是短距离迁移；②迁移过程是逐段的；③长距离迁移者倾向迁入大型工商业中心；④每股迁移流产生一个补偿性对流；⑤生长在城里的居民的迁移活性不如农村居民；⑥出生地为小区域的女性人口的迁移活性大于男性，而外出闯荡的男性多于女性；⑦多数迁移者为成人，其他家庭成员很少出县迁移；⑧大城市的人口增长成分中迁移多于自然增长；⑨迁移量随着工商业的发展和交通改善而增长；⑩迁移的主要方向是从农村地区向工商业中心；⑪迁移的主要原因是经济（Grigg，1977）。

人口迁移的理论进展甚微，直到1966年，李（Lee，1966）提出人口迁移的三要素理论。李指出，每一次迁移活动都必须具有三个相互联结的要素，即出发地或迁出地、目的地或迁入地、介于两者之间的中间障碍。

李认为，在迁出地总有一些因素引起人们的迁移动机，但也有一些因素阻碍人们的这种念头，前者称为正因素，后者称为负因素。同样，在迁入地也总有一些正因素和负因素在发生作用，前者吸引人们迁入，后者则起反作用，人们是否决定迁移，主要取决于两地正负因素的对比。但他又指出，人们对迁出地的因素往往要多方面反复思考，不急于做出决定，但迁入地的考虑往往只顾及一两个方面。做出迁移决策之后，人们还会遇到中间障碍，如迁移费用、移民政策等。

李以后具有显著影响的是W. Zelinsky于1971年提出的“人口迁移的流

转理论”。Zelinsky 认为，人口迁移与社会的经济水平相关，随着社会的发展，人口迁移及流动的类型会发生变化，这种变化是有规律的。理论上可以把社会发展分成传统社会、早期转变社会、后期转变社会、发达社会和高度发达社会五个阶段。不同的阶段对应不同的人口迁移特征。

在第一个阶段，真正的迁移很少，只有有限的流动，起因于社会活动、地方性经济活动、战争和宗教。

在第二个阶段，大规模流动开始发生，主要是农村向城市的迁移。这一阶段流动转变与商业发展、城市兴起有密切关系，并产生深远影响。这一转变首先出现于英国，后来逐渐扩展到欧洲和世界各地，是不发达国家走向发达的起飞阶段的主要特征。在这一阶段的欧洲历史上，也出现了向美洲的大规模移民。

在第三个阶段，农村向城市的迁移仍然非常重要，但迁移速度开始减缓，国际移民也出现减少势头，但人口流动的规模和复杂性进一步增加。

在第四个阶段，随着城市化的发展，城市之间和城市内部的迁移成为主要流动形式，随着生活水平提高和交通条件的改进（特别是私人汽车的普及），人口流动继续增加。国际迁移主要为不发达国家普通劳工外迁和熟练劳动力、技术人员迁移。

在第五个阶段，几乎所有的永久性迁移都是城市的内部迁移。有些流动形式已经可以替代永久性迁移，而有些人口流动又进一步为通信手段所代替，此时人口流动会有所减少。在一个国家内部，像美国的加利福尼亚南部地区、日本的高度城市化地区等被认为最接近这一状态。随着网络经济、网络教育的不断发展，这种迁移形态无疑会发展起来。

人口迁移率被发现与年龄和性别有关。一般来讲，男性迁移多因就业，女性迁移多因婚姻，在中青年时期形成人口迁移率的峰值，如图 3.2.2 所示。而在老年前期，约 65 岁又出现一个迁移峰，它们被认为是退休职工返乡迁移造成的。许多人的研究表明，在我国并不存在这个峰值，这可能是因我国人口迁移政策较严厉所致。老年职工也不愿返乡度晚年。要解决这个问题，需要强化农村经济和社会福利的发展。

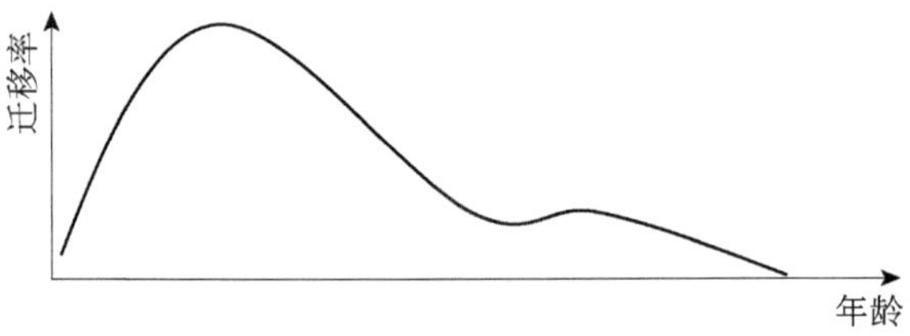

图 3.2.2 人口迁移率曲线

3.3 具有社会学特征的人口管理

3.3.1 人的理论

我们知道人口管理的具体目标是保证社会公平，我们强调的是社会可持续公平，为了做到这一点，人口管理需要在社会领域内实施管理。本书的社会管理不是指机械而粗暴的控制人的行为，而是通过计划、组织与控制功能使社会处于一种安定、宽松、和谐的状态。为了理解社会管理，我们先要理解人。

由于管理活动的主体和客体都是活生生的人，所以要充分尊重人、信任人，理解人的自然性、社会性和主观能动性。泰勒和法约尔之后的管理学家批判了他们“经济人”的假设，而认为人是有多种社会要求的“社会人”。早期最著名的是马斯洛的需要层次论，马斯洛提出人的需要可以分为五个层次：生理、安全、被承认、被尊重和自我实现的需要。五种需要按其优先程度排成一个等级序列；最基本的需要是生理上的，最后的需要是自我实现。当一种需要基本满足后，下一个需要就强烈地表现出来。图 3.3.1 是示意图，人达到了自我实现的需要层次之后，不是没有生理需要，只是这时驱动行为的动机主要是自我实现。

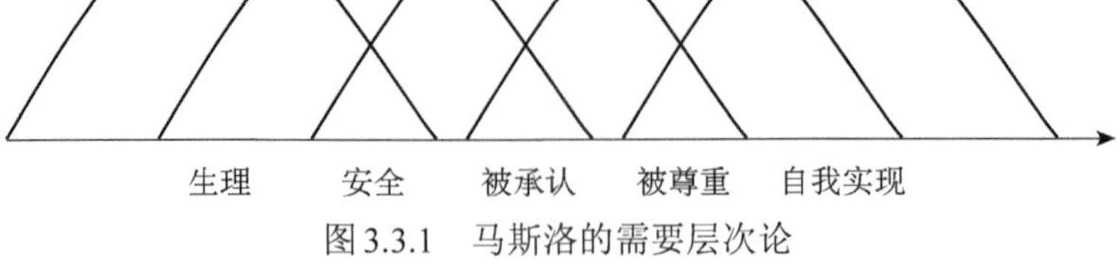

图 3.3.1 马斯洛的需要层次论

马斯洛的需要层次论也遭到了后来的一些管理学家的批评。E. 劳拉和 J. 萨特尔认为，在较高的需要层次，需要是因人而异的。D. 霍尔和 K. 努盖姆认为，不是需要的满足，而是职位的升迁造成了需要的演替。对于社会人口管理来说，在发展中国家，人民大多数的基本需要是生理需要，这里主要是衣食住和工作需要，在发展中国家转向发达国家期间，安全、被承认的需要成为大多数人民的基本需要。在此后的发达社会，需要层次出现多样性，因为社会的收入出现多样性。在一个国家内经济的波动也造成人口主要需要的变化。

Y 理论是关于人的另一种理论，道格拉斯·麦格雷戈提出传统的指挥与控制观点是以X理论为假设的。他认为X理论的假设是（丹尼尔·D. 雷恩，1986）：

- 一般人有一种不喜欢工作的本能，只要可能，他会逃避工作。
- 由于人类不喜欢工作的本性，对于大多数人必须加强控制、指挥，以惩罚相威胁，以便使他们为实现组织目标付出适当的努力。
- 一般人宁愿受指挥，希望逃避责任，较少有野心，对安全的需要高于一切。

麦格雷戈针对X理论提出Y理论。他认为Y理论是人力资源管理的一种新理论。Y理论的假设是：

- 利用体力和脑力从事工作，正同游戏和休息一样是自然的。一般人并不是天性不喜欢工作的。
- 外来的控制与惩罚威胁并不是促使人们为实现组织目的而努力的唯一方法。人对自己所参与的目标能实行自我指挥和自我控制。
- 对目标的参与是同获得成就的报酬直接相关的，其中最重要的是自我意识和自我实现的需要的满足，它们可能是为实现组织的努力的直接产物。
- 一般人在恰当条件下不但能接受，而且会追求责任；逃避责任、缺乏雄心和强调安全，一般是经验的结果，而不是人的天性。
- 不是少数人，而是许多人都具有解决组织问题的相当高度的想象力、独创性和创造力。
- 在现代工业生活条件下，一般人的智能潜能只能是部分地得到发挥。

麦格雷戈把Y理论称作“个人目标和组织目标的结合”，并认为它能“创造出使组织成员为企业的成功而贡献自己力量时能最好地实现其自己目标的条件”。激励来自人们对组织目标的参与，管理当局应将用权力从外部控制的方法代之以使人们参与组织目标。麦格雷戈指出，人们怎样被对待，在很大程度上是一种自我实现的预演。如果管理人员假设人们是懒惰的，并以他们似乎懒惰那样去对待他们，那么他们就会是懒惰的。相反，如果管理人员假设人们需要挑战性的工作，并据此增加人们的责任，那么人们的确就会做出响应而寻求越来越多的责任。

我们的研究表明，在社会中人有X和Y的两面性，人采用X行为还是Y行为与管理有关。例如，在地方保护主义作用下，企业家对企业发挥Y作用，尽可能提高企业的营业水平，甚至制造假冒伪劣产品，对社会做出X行为。管理者的任务是提供一种有助于人们展现自己Y行为的环境。这点再次揭示，管理是一种服务。进一步讲，人们之中包含不同的需要类型，在工作和组织结构适合他的需要时，他是Y型的，当不适合时，他是X型的。例如，《三国演义》中庞统在担任县令时很不尽职，但在担任刘备的军师时却鞠躬尽瘁。作为服务的管理必须去发现和设计这种合适的组织结构，发挥人的作用。穆尼和赖莱在管理学名著《工业，前进！》中强调这种设计合适的组织结构的原则是：“减轻人们的匮乏与痛苦。”（丹尼尔·D. 雷恩，1986）可见，将人力安排在合适的工作职位，是人力资本管理的要点。

古代中国按照儒学治国理政，《孟子·告子》认为治理首先需要提倡一种道，道不足则用法，法不足则用术，术不足则用势。而古希腊则提倡“法的精神”。总结中西方文化，笔者认为治理需要道与法的结合，提倡为公共利益付出乃至有所牺牲，是中华民族的美德，但是美德一定要有法的约束，按法律办事。在法的问题上，需要坚持的是一视同仁，不搞阶级歧视、民族歧视，无论是正向歧视还是逆向歧视。2020 年美国警察暴力执法导致黑人男子死亡，引起全美的大规模抗议，事件所反映出来的制度问题，其内核正是民族歧视和阶级歧视。激励中的一个重要因素是个人对报酬结构是否觉得公平。公平理论是又一种具有代表性的关于人的理论。哈罗德·孔茨和海因茨·韦里克（1993）这样来阐述公平理论，公平理论的本质可以表示为

$$\frac{\text{个人所得的报酬}}{\text{个人的投入}}=\frac{\text{另一个人所得的报酬}}{\text{另一个人的投入}}$$

一个人和用来比较的另一个人的投入报酬之比应该是平衡的。如果一个人觉得所获报酬不适当，他可能产生不满，降低产出或离开这个组织；如果一个人觉得报酬公平，他可能继续在同样的产出水平上工作；如果一个人认为个人的报酬要比被认为是公平的报酬来得大，他可能更加努力，也可能低估这种报酬。

3.3.2 社会管理

1. 收入阶层控制

为了实现社会管理，我们首先涉及的是社会收入阶层的宏观控制。

笔者认为，一个有发展的、安宁的社会需要的是一个“两头小中间大”的收入阶层结构，也就是说一个强大的中等收入阶层可以起到稳定社会的作用。中等收入阶层不完全是指政治术语中的“中产阶级”，更多的是指在一定的历史阶段，处于社会“比上不足，比下有余”的社会公众，因为他们基本上生活满足、希望目前的生活状况得到维持，是社会的中坚力量。

在社会阶层控制方面有几个国际例子。美国生活在贫困线以下的家庭为家庭总数的9%～10%，收入10倍于贫困线以下的家庭也约为10%，美国社会约80%的家庭是中等收入阶层。这一结构使美国社会能保持一个安宁的有跃迁的状态。在加拿大，社会收入比美国平均，富裕家庭约为5%，加拿大的社会跃迁成分不足，加拿大的企业规模小、国际竞争力弱，经济发展水平不如美国，不过社会比美国稳定。巴西则是一个极端反例。巴西85%的财富集中在全国约20%的人口手中，因此巴西社会是不安定的，这种不安定也限制了它的发展能力。例如，国内需求是刺激经济增长的基本因素。在类似巴西那种情况的社会中，那20%的富人的消费指向国外产品，较贫困阶层对国内产品的需求虽然强烈但却缺少购买力，社会也未进入大众消费阶段。同时由于贫困者感到社会不公平，自己失去了跃进机会从而希望以非正常途径获得改变社会境况的机会，这样一方面其失去努力工作的动力，另一方面带来社会动荡的隐患。一旦发生动荡，无论是革命还是暴乱，必然中断社会经济的正常发展，从管理学的角度看，这是不希望发生的。由此可见经济增长需要保持强大的中等收入阶层，他们是刺激消费的中坚力量。更重要的是，由于中等收入阶层在社会各阶级的比较中一般处于一个容易被接受的位置，他们对社会的变动没有积极性，从而产生一种社会稳定力量，对于区域过程来说，保持社会稳定，是区域进步的基础。

总之，笔者认为保持80%左右的中等收入阶层、10%左右的富裕阶层，是一个保持社会持续发展的控制标准。

2. “治国之道”

仅仅控制经济收入结构还不足以保障社会可持续公平和稳定。正如第3.3.1节所介绍的，人有多方面的需要，这种需要相应地在控制方面产生多种措施。《尹文子·大道上》中提倡：“道不足以治则用法，法不足以治则用术，术不足以治则用权，权不足以治则用势。”这里的“治国之道”，实际上讲述了区域管理的技巧。

在这个学说中，“道”指的是理想，是目标，是自然规律和内在机理，也是社会的精神。管理的首要任务是为组织制定目标，对于区域管理特别是国家管理来说，需要为人们或社会提供一种组织目标，比如我国的“实现四个现代化”“实现小康”“实现中国梦”。与企业管理比较，区域管理中“道”的含义当然不仅包括目标，而且需要对社会提供一种精神寄托、价值观念，使社会保持一种奋发状态。在古代，宗教起到了这样的作用，现代各国往往在旧宗教与固有文化基础上提供一种价值体系。至于选择什么样的“道”，则是一个政治问题而非管理问题。然而没有“道”的社会，失去目标、失去道义、失去理想，是一个混乱的、没有“根”的社会。在“道”的基础上建立法制，依法办事，保持社会的秩序，在法律面前人人平等是社会公平的实现形式。依法办事，在法律面前人人平等，是人类社会长期发展的选择。这种选择使得人们在社会中兼容共处，在秩序下稳定，为人们提供了基本的安全保证，也为实现区域的发展提供了基础。法制难以完善的地方，则要用权力来保证公平。权的运用，包括应用权力和授权。术，是管理技巧，包括沟通和激励，从空间经济学看，地理上选择某些地区先行发展，设置区域增长极、“让一部分人先富起来”是一种术，“乡村振兴”、开放共建“一带一路”也是一种术。这里，术的应用涉及“道”，即建设社会主义市场经济，“在南海边画了一个圈”是建设社会主义市场经济的技术补充。术作为法的方法论实践就反对了“马基雅维利主义”。意大利政治学家马基雅维利提出，只要目的正确，就不管手段如何，他的“霸术”思想遭到了大多数政治学家、管理学家的反对，因为这样可能会为局部目标偏离公众利益，产生对正义的背叛和对社会公平的破坏。术的应用是有限制的。势，可以理解为形成一种社会潮流。政治运动是势，推行企业的ISO 9000认证也是一种势，哪个企业不参与认证，它的产品质量就会被怀疑。中国人讲“大势所趋”，每个人都不得不为势驱动。势的作用在于全面地推动。与法律的被动作用相反，势有主动的作用。

从区域的角度，关于管理中的“道”的问题我们需要进一步讨论。对于企业管理来说，管理者需要为组织制定目标，形成积极的企业精神。在区域管理中，这种目标与精神变得必不可少。首先，目标是需要让人们知道的。我们知道，在选举制度下，你竞选行政官员，必须向选民提供自己的任职目标，如提高就业、减少税收等。在任命制度下，你需要向上级做出目标承诺，如开发新市场、提高盈利等。目标在企业管理中是首要的，你可以通过建立合适的目标管理体系、围绕目标组织实施来完成有效管理。在区域管理中目标的重要性淡化，而区域精神和价值体系变成首要的。因为区域组织比企业组织松散，所以在区域中实施有效的目标管理是不可能的，而且区域生活比企业生活复杂得多，区域组织也比企业组织复杂，不可能围绕目标来组织或控制区域公众的活动。区域管理要实现目标，关键是推动公众对目标的认可，形成实现目标的共同精神和价值力量。罗斯福实行新政认为他的首要任务是要恢复一个受打击的国家的信心，他说：“我们所怕的唯一事情就是害怕本身”。罗斯福由此来激发美国人民的自信力和创造力。他提供了一种“道”。

为了推进“道”，法、权、术、势都是可以采用的，经验证明，势或者说造势是特别有效的。罗斯福在担任总统后，实施了“新政”，对社会进行了改革，颁布了新法令，建立了新的机构，也通过社会舆论形成了改革的气氛，造了势。事实表明，造势往往不是直接的，在上一章中，我们看到罗斯福的新政是逐步实施的，具有明显的阶段性。ISO 9000认证也是从质量管理标准化开始的，欧元的诞生开始于共同市场。所不变的是，造势过程贯彻了统一的“道”，即一致的精神。

基于可持续发展观念，区域管理对“道”的选择要有宽容的态度。西方社会长期实行政教合一制度，该制度严重抑制了科学思想的发展，直到发生了宗教改革运动。各宗教之间长期对立，以至于演化出20世纪上半叶纳粹对犹太人的残酷迫害。自古以来，中国文化就具有很强的宽容性，儒学与佛教、道教共存，流落到中国的犹太人为中国文化同化，中国成为四大文明古国唯一没有文化断层的国家。现代西方社会包容各种思潮，鼓励自由思考，使得经济处于世界领先地位。区域管理者允许“百家争鸣”将有利于区域的创新活力的激活，文化宽容对区域发展的确太重要了，“和而不同”、善于听取不同的意见能够很好地推动精神文化和整个社会的进步。

3. 人权问题

富于创新传统和民族自信力的法国人1789年8月26日在制宪议会上通过了《人权和公民权宣言》。该宣言布告天下：在权利方面人生来是而且始终是平等的，法律是公众意志的体现，在法律面前人人平等。人权作为人类社会进步的旗帜被正式树立起来。各国政府对人权理解不同使人权成为一个政治概念，所以作为管理学著作的本书对它的定义、政治特性不加以讨论。

从管理学角度看，我们需要把人权精神贯彻在区域管理和公共服务中。秦始皇统一了中国后，各国贵族被废黜，按说社会平等了，可是他采用的是“一视同暴”，严重地侵犯了人权，虽然那时没有人权的概念但有人权的需要。于是发生了陈胜、吴广领导的农民起义。对秦王朝来说，动摇了社会基础和上层建筑的根本，只能“二世而亡”了。代之而起的汉，没有恢复旧的贵族制度，实施了比秦宽容的制度，汉初实施“无为而治”的休养生息政策，通西域，开辟丝绸之路，经济发展了，形成了中华民族的“汉情结”。《三国演义》之所以成为不朽的名著，在于作者依靠“汉情结”塑造了一个为“仁政”不断奋斗的悲剧。在中国人民心中，“汉”的情结是永不解的。

《剑桥中国史》的作者惊叹于这种情结，但是他们未能解释其原因，因为作为外国人要理解历史上人民对人权的渴望而在心中形成对“仁政”的渴望几乎是不可能的。人民有对自己人权的企求，“汉情结”是人们对人权永恒追求的表现。认识到这一点，一个区域管理者不仅会在政治上而且会在管理上取得成功。

如果我们仅仅从管理角度看问题，在第3.3.1节中我们看到公平是人的基本要求，维持公平能够有效地发挥组织人员的积极性，特别是人的基本需求满足以后，由于人具有X和Y的两面性，为了发挥人的Y特性，我们需要一种环境，而这种环境使人民认为区域的目标是自己的，区域的利益也是自己的，努力工作会得到社会的承认，所有这些，公平是最基本的保证。

4. 利用人才

尽管在经济学分析中，人们通常将劳动力素质取成同一水平，但管理学更强调人口素质的异质性。人口素质的异质性决定人力资源利用的方向，管理就是要合理地使用不同素质的人力资源。在这个问题上，人才的使用尤为重要。所谓人才就是具有某种特殊技能的人。某些人才可能在某一类职位上极不合格，而在另一类职位上却发挥出其特有的天赋。主管人员的职责就是要发现他们的特殊才干，所谓“天生我材必有用”，每个人都有自己的特长。我们在生活中经常会遇见这样一些人，他们在某些方面很笨拙，而在另外的方面却异常能干，据说爱因斯坦就是这样的人。笔者在现实中认识的一位工人师傅也是这样的人。他只上过小学，在20世纪80年代青年工人文化达标时，他显得很吃力，可是他在工装卡器设计方面有异常的天分，以至于在全厂考核时厂长决定对他不考核，让他自由发挥，他对这个厂的发展做出了很大贡献。区域管理中必须尽可能地发挥每个人的作用，实际上这是马克思早就提出的理想。

重视人才仅仅是一种管理学手段，在区域管理中如果把重视人才的认识推广到法律层次，也就违背了公平原则。然而，人类社会发展证明，在公共服务方面给社会精英有限的优惠有利于他们发挥创造作用，推动经济发展。

为了发展，社会分配需要对社会精英倾斜以保障其发挥创造和带动作用，但是这种倾斜必须是适度的，并且成为社会精英的门是大开的，社会必须在进阶社会精英方面创造平等机会，这样有利于人民积极地创造，保证精英不蜕化、阶级不固化。美国是当今世界最发达的国家，这与它们创造的平等的个人发展机制有巨大关系。这种平等与对精英倾斜的结合是通过市场机制来完成的，而不是出生决定论。比尔·盖茨得到了社会的倾斜，他是通过平等的竞争机会上升的，尽管他的妈妈是国会参议员，也是通过公开的市场获得了自己所需要的社会地位，他的高水平人力资源是通过市场购买得到的。在人力资源利用问题上，美国为世界提供了成功经验。

对管理者来讲，利用人才是一个原则问题，但是如何识别人才却是一个实践问题。在企业中企业家可以通过人才的个别鉴别来完成识别问题，在区域管理中个别鉴别是不能实现的。人类社会经过长期发展形成了文凭制度和考试制度，重视文凭，通过考试检验，这是有效地剔除庸才、保证合格劳动力的成功经验。在新经济增长理论提出后，如何度量人力资本成为一个经济学的技术难题，大多数科学家研究表明，用组织人员的平均受教育程度度量人力资本是最合适的。许多人会举出文凭与能力无关的反例，但是个别例外不能代替统计，统计结果是制定政策的基础。在选拔人才方面，标准化考试是一个进步举措。标准化考试可能埋没了天才，但是它有效地避免了庸才。我们可以发明一种新制度去发现天才，但绝不可废弃对人才的过滤制度。实际上无论“天才”是否存在，今天任何人必须应用人类长期积累的知识才能有重要的发现，学习知识是要付出劳动的，考试制度作为一种学习激励制度，是有效的鞭策人们学习自己祖先积累的制度。事实表明，经过学习，更多的人是可以成为“天才”的。新闻报道讲一个大作家做中考语文卷仅仅考了60分，认为标准化考试不能反映能力。其实考试是一种以选拔和淘汰为目的的组织活动，在学生平均的知识掌握水平之外常常会设置拔高和角度偏狭题，一个小说作家不可能经常用到全部的语文知识，比如他不需要经常写论说文，也不要求精通古汉语，他考60分是合理的。我们目前面对的可能是缺乏一个多样化、灵活性的教育体系，特别是受人才评级标准的制约，文凭和考试几乎成了人才选拔管理的唯一抓手。但是，历史经验和人类社会发展的结果揭示，教育是有效的。“发展是第一要务，人才是第一资源，创新是第一动力。”[1]由此，教育的结果表征——文凭，应该成为人口管理的基础。文凭制度、考试制度是人口管理的基本手段。

最后要补充的是，本部分的讨论绝不意味着我们提倡“精英政治”。根据人的X和Y的两面性，创造一种管理环境，让人民参与社会的各种事务，人民才能发挥自己的Y特性，在经济和社会活动中处于一种奋发状态，人人可以成为各行各业的精英，促进区域发展。日本人用中国的《鞍钢宪法》，强调工人参与管理，开展技术革新的群众运动，结果振兴了自己的企业，这个事实很有启发意义。

① 习近平会见清华大学经管学院顾问委员会海外委员. http://jhsjk.people.cn/article/2371[2013-10-24].

第四章　环境管理与 PRED 协调

万物各得其和以生。

——《荀子》

4.1 环境的管理

4.1.1 发展的代价

1998年5月，《中国环境报》发表了一首小学生的诗，叫《邮展》，诗是这样写的：

节日到了，老师让我们举行邮展，叫爸爸妈妈来参观。
我想展出威武的老虎，
老虎正面临全体灭亡；
我想展出绿色的森林，
一片片森林正变成一片片木桩；
我想展出美丽动人的海滩，
海滩上飘来了垃圾和油浆；
我想展出生气勃勃的春天，
春天里的汽油味已经代替她的花香；
我想展出清澈的山涧，
可是爸爸妈妈们，你们还记得清澈是啥模样？
……
于是，我展出了我所有的邮票，
然后，一笔一笔用力写上：
美丽的地球我们的家，
我们都要保护她。

这首诗描述了在一个孩子心里，自然美被破坏了，世界变得不协调。其实环境问题给人类带来的威胁比孩子看到的严重得多。人类砍伐森林，带来了水土流失，这样降水量较大就会发生洪水，降水量偏小就会发生干旱。中国在1998年特大洪灾后开始全面实施天然林的保护工作，下令停止长江流域的森林砍伐。森林砍伐是看得见的；人类利用煤、石油这些能源的同时放出了CO_2是看不见的。大气中CO_2含量增多，就会产生温室效应。温室效应使冰川融化，海平面上升。20世纪80年代初，美国科学家为人类不加节制地放出CO_2描述了这样一幅恐怖的图像——富有的三角洲地区将被大片淹没。升温还会使得许多地区变得干旱，导致沙漠化加剧、耕地减少。现在全球环境变化问题已经成为全世界许多科学家研究的课题。这里提出的问题，就是环境问题。什么是环境，环境在学术上有各种各样的定义，实际上它就是河流、山地、大气、海洋、冰川乃至于大气圈这样的东西，它们构成了人类生活的外围条件，但它们并不依赖于人类的存在而存在，它们具有自己的运动规律。由于自然选择作用，人类与它们已整合为一个整体，破坏环境，人类已经成型的生活模式必然改变。

在诗中孩子或多或少地对爸爸妈妈们表示了不满。爸爸妈妈们为什么给环境带来这么多问题呢？其实他们是为了孩子，他们期望通过发展给孩子带来更美好的生活，可是事与愿违。

那么发展为什么会引起越来越多的环境问题呢？这首先要从环境的经济学特征谈起。我们设想在河流的上游有一个造纸厂，它在生产纸张的过程中产生废水。要治理这些废水就意味着提高纸张的成本，于是它向河流排放废水。这样造纸厂获得了经济效益，因为成本降低了，但是废水却污染了环境，造纸厂向社会转移了它的成本——为治理污染社会需要拿出钱来。环境经济学把造纸厂的行为称作“环境的外部不经济”。如果社会对厂家失去监督，这样将使得厂家倾向不处理污染。现在河流的下游地区要引用河水灌溉农田，于是环境的外部不经济发生了区际转移。这样上游地区地方政府失去对自己所辖厂家的监督积极性，这是一种区域性的外部不经济。

我们知道，在市场经济体系中，企业力图通过市场竞争达到自己的最优状态。这个最优状态可以用成本和价格的某种结构来表达。通过对产品的质量（与成本有关）和价格选择来制约生产厂家。可市场交易过程并不考虑产品生产过程中的环境行为，市场对环境是失灵的。由于环境的外部不经济性，厂家通过降低成本达到了自己的最优状态，而社会却没有达到最优状态。这个过程叫作市场失灵。

在市场失灵的情况下，环境只能靠政府干预，然而在环境问题上往往发生政府失灵和管理失灵。政府失灵一般包括两种情况。第一，当通行的政策（同那些非环境和资源管理部门相关的政策）基于没有给予生态和环境足够重视而制定时，它通常表现为部门利益或部门力量占了主导地位而压倒了公共的环境利益。区域间的环境污染转移受到地方政府的保护也属于这种形式。第二，环境和资源政策没有充分强调经济活动的社会和经济影响往往起因于对环境问题的认识不足或估计偏低，例如对海岸湿地的利用，没有充分考虑到鸟类的季节性迁移对它的依赖，保护程度过低。

管理失灵是政府失灵的另一种类型，管理失灵的原因是环境组织不健全，部门间协调不足，缺乏强有力的控制手段——政策法规、指令，以及没能制定环境政策目标和政策的实施措施。

笔者认为，政府失灵还有一种类型，就是政府经济学失灵。我们已经看到，在宏观经济理论中，无论是凯恩斯主义还是供应主义都没有给环境和资源以正式的地位，仅仅承认资源和环境是稀缺的、有价值的，而没有承认资源是可耗竭的，环境是可破坏的。在这种不承认资源和环境可耗竭性的条件下的经济学是非全局的，由此产生的政府宏观经济政策和宏观经济管理模式在环境问题上只能是茫然的。这不是一般性的政府失灵，而是理论未从全局考虑这一根本缺陷造成的。

从宏观来看，人类对环境的干扰起因于对自然资源的利用不当。人类故意破坏环境的行为是罕见的，但经济发展与环境保护是工业革命以来人类社会发展道路上一道绕不开的选择题。拉美国家在现代化进程中就曾因为急于获得经济进步而引发了严重的环境问题，它们大规模的初级产品出口建立在对资源环境的无序开发基础上，产生了环境污染、资源过度消耗的问题。20世纪60年代以来，不少拉美国家承接了日本等国转移的很多高污染工业项目，对本国的森林资源、土壤生态和水资源造成了难以估量的不利影响。通常我们把这种长期性的宏观性环境破坏称为人地关系不协调，不过在工业化中后期，诸多拉美国家已经意识到可持续发展的重要性，调整了经济发展的思路。人地关系不协调不仅是政府失灵问题，而且是涉及政治、伦理与社会观念的结果，仅从政府一般性政策和行政角度调整，不能解决问题。当前，随着社会经济特别是科技的进步，伦理因素扮演了更重要的角色，就如对待野生动物是否可以食用这一问题的态度和观点，就是一种伦理选择和判断，需要人类科学意识的提升，也需要政府的合理引导，直接关系到生物多样性的维护和物种资源的保护。总之，人地关系涉及我们的价值观、世界观和伦理观，仅仅依靠管理学手段是不够的，我们需要新的伦理。

需要说明的是，“环境管理”的英文单词 environment management 中的 management原意还有“经营”的意思，环境管理也包含环境经营的意思，环境管理意味着经营环境，使得环境不会因为经营不善而经济上入不敷出。环境经营也具有设计的意思，因此，中国地理学家吴传钧提出环境需要保育操作，环境不但需要保护，而且需要培育。区域管理者应该是环境的保育员。

4.1.2　环境管理的基本内容

什么是环境管理，笔者给它下的定义是：通过技术的、经济的和法律的手段对自然景观、生态系统和它们的总体构成的环境实施的规划、控制、保护或保育。这里“保育”的观念来自地理学的人地关系论。人地关系论认为，在人地关系协调中，人类不应该是被动的，人类具有维护环境，以及在环境破坏后给予培育、恢复的职能。1996 年当我们开展《陆良 21 世纪议程》研究时，当时的国际地理联合会副主席吴传钧博士和中国21 世纪议程管理中心负责人刘培哲先后向笔者强调了这一点。吴传钧认为，保育对发展中国家特别有意义，因为经济零增长不可能，环境的零干扰也不可能，这样为消除干扰的不良作用，环境必须保育。

环境由水、土壤、大气等要素构成，各种管理首先涉及怎样管理这些环境要素。不仅如此，环境管理还涉及对破坏环境的各种过程管理。一个区域管理者有必要了解对这些部门的管理。经过改革开放 40 多年来的积极实践和不断调整，我国已逐步形成了一套由中央统筹、多部门分管、多层次实施和监督的自然资源和生态环境的体制机制和管理体系。

1. 水资源

水是生命之源、生产之要素、生态之环境基础。水资源在地球上广泛分布，海洋、湖泊、河流、地下水和冰川都是水资源集中分布的环境。在这些环境中，水资源有其一致的环境学特性。

水资源的第一个环境问题是它容易受到污染，水污染发生的原因之一是工业废弃物与废液、农药和生活垃圾向水中的排放或泄漏。降水形成径流，流经工业废弃物、被生活垃圾污染的土壤等，也是产生水污染的重要原因。水中的污染物主要有硝酸盐、硫酸盐、重金属、病原体，以及微量有机化合物。值得注意的是，水的污染物也可能是无毒的，如水中营养物质，但是营养物质过量会破坏水中的生态系统平衡，带来灾难性后果。1999 年我国发生了多起赤潮事件，赤潮是一种海洋灾害，它就是海水中营养物质过多，在一定的光照条件下，引起水中藻类大量繁殖，消耗水中的溶解氧（DO），致使水中生物因缺氧而大量死亡。由于水中的溶解氧对生物有突出的意义，溶解氧和生化需氧量（BOD）是最常见的水质指标。表 4.1.1 是我国政府 2017 年修订的地下水质量常规指标及限值。

表 4.1.1　中华人民共和国地下水质量常规指标及限值

序号	指标	Ⅰ类	Ⅱ类	Ⅲ类	Ⅳ类	Ⅴ类
感官性状及一般化学指标						
1	色（铂钴色度单位）	≤5	≤5	≤15	≤25	>25
2	嗅和味	无	无	无	无	有
3	浑浊度/NTU[a]	≤3	≤3	≤3	≤10	>10
4	肉眼可见物	无	无	无	无	有
5	pH	6.5≤pH≤8.5			5.5≤pH<6.5 8.5<pH≤9.0	pH<5.5 或 pH>9.0
6	总硬度（以 $CaCO_3$，计）（mg/L）	≤150	≤300	≤450	≤650	>650
7	溶解性总固体（mg/L）	≤300	≤500	≤1000	≤2000	>2000

续表

序号	指标	Ⅰ类	Ⅱ类	Ⅲ类	Ⅳ类	Ⅴ类
8	硫酸盐（mg/L）	≤50	≤150	≤250	≤350	>350
9	氯化物（mg/L）	≤50	≤150	≤250	≤350	>350
10	铁（mg/L）	≤0.1	≤0.2	≤0.3	≤2	>2
11	锰（mg/L）	≤0.05	≤0.05	≤0.1	≤1.5	>1.5
12	铜（mg/L）	≤0.01	≤0.05	≤1.0	≤1.5	>1.5
13	锌（mg/L）	≤0.05	≤0.5	≤1.0	≤5.0	>5.0
14	铝（mg/L）	≤0.01	≤0.05	≤0.20	≤0.50	>0.5
15	挥发性酚类（以苯酚计）（mg/L）	≤0.001	≤0.001	≤0.002	≤0.01	>0.01
16	阴离子表面活性剂（mg/L）	不得检出	≤0.1	≤0.3	≤0.3	>0.3
17	耗氧量（COD_{Mn}法，以O_2计）	≤1.0	≤2.0	≤3.0	≤10.0	>10.0
18	氨氮（以N计）（mg/L）	≤0.02	≤0.10	≤0.50	≤1.5	>1.5
19	硫化物（mg/L）	≤0.005	≤0.01	≤0.02	≤0.10	>0.10
20	钠（mg/L）	≤100	≤150	≤200	≤400	>400
				微生物指标		
21	总大肠菌群（MPN[b]/100mL，或CFU[c]/100mL）	≤3.0	≤3.0	≤3.0	≤100	>100
22	细菌总数（CFU/mL）	≤100	≤100	≤100	≤1000	>1000
				毒理学指标		
23	亚硝酸盐（以N计）（mg/L）	≤0.01	≤0.10	≤1.0	≤4.8	>4.8
24	硝酸盐（以N计）（mg/L）	≤2.0	≤5.0	≤20	≤30	>30
25	氰化物（mg/L）	≤0.001	≤0.01	≤0.05	≤0.1	>0.1
26	氟化物（mg/L）	≤1.0	≤1.0	≤1.0	≤2.0	>2.0
27	碘化物（mg/L）	≤0.04	≤0.04	≤0.08	≤0.5	>0.5
28	汞（mg/L）	≤0.0001	≤0.0001	≤0.001	≤0.002	>0.002
29	砷（mg/L）	≤0.001	≤0.001	≤0.01	≤0.05	>0.05
30	硒（mg/L）	≤0.01	≤0.01	≤0.01	≤0.1	>0.1
31	镉（mg/L）	≤0.0001	≤0.001	≤0.005	≤0.01	>0.01
32	铬（六价）（mg/L）	≤0.005	≤0.01	≤0.05	≤0.1	>0.1

续表

序号	指标	Ⅰ类	Ⅱ类	Ⅲ类	Ⅳ类	Ⅴ类
33	铅（mg/L）	≤0.005	≤0.005	≤0.01	≤0.1	＞0.1
34	三氯甲烷（μg/L）	≤0.5	≤6	≤60	≤300	＞300
35	四氯化碳（μg/L）	≤0.5	≤0.5	≤0.01	≤50	＞50
36	苯（μg/L）	≤0.5	≤1.0	≤10.0	≤120	＞120
37	甲苯（μg/L）	≤0.5	≤140	≤700	≤1400	＞1400
放射性指标 [d]						
38	总 α 放射性（Bq/L）	≤0.1	≤0.1	≤0.5	＞0.5	＞0.5
39	总 β 放射性（Bq/L）	≤0.1	≤1.0	≤1.0	＞1.0	＞1.0
a	NTU 为散射浊度单位。					
b	MPN 表示最可能数。					
c	CFU 表示菌落形成单位。					
d	当蛇形指标超出指导值，应进行核素分析和评价。					

注：《地下水质量标准》（*Standard for Groundwater Quality*）（GB/T 14848—2017）是国家质量监督检验检疫总局、中国国家标准化管理委员会于 2017 年 10 月 14 日发布的，该标准于 2018 年 5 月 1 日开始实施。

国家标准规定，根据地下水各指标含量特征，其可分为五类，它是地下水质量评价的基础。以地下水为水源的各类专门用水，在地下水质量分类管理基础上，可按有关专门用水标准进行管理。

水中的污染物浓度可能会随时间衰减。这种衰减是水的自净能力造成的。污染物在水中的扩散使污染物浓度降低或者生物化学、物理化学过程使污染物降解为危害小的物质，以及固体吸附等都是水自净的起因。环境的自净能力刻画了环境的一个特征——环境容量。环境容量是指在人类生存和自然生态不致受害的前提下，某一环境所能容纳的污染物的最大负荷量。

需要指出的是，对湖泊、内海停止排污后，湖海中的污染不会立即消失。有人计算过停止对北美洲安大略湖排污，大约23.5年后，它的环境才会恢复。我国渤海在排污停止后大约需要70年才能恢复。上海的苏州河是感潮河流，停止排污后以为“变清指日可待”，结果污染状况持续不减。由此可见，环境问题正是“一失足成千古恨”。幸运的是，依靠地理学家的综合治理，苏州河已经开始变清。

水资源的第二个环境问题是水的耗竭。无论局部地区还是全球的水资源，特别是适合人类生产和生活使用的淡水资源是有限的，而人口增长对水的需求增大、农田开垦与城市扩张、人类存在不科学的用水方式、环境变化下水的时空变异等原因造成水资源安全的隐患剧增，许多地方水资源已经告缺。在中国，淮河治理前，河中流动的水几乎都是被污染的，黄河则出现断流。在非洲许多地方，持续的干旱严重地打击了当地的经济，加剧了人民生活的贫困。

水资源的第三个环境问题是洪灾。我国是世界上因洪水造成年均经济损失最大的国家。1998年长江特大洪水，我们记忆犹新。在历史上黄河多次决堤，宋代开始，由于气候变化导致的决堤次数增多，国家花费大量人力、物力治理黄河，这严重地损伤了国家的经济实力，影响了国家的发展。洪灾还会引发其他地质灾害，我国西南地区地质构造复杂，降水充沛，地表结构和生态环境都易遭到严重破坏，1981年四川特大暴雨诱发滑坡6.8万处、泥石流千余处，造成的经济损失难以估计。水问题也往往引发政治后果。例如，北宋王安石力排众议支持黄河疏浚，政治上却因此受到牵连；沈括是11世纪著名的科学家，他记录了活字印刷，可是他领导的治河仍然没有明显成效；1993年青海发生的特大垮坝事件对人民群众的生命财产造成了巨大损害，与大坝有关的设计、建设、监管部门都受到了严肃处理。由此可见，环境管理的问题比一般性的认识环境问题更为艰难。

目前人类面临的一个重要问题是怎样应对全球环境变化，全球环境变化可能使某些地区降水减少，某些地区降水增多。人类现在的生活–生产模式是适应于当前降水条件的，降水量的变化肯定使得降水减少区旱灾增多而降水增加区洪涝增多。1984年，笔者去内蒙古考察，令人吃惊的是，在入夏以来滴雨未降的情况下，当地一夜下了约50毫米的雨，结果房倒屋塌，庄稼受淹，发生了洪灾。再了解一下，当地的民房几乎都是“干打垒”的，用土夯的墙，房顶瓦的排列方式如图4.1.1（a）所示，而不是图4.1.1（b）所示的叠互式。全球环境变化意味着我们要改变自己的生活–生产模式，但这需要成本。

(a) 内蒙古东部干旱区　　(b) 南方湿润区

图4.1.1　内蒙古东部干旱区与南方湿润区的房屋瓦片排列方式

对于水资源众多的环境问题，人们已经提出了一系列的环境管理措施，它们包括：①控制污染，特别是控制污染物难以自净的地下水、湖泊污染；②加强河流管理，这包括限制排污和按指标分配用水量、计收水费等；③改进灌溉方式，如在干旱的以色列使用滴灌技术使得它在农业上取得了成功；④减少地下水过量开采；⑤在盐渍化地区排放地下水；⑥禁止破坏森林，开展植树造林。植物的根系可以保留大量的水分，地表枯枝落叶层既可以形成地表漫流系统，防止土壤侵蚀，又赋存大量水分，增加降水下渗机会，一般地说，渗入土壤的雨水越多，渗得越快，对水的储存和供应越有利。因此，保护植被被认为是最重要的水资源管理措施。

除了上述措施，水资源管理还与土地利用联系在一起。赖斯等（1996）认为下列土地利用方式有助于水资源保护。

（1）应该避免滥伐森林和增加耕作面积，它们导致土壤侵蚀和地表径流增多，当土地处于森林、灌木或草地覆盖之下时，土壤表面不受雨水的影响，容易吸收和保持水分；

（2）必须防止城市化或土地退化引起的径流增加，以便减少洪涝危险；

（3）应该保留湿地、不侵扰自然保护区，防止退化，采取适当的保护措施；

（4）应该最先考虑改善位于饮用水源附近地区、与水有关的生态系统，还必须采取措施减小这些脆弱地区的环境压力，消除污染源。

2. 土地环境

土地作为一种环境，表现出两种性质：第一，土地作为土壤，有自己的物理、化学性质；第二，土地作为生态系统基础，以它参与构成的生态系统性质为自己的环境性质，如湿地、旱地。

土地作为土壤，它是一种物理、化学对象。它的第一个环境问题是土壤侵蚀。土壤侵蚀就是土壤个体分离，然后被流水、风搬走。每年春天困扰北京的沙尘天气就是土壤侵蚀的结果，缺乏植被覆盖的地表土被大风吹散到异地，也带走了农作物赖以生存的营养物质。研究表明，坡度大于15%的土地，最容易发生土壤侵蚀。土壤的性质也影响土壤侵蚀，如我国黄土结构垂直节理发育，最容易发生土壤侵蚀，土壤作为植物生存的基础，土壤侵蚀后，露出裸岩或风化层（它们也是土地），植株就难以生存，生产力急剧下降。土壤侵蚀产生的泥沙，淤塞河道、水库、湖泊，产生环境问题。我国黄河在流经黄土高原后，接受了黄土高原土壤侵蚀产生的泥沙，成为高含沙河流，使黄河具有大冲大淤的特点，河道游荡不定，河床不断加积上升，成为高危河流，严重威胁黄河两岸的安全。

土地作为土壤的第二个环境问题是土壤污染。土壤容易被污染，废弃物和垃圾的堆放、污染径流的流经、降水引起地面有害物质渗入、施放农药等都可以造成土壤污染。区域里的金属冶炼、交通运输、能源热力和建材生产等排放的有害颗粒物和气体中的重金属以气溶胶形态进入大气，再随着降水沉淀到表层土壤。日本早些年发生的“痛痛病”，被认为是污染水流中的镉渗入土壤中，在这种土壤中种植的水稻吸收了镉，人吃水稻（大米）发生镉中毒。金庸小说中，中了“化骨绵掌”的人，病情慢慢显现，骨骼疼痛，全身骨骼发生骨折而死，“痛痛病”就是这样的表现，而且还无法治疗。可见土壤污染造成的危害比小说家幻想的最毒辣的武功还厉害。重金属对土壤的污染，是土壤污染的主要类型。

土地作为土壤的第三个环境问题是土地退化。土地退化表现为土壤层变薄，基岩（裸岩、风化层等）接近地面，土地发生沙漠化或者盐渍化，农业生产力随之降低。土地退化或者是因为水土流失，即雨点溅落、地表漫流冲刷了土地，使基岩裸露，或者是因为人类不适当地使用土地，使土地因缺水而沙化或土壤含水量过高引起盐渍化。人们对全球环境变化的担心之一就是全球环境变化引起土地退化。土地退化的生态学后果是破坏了土壤中的氮循环，使土地贫氮，结果不适合植物生存。全球环境变化背景下，日趋加重的土地退化严重威胁着全球土地生产力和区域可持续发展，对粮食安全、生态系统服务等构成诸多挑战。

土地作为生态系统，一般被分为湿地和旱地（李荣敖等，1992）。湿地指的是陆地与水面之间的过渡地，其地下水位接近或者达到了地面，甚至暂时地、局部地为薄层水所覆盖。常见的湿地包括河流与湖泊的滨岸区，如河漫滩，也包括溪流本身、海洋的潮滩。表4.1.2是湿地分类系统。

表 4.1.2 湿地分类系统

系统	亚系统	种类
海洋	低潮坪	岩石底质、非坚硬底质、水生植物底质、珊瑚礁
	潮间带	水生植物底质、珊瑚礁、岩石岸、非坚硬底质
河口	低潮坪	岩石底质、非坚硬底质、水生植物底质、珊瑚礁
	潮间带	水生植物底质、礁、溪流底质、岩石岸、非坚硬岸、挺水植物湿地、密生灌木湿地、森林湿地、岩石底质、非坚硬底质
河流	感潮河段	水生植物底质、溪流底质、岩石岸、非坚硬质、挺水植物湿地
	低位河漫滩	岩石底质、水生植物底质、岩石岸、非坚硬岸、挺水植物湿地、非坚硬底质
	高位河漫滩	岩石底质、水生植物底质、岩石岸、非坚硬底质
	周期性河道	溪流底质
潮沼	潮沼	岩石底质、水生植物底质、非坚硬底质
	潮岸	岩石底质、水生植物底质、岩石岸、非坚硬岸、挺水植物湿地、非坚硬底质
湖沼	红树林	岩石底质、非坚硬底质、水生植物底质、非坚硬岸、挺水植物湿地、苔藓湿地、密生灌木湿地、森林湿地

湿地作为一种生态系统通常具有9种功能：地下水的补给；地下水的排泄；洪水控制；水质控制；沉积物的稳定作用；营养的滞留、去除和转化作用；鱼类栖息地；野生生物栖息地；生物量的生产与输出。虽然不是每块湿地都具有上述9种功能，但是湿地重要的生态意义是不容忽视的。李荣敖等（1992）较详细地对这9种功能进行了评价。值得一提的是，水稻田也被一些学者强调为湿地，这样就使湿地具有了重要的经济意义。

旱地或干旱地是指缺少降水或降水不稳定地区的土地（当然这些地区也可能存在湖滨湿地），这类土地是土地退化的主要发生区，严重的退化可能使旱地失去全部生产力，发生荒漠化。荒漠化包括沙漠化、石漠化和劣地化。坐火车从昆明到北京，刚刚离开昆明，你会看到寸草不生的山头，上面布满了小石片，这就是石漠化，其实沿途的喀斯特峰林、石牙也是石漠化的结果。劣地就是土地被侵蚀得坑坑洼洼、沟壑纵横。“云南三林”为元谋土林与西双版纳热带雨林、路南石林，其中，石林是石漠，沙林、土林是劣地，可见石漠化和劣地化也发生在湿润地区。当然，这些土地由于大规模发育产生旅游价值，但是大多数石漠化和劣地化土地不具备这种价值。

石漠化的喀斯特土地，是我国土地退化的主要类型。它发育在降水量大的地区，这些地区在降水后雨水往往流入地下溶洞并带走薄层的土壤，发生水土流失，使得地面出现石质地表。薄层土壤使土地难以种植农作物。在这些土地上的树木，一般扎根在石缝的土壤中，一旦发生破坏，就很难恢复。在湿热的气候下，喀斯特地区发育了酸性红壤和砖红壤，营养贫乏。因此，喀斯特地区成了我国最贫困的地区。

土地作为环境管理而不是作为资源经营具有两重目标。首先是维持良好的肥力状况以防止土地生产力下降。其次是防止土地被污染或者成为直接、间接有害于人类的场合，如前面提到的重金属污染土壤。为了应对这两个问题，土地环境的保护基本上与水环境的保护技术原则上一致。主要的措施包括控制污染向土壤的转迁和防止土壤侵蚀；具体措施包括集中深埋某些有毒物质，植树造林，采用工程措施（包括修建排水道、灌溉渠道，平整土地，修建梯田，修建拦沙坝），等等。

虽然土壤的重金属污染主要来自工业，与水资源的环境问题不同，但土地环境问题基本上是农业经营诱发的，农业面源污染也是形成土壤污染的重要原因，农药、化肥、地膜的滥用都导致了土壤中有害物质存量的提高。因此，土地资源的环境管理还需要对症下药。

在农业经营中，化肥和农药具有多重的破坏作用，化肥可能使土壤的结构破坏、板结化，化肥中的成分还可能随着地表或地下径流流入水中，引起湖泊、河流富营养化。农药虽然有效地消灭了害虫、杂草，但是同时可能毒化了土地，杀死了害虫的天敌。因此，一些新的思潮是不使用化肥与农药，尽量使用农家肥，例如蚯蚓堆肥和益生菌配施可以促进土壤肥力和微生物活性的提高，这就引发了绿色农业的兴起。但是在全球大量人口需要吃饭的境况下，全球农业的绿色化或回归早期的农业状态是不可能的。较为适宜的做法在于识别土地类型，尽可能在一些生态关键地点推行绿色农业，同时开发抗病虫害的作物品种。土壤不同于水，后者有强烈的自净能力，但盐渍化、盐碱化、重金属污染的土地是难以恢复的。对这类土地特别是重金属污染土地一方面需要特别地划出来治理或停止种植粮食作物，另一方面，种植某些特殊的植物可能起到改善环境的作用。例如，种植苜蓿可能降低土壤的盐分，目前发现大约有400种植物可以用来清除农田中的重金属污染，美国佛罗里达州的科学家用一种羊齿植物很有效地将重金属砷从土壤中吸走。此外，利用清水灌溉或冲洗，也有望降低土壤中盐分和重金属的含量。

在前面的讨论中我们反复地提到了土地类型。土地类型的划分是对土地土壤特性、生态系统特性和经济利用的综合分析结果。将土地按一定的评价标准划分成不同的类型进行保护和利用，是土地管理的基本方法。为了划分土地类型，首先需要对土地开展评价，这些评价包括估计土地潜在农业生产率的土地潜力评价，估计土地物理学、化学、生态学和工程性能的土地适应性评价，估计土地经济性质的土地经济评价。关于土地评价的理论与技术方法可参见倪绍祥（1992）的《土地类型与土地评价》。在2010年国土资源部发布的《县级土地利用总体规划编制规程》中，土地类型被划分为3个等级体系，第一级分为农用地、建设用地、其他土地三类，第二级共10个类型，如表4.1.3所示。

表4.1.3　土地类型

二级类型	三级类型
耕地	水田、水浇地、旱地、菜地
园地	种植以采集果、叶、根茎等为主的集约经营的多年生木本和草本作物的土地
林地	生长乔木、竹类、灌木、沿海红树林的土地
牧草地	生长草本植物为主，用于畜牧业的土地
其他农用地	设施农用地、农村道路、坑塘水面、农田水利用地、田坎
城乡建设用地	城镇用地、农村居民点用地、采矿用地、其他独立建设用地
交通水利用地	铁路用地、公路用地、管道运输用地、民用机场用地、港口码头用地、水库水面等
其他建设用地	风景名胜设施用地、特殊用地、盐田
水域	河流水面、湖泊水面、滩涂
自然保留地	冰川与永久积雪、沼泽地、荒草地、盐碱地、裸地、高原荒漠等

资料来源：根据《县级土地利用总体规划编制规程》整理简化。

值得注意的是，在实践中我们发现，按统一标准划分的土地类型有时不完全适用。我们在云南路南彝族自治县（简称路南县[①]）开展土地规划时发现，《县级土地利用总体规划编制规程》规定旅游用地划归建筑用地，路南县包括国家级风景区石林。石林如果划入建筑用地，路南县的建筑用地面积很大，大大超过国家规定指标。如果把旅游用地另作一类，我们无法与国家土地管理局的统计口径一致，这个问题增加了土地管理的复杂性。我们最后的做法是按自然性质把旅游区分别划分为荒山、水域和林地。新产生的问题是旅游区缺少统一管理政策。我们只好在相应的类型上标注为旅游用地型，提出特殊政策。

为了完善土地管理，对于农田，国家从1999年开始实施基本农田保护制度。国家规定，“省、自治区、直辖市划定的基本农田应当占本行政区域内耕地总面积的80%以上”，并且规定四类耕地应划入基本农田保护区进行严格管理，分别是：①经国务院有关主管部门或者县级以上地方人民政府批准确定的粮、棉、油生产基地内的耕地；②有良好的水利与水土保持设施的耕地，正在实施改造计划以及可以改造的中、低产田；③蔬菜生产基地；④农业科研、教学试验田。同时，2008年中共十七届三中全会还提出了“永久基本农田”的概念，体现了高度重视保护农田的态度。

3. 大气污染及其控制

大气是第三种主要的污染对象，大气污染物可分为气态的和颗粒状的两种。大气污染物分一次污染物和二次污染物两种。一次污染物是直接排放到大气中的污染物；由两种或更多种一次污染物相互作用，或与正常大气组分相互作用在大气中生成的污染物为二次污染物。

大气中主要的气态污染物有二氧化硫（SO_2）、氮氧化物（NO_x）、臭氧（O_3）、一氧化碳（CO）、非甲烷总烃（NMHC）。颗粒状污染物主要有粉尘、气态污染的凝结或凝聚颗粒。表4.1.4列出了主要污染物的特性。

① 1998年路南彝族自治县更名为石林彝族自治县（简称石林县）。

表 4.1.4　主要污染物的特性

污染物	来源	性质
SO_2	含硫燃料的燃烧，主要产生含硫量的煤	硫可形成若干种氧化物，但作为气态大气污染物，只有SO_2和主要通过SO_2氧化产生的硫酸盐具有一些重要意义。SO_2是一种具有辛辣、刺激气味的无色气体。当它在含水气溶胶中时，更容易被大气中的氧所氧化。SO_2是主要的肺刺激物之一。大气中SO_2的主要汇机制是降水和干沉降。降水产生酸雨，酸雨的主要成分是亚硫酸，酸雨对植物、建筑物表面有危害。大气硫酸盐也作为固体颗粒物
NO_x	生物作用或燃烧生成NO，NO在大气中氧化生成NO_2	NO_2是一种带有辛辣、刺激气味的红棕色气体，是令人厌恶的污染之一。它本身具有刺激性和腐蚀性，但更为重要的是，它通过吸收阳光得到能量，生成氧化氮和原子氧
O_3	大气污染物经过化学过程生成	对眼睛和呼吸道黏膜有刺激感。人们仍未彻底弄清臭氧对肺功能的影响。一般说来，浓度高于1×10^{-6}的臭氧会使肺深处的气管变窄，从而导致窒息。浓度小于0.2×10^{-6}的臭氧所产生的长期影响尚不清楚
CO	化石燃料不完全燃烧，汽车是最大污染源	是一种稍轻于空气的无色、无味气体。因为CO与血红蛋白牢固结合，从而降低血液往细胞组织输氧的能力，所以它是一种危险的窒息剂
NMHC	来源复杂	虽然已确认了60多种烃，但总烃的可能存在量非常大，只是被所用分析方法的灵敏率和选择性所限制。这些化合物分为四大功能类型：烷烃、烯烃、快乐烃和芳香烃。气态烃本身的毒性较小，但由于它们在有阳光和氮氧化物的情况下具有光化学活性，此时，它们反应生成光氧化剂，其中最主要的是臭氧，所以它们是重要的。它们还被认为是致癌物。但尚需弄清楚所知浓度与癌症病例之间的关联甲烷的光化学活性很低。因此，常常分别测定甲烷和非甲烷烃以获得烃浓度
颗粒物	粉尘排放或气态污染凝结、凝聚	就广义来说，颗粒物这一术语应用于粒径级下限为10^{-3}纳米和上限为100纳米的颗粒物。细颗粒的大气滞留时间为几天，而粗颗粒的滞留时间只是几小时，因为它们容易被降雨和沉降所去除。细颗粒是通过气态大气污染物的凝聚和凝结形成的，而粗颗粒则是通过力学过程产生的。细颗粒能穿透上呼吸道，这会产生严重有害健康的影响。在细粒物中，空气动力学当量直径小于等于10纳米的被称为PM_{10}，小于等于2.5纳米的被称为$PM_{2.5}$，对人体危害依次增大，是防范的重点

大气污染物对天气、气象条件影响大。污染物在大气中“随风而飘”，随大气运动而运动，一般情况下扩散快、污染范围广，但是在碰到稳定的大气条件时，如逆温层，会出现长期笼罩在一个地方的情况。在气候、天气、气象的驱动下大气污染往往出现各种周期性。受气象干扰，如风力变化，污

染物时浓时稀，降水使颗粒状污染物减少。一天的天气变化，一年的气候过程也与污染物的周期活动有关。不过年周期、月周期特别是周周期，更多地受到人类活动的影响。周末，车流量增多，CO污染也增多；冬天，容易形成逆温层，大气污染会变得严重。大气污染除涉及区域的地形、气候等自然条件外，还与产业结构、能源结构、交通管理、人口规模等社会和经济以及管理方面的因素息息相关，这点从京津冀地区曾频发的雾霾现象就可以看出。碳基工业排放、交通运输等是大气污染的主要来源，生活污染源也是不容忽视的。大气环境治理的主要问题一是产业结构在短期内难以调整，二是污染监测体系还不完善，特别是对移动污染源，更难以监督管理。技术上对大气污染的控制或管理，除了主要依靠控制污染源外，重点放在对大气环境的监测和预报方向上。为了监测，常用的技术是建立污染物监测网；为了预报，数学模型被广泛地采用。20世纪60年代以来，人们重视对大气污染物的观察，然后通过数字传输，把各种数据汇集到计算中心，与原有的地理信息系统（GIS）技术结合，模拟计算，开展预报评估，是一种发展趋向。

向大气释放CO_2，不属于大气污染；但是如我们所知，大气中CO_2含量的增加，带来了全球气候变暖。这可能引起土地沙漠化、海平面上升、生物栖息地破坏等环境问题。因此防止全球变暖是当前最大的环境挑战。

4. 噪声与废弃物管理

噪声指不为人们所需要的、令人生厌的甚至有害的声音。欧洲环境署的报告《2014欧洲噪声》证实，噪声已成为对人类健康造成威胁的第二大环境危害，仅次于大气污染。声音强度的单位叫分贝，分贝越高，噪声越强。控制噪声的办法是减少声音的强度，例如闹市区禁止鸣喇叭，是一种有效的行政措施。医学上发现人每天处于不超过80分贝的环境中8小时以内是安全的。超过80分贝的环境对人有危害，所以噪声强度控制在80分贝以下是环境管理的起码要求。但是在某些特殊环境，如歌剧院，噪声要求控制在20分贝以下，这是很静的。噪声主要源于工业生产、建筑施工、交通运输和社会生活中，妨碍了人们的工作、学习、生活和其他正常活动。毫无疑问，对噪声进行源头控制是最行之有效的方式，对噪声制造者的直接控制具有显著的效果。其次，噪声传播路径和接收端的控制可以优化区域的声环境，降低受噪声影响的人数和程度，声屏障等隔音技术很好地阻止了直达声的传播。

人们在生产、消费和休闲活动中抛弃的自己以为无用或有害的东西叫作废弃物。这个定义告诉我们废弃物包含多种来源。这就使废弃物的管理复杂化。如何管理废弃物呢？20世纪70年代初，笔者还是个知识青年，与农民一起将稻草切割成马饲料，把玉米秆烧成灰拌到粪里面，或者把各种秸秆放在粪池中沤烂成为肥料，而秸秆烧成灰的过程也就是我们做饭的过程。当时笔者作为一名农民，每次下地总是将胶鞋脱了放在田埂上，因为下地干活，鞋容易坏。这种农作文化方式揭示了废弃物管理的基本特点：第一，防止废弃物产生（如保护鞋），对废弃物分类处理（稻草与玉米秆分开），对废弃物再利用（稻草作为马饲料，当然还加入蚕豆等），让废弃物参与再循环（作为肥料），废弃物中能量利用（秸秆做燃料）。理论上，废弃物管理的技术原则包括废弃物预防、废弃物利用、废弃物中物料再循环、废弃物中能量利用、废弃物安全处理。由于现代生产产生的废弃物比传统农业生产模式产生的废弃物复杂得多，因此废弃物管理的技术环节也比笔者举出的秸秆例子复杂得多。现在废弃物污染不能仅靠消费节约控制（如不穿鞋），清洁生产是废弃物预防的主要措施，而把废弃物作为资源、能源参与再循环过程是发展的潮流。发展资源再生产业，很可能带来区域经济的增长。在赖斯等（1996）的书中，有较多的关于上述原则具体实施的讨论。

在前面介绍的原则中，忽视了两个技术环节：废弃物的分类、废弃物的多样化的最终处理。将废弃物按物理、化学性质分类，有助于废弃物的再生或安全处理。目前，有许多国家已经要求居民将废弃物分类投放，我国关于生活垃圾分类的实践也进入了发展的快车道，2019 年九部门联合印发的《关于在全国地级及以上城市全面开展生活垃圾分类工作的通知》中提出，2025 年，全国地级及以上城市基本建成生活垃圾分类处理系统。废弃物的多样化的最终处理已经是一种技术潮流。对不能再循环利用的废弃物，需要根据它们各自的不同性质进行分别处理，如有些废弃物可以深埋，有些可以稀释分散。这需要专业的研究。

对于噪声、废弃物的环境管理，有一个共同的预防原则，这是技术上的。在管理上，越来越多的人强调立法。它的主要内容包括建立行政管理机构和通过经济及财政手段控制。关于这个问题，我们在第4.1.3节中讨论。

4.1.3 环境管理的经济手段

在区域管理中，需要技术手段，但是作为管理，经济手段也起着重要作用。实际上常见的收取排泄费、环境税等就是环境管理的手段。把自然资源的消耗纳入国民经济体系，也是环境管理的手段。为什么环境管理需要经济手段，什么样的手段适合于环境管理呢？这就需要从环境经济学角度认识问题。

1. 环境的价值评估和自然资源核算

“绿水青山就是金山银山”的生态文明理念，指出了生态环境不仅为人类提供生态产品与服务，同时其生态价值还可以转化为经济价值造福人类。环境的第一个经济学特性是有价值。现代经济学认为，稀缺性赋予商品或劳务以价值，换言之，当某种东西不是充足到了任何人都可以自由地享用它时，则被认为是稀缺的，因而有价值。我们常说空气没有价值，但是当我们清晨想到市郊公园里去呼吸一下清新的空气时，我们必须向公园付门票。这里，清新的空气不是到处都有的，所以它具有稀缺性。这里我们还看到环境的价值是由人类工业进步“创造”的，在古代农业社会中，没有污染，到处都有清新的空气，公园或者花园是以它的花径曲溪、亭台楼阁吸引人的。壮丽的日出、春天的景色也作为环境表现出价值。这种价值往往不像商品，在交易中表现出来，它们往往在失去时才强烈地表现出来。这主要是由环境的市场失效造成的。因此环境的价值评估是困难的。

环境不仅有稀缺性，更重要的是它们有使用价值。当环境以资源形式表现出来时，它有直接的使用价值，如森林、土地、河流都可以资源形式表现出来。Costanza 等（1997）认为，自然资本既包括树木、矿产、生态系统、大气等有形的资本，也包括各种无形的资本，为人类提供直接和间接的财富，是全球总经济价值的一部分，如森林通过水土保持表现出间接的使用价值。环境的经济价值也包括非使用价值，如或者因为道德，或者因为它的潜在使用价值，我们在管理上也认为它有经济价值。表4.1.5是经济合作与发展组织对环境经济价值推荐的评价分类。表4.1.5表明，随着从直接使用价值到间接使用价值甚至非使用价值的过渡，对个人来说，价值的有形性减少，因此，这种资源容易引起破坏。对于濒临灭绝的物种来说，其稀缺性到达了极端，以致在市场中产生了极高的价格，但是这时价格与价值是分离的。价格也会由人们对稀缺物的偏听偏信所决定，例如人们对穿山甲鳞片在疏通功效方面的误读，刺激了对环境和生物多样性的破坏。控制这类对环境的破坏，不仅需要经济手段，还需要道德手段。

表4.1.5　环境资产的经济价值分类

使用价值			非使用价值	
直接使用价值	间接使用价值	选择价值	遗传价值	存在价值
可直接消费的产品	功能效益	将来的直接和间接使用价值	为后代保留的价值和非使用价值的价值	认识到继续存在的价值，例如基于道德观念
食物、生物质、娱乐、健康	生态功能、防洪、风暴防护	生物多样性、保护生境	生境、不可逆转的改变	生境、濒危物种

资料来源：经济合作与发展组织（1996a），略有改动。

当然，环境还有很多的隐性价值，例如生态系统调节服务和文化服务价值，这里我们不再详述。鉴于环境的经济价值特性，为了恰当地管理环境，我们首先需要对环境做出经济损失或者价值评估。由于在环境问题上，市场失效，环境的价值不通过市场生成，需要发展某些技术。经济合作与发展组织将环境价值评估方法分为三类：①市场影响估值法；②权变估值法；③偏好替代法。

市场影响估值法不是直接从环境或某种资源形式的市场交易来估值的，而是由环境变化对物品和劳动价值的影响来估值的。在有些情况下，某些环境变化对市场上的商品与劳务并不产生影响，这时市场影响估值法失效。例如，修建一个海滨旅馆，旅馆可能破坏了自然景观和生物生境，但它的市场影响是无法计算的。这时代之而起的是权变估值法。权变估值法就是通过人们表达的偏好来评估环境变化的价值，通常包括采访、问卷调查和提问三种方式。由于是调查方式，权变估值法涉及如何抽样、如何调查内容等问题，这时调查者的价值观可能会影响客观性。第三种环境价值评估方法是偏好替代法，就是以折算的反映消费者喜好和偏好的成本来衡量市场价值，包括旅行费用法、规避行为和保护费用法以及享乐价格法。各种环境估值的技术细节可见经济合作与发展组织的相关文件（经济合作与发展组织，1996a）。

环境的价值评估和自然资源核算的主要管理学目的是把环境的损失和自然资源的耗费纳入国民经济体系，也就是说，人们试图通过在国民经济统计中计入环境的损失，从而对经济发展、对人类福利的改进做出真实的估计。1993 年联合国统计司（UNSD）、世界银行等组织编制的《1993 年国民核算手册：综合环境和经济核算》（SEEA-1993），就尝试将自然资源与环境纳入国民经济体系。我们习惯上用于评估发展的获得 GNP 需要扣除环境损失，这种扣除了环境损失的 GNP 通常称作绿色 GNP。然而真正的核算工作是复杂的，因为对环境估值的不同方法可能得到不同的环境或资源损失值。权变估值法往往没有稳定性，扣除环境损失不是可以简单完成的。针对这种情况，一种简便的方法是用环境保护产业的 GNP 来推算 GNP。因为环保产业仅仅是保住了而不是增加了人类的福利，所以原始的 GNP 中似乎应该扣除环保产业的总产值，这样剩下的值才真正反映了社会福利的增加。但这又带来了一个问题，如果一个区域取消环保产业，则环保产业的总产值为零，这样扣除环保产业的总产值，可比发展了环保产业的同水平区域经济体系的 GNP 高，然而没有环保产业，人类的福利下降得或者至少增长得不那么快。如何把环境及自然资源的消耗纳入国民经济体系，是一个没有解决的科学前沿问题，现在有一些技术方案但是难以实施。对区域管理者来说，重要的是知道仅仅观察 GNP 数值是不清楚自己的区域发展到什么水平上的。此外，尽管环境耗损的估值是不完善的，但是它至少告诉我们，经济增长的同时还给我们带来了多大的负效应，这种负效应的恶果也许到我们年老时会品尝到，也许今天它已经开始伤害我们。

对自然资源核算的研究方兴未艾，核算方法也有不同，核算结果也缺少可比性。当前，对核算更重视将自然资源资产作为经济和社会文化发展的要素分析其实现的价值，即对生态系统生产总值（gross ecosystem product，GEP）的核算。近几年，我国已积极开展了生态产品价值实现与转化方面的探索，用来分析与评价生态系统为人类福祉和经济社会发展提供的最终产品与服务及其经济价值。例如，深圳市在建立生态产品价值核算机制、开展生态产品价值考核与应用方面探索早、经验多，提出了 GDP 与 GEP 双核算、双提升的机制，核算的一级指标为物质供给服务、调节服务和文化服务。

2. 环境管理中的财政手段

尽管在国民经济核算中难以评价环境问题的影响，但是管理学上都可以采用财政手段来调控发展与环境的冲突。常用的财政手段包括环境收费和税收、许可证交易和押金，以及因为环境问题对产业的补贴，不过补贴政策往往引起政策失效，从而被经常地“排挤”出环境经济手段的行列。

环境收费模式包括五种类型：第一种是排污收费模式。排污收费是指对排入大气、水或土壤的污染物、释放噪声等情况，实施按标准收费。收费标准可由对排放种类和数量产生的环境损失做环境估价计算确定，或者根据厂家设备改造以消除这种污染所需投资进行加计扣除，后者的优点是鼓励企业实施工艺或产品改造，以减少污染，但是并非所有的污染均可采用后者。这种收费制度从纯经济发展角度可能加重企业负担，抑制经济增长，所以在我国普遍出现为了区域经济增长，地方政府降低收费标准的情况。这样做的可能后果是留下日益严重的环境问题。

环境管理财政手段中对排污收费的要求

（经济合作与发展组织，1996a，1996b）

定义：根据污染物的数量和质量，对排入大气、水或土壤中的污染物收费。

具体目的和优点：

（1）节省执行费用。

（2）有潜在的刺激作用。

（3）筹集资金。

（4）具有灵活性。

适用场合或条件：

（1）主要是固定污染源。

（2）污染者之间的边际削减费用存在差异。

（3）监测排放的可行性和合理的费用。

（4）污染者减少排放并改变其行为潜力。

（5）技术革新的潜力。

适用的问题和环境领域：

（1）水——高收费率（实例：法国、德国和荷兰的地表水收费）。

（2）大气——中收费率，因监测有困难（实例：瑞典对氧化剂排入收费）。

（3）废弃物——低收费率，因废弃物流的复杂性，只有对固定源、使用者收费是最适合的（实例：美国对有害废弃物征税，对饲料收费；荷兰对过剩肥料收费）。

（4）噪声——飞机高收费率，其他交通工具低收费率（实例：荷兰和瑞士对飞机噪声收费）。

问题：基于所有有关污染物的详细收费情况很复杂，管理费用高。

（1）分配作用需加仔细评估。

（2）分配收入时，则需要一致的分配制度。

第二种是使用者收费模式，即向集中处理污染物的环保部门支付集体联合或公共部门处理污染物的费用。这种方法使得污染集中治理从而减少治理成本。此种模式只向那些与公共部门有关的当事者收费，即向排污者收费，与排污收费不同的是，前者根据排污量的环境损失估价确定，后者基于“你使用了环境”，是一种“谁受益谁付费”的环境补偿模式，按照环境保护的需要的总费用向排污量分摊，或者根据治理成本分摊。

环境管理财政手段中对使用者收费的要求

（经济合作与发展组织，1996a，1996b）

定义：公共设施的用户或公共产品的消费者，为环境产品、服务或因使用而可能产生的损害付费。

具体目的和优点：

（1）公平面向环境受益人。

（2）提高消费者对使用资源的认识。

（3）有利于环境维护和生态修复。

适用场合或条件：

（1）人类共同关心的自然资产。

（2）具有公共性。

（3）具有共享性。

适用的问题和环境领域：

（1）雨林、森林（实例：在OECD国家，为亚马孙地区森林的提供维护费用）。

（2）国家公园（实例：向国家公园的游客收费，公园的不同用途产生不同的费用，收费确保使用成本由使用公共物品的人承担）。

问题：需求量的预测和定价机制存在困难。

第三种是产品收费模式，其适合于不能直接向排污者收费的场合，例如对汽车收排污费，因为汽车燃料燃烧的排污不是汽车制造厂产生的。它应用于那些生产过程排污结束、污染行为没有结束，因此对那些产品（再）加工、消费、处理过程会造成危害的产品征收费用。根据国外的经验，产品收费被广泛地用于对燃料、溶剂、化肥、杀虫剂、清洁剂的收费，对皮大衣的高附加税，性质上也属于这一类。产品收费通常以环境税的形式出现。

环境管理财政手段中对产品收费的要求

（经济合作与发展组织，1996a，1996b）

定义：向生产、消费或处置过程中对环境构成危害的产品收费。

具体目的和优点：

（1）减少有关产品使用和/或倡导使用替代产品。

（2）刺激作用。

（3）筹集资金。

（4）在某些情况下，可作为排污收费的有效替代方法。

（5）可用于分散的和移动的污染源，有潜在的刺激作用。

（6）实施简便。

（7）具有灵活性。

适用场合或条件：

（1）大量使用的产品。

（2）易于鉴别的产品。

（3）有很高的需求弹性。

（4）有替代可能性。

（5）有控制分散源的需要。

（6）有使用现有管理和财税渠道的可能性。

适用的问题和环境领域：

（1）水——中收费率，因产品容易污染地表水和地下水（实例：挪威和瑞典对化肥和杀虫剂收费；芬兰和德国对润滑油收费）。

（2）大气——高收费率，尤其是燃料（实例：法国对燃料中的硫含量收费；芬兰和瑞典对机动车燃料收费；法国、德国、挪威和英国等向含铅汽油征收不同的费用）。

（3）废弃物——高收费率，对需再循环或安全处置的产品而言（实例：芬兰对不可回收的饮料容器收费；意大利对塑料袋收费；法国、德国等对润滑油收费）。

（4）噪声——中收费率，机动车根据噪声排放的程度而定（实例：无）。

问题：不适用于剧毒产品（剧毒产品应禁止为佳）。

（1）需求弹性小，某些产品的替代可能性小（如汽油）。

（2）对贸易和竞争有影响。

（3）可能出现管理问题。

第四种是可交易许可证模式，其是一种带有积极色彩的管理方法，属于激励性调控。实际上是向企业分配环境（污染）的限制额，而制定发放排污许可证。这种许可证或配额可以按照一定的规则交易。这种交易机制使得环境行为从外部不经济转变到内部经济，有助于鼓励企业尽可能地减少排污量从而获得转让、出租配额的利益。对交易制的批评主要是它与公平原则相抵。最初污染重的企业如果不给较大的定额，它难以发展，这样不公平。然而它获得配额后向外转让获得利益，在这个过程中，它把公共财富环境变为企业的资产，也是不公平的。在我国，许可证交易制目前很少采用。笔者认为，它适合于污染严重的乡镇企业林立的地区。

环境管理财政手段中对可交易许可证制度的要求

（经济合作与发展组织，1996a，1996b）

定义：按有关权力机构在排放水平方面最初分配的环境定额、许可排放量或最高限值，根据事先制定的一系列规则进行交易。

具体目的和优点：

（1）节约执行费用。

（2）指定区域经济、工业增长和环境保护之间的协调。

（3）灵活性。

适用场合或条件：

（1）管制目标群之间存在不同的边际执行费用。

（2）环境污染物的最大浓度已固定和/或达到。

（3）所涉及的污染源数目很大，足以建立一个功能完备的市场。

（4）更易使用固定污染源。

（5）有技术革新潜力。

（6）环境影响与污染源分布无关。

（7）环境影响与污染物释放时间关系不密切。

（8）有详细的、实际的执行计划，而且费用不太高。

适用的问题和环境领域：

（1）水——低收费率，因为污染物排放的环境影响在很大程度上取决于污染源的分布和一年中排入的期限（实例：在美国有若干例子）。

（2）大气——高收费率（实例：美国的泡泡政策和补偿计划，含铅汽油，容器表面涂层设备）。

（3）废弃物——低收费率，因为环境影响在很大程度上取决于废弃物的分布（实例：美国环境保护署的铅交易计划）。

（4）噪声——低收费率，因为噪声影响取决于排放源分布，可以设想对飞机试用该手段（实例：无）。

问题：对一种以上污染物同时应用，作用有限，除非有一些“当时指标”。

（1）如果排放作用取决于排放源的分布地点，尤其是涉及有毒物时，可能会给当地的环境带来负影响。

（2）许可证/许可量的最初分配需经仔细考虑，并认真执行。

（3）最初的目标需加以明确。

（4）需给交易的地理范围做出认真的规定。

（5）执行和实施的规则及其步骤可能很复杂。

（6）交易费很高。

第五种是押金退款制度，押金退款制度规定对可能的污染产品先支付押金，押金根据污染与否及其污染程度，全部或部分退还。这种手段应用在饮料瓶、废电池等固体废弃物的回收利用上是行之有效的，欧盟国家长期应用此制度。我国长期对饮料包装等可二次利用的废弃物采用了废物回收押金方法，对电子商务、快递、外卖等大量产生包装废弃物的企业没有做生产者延伸的制度创新，从而使押金退款制度还限制在较小范围内。

环境管理财政手段中对押金退款制度的要求

（经济合作与发展组织，1996a，1996b）

定义：对可能会引起污染的产品征收押金（收费），当产品回到储存、处理或循环利用地点时，退还押金。

具体目的和优点：

（1）引导对产品的安全处置、再使用或再循环。

（2）有效地减少废弃物流量。

（3）具有灵活性。

（4）若适合现行的分配制度，则应用简便。

适用场合或条件：

（1）处置中能引起严重环境问题时。

（2）循环利用可行和有利可图（指再循环材料的市场）时。

（3）生产者、零售商和使用者之间进行使用。

（4）管理费用低。

> 适用的问题和环境领域：
>
> （1）水——低收费率，可应用于水污染物（如杀虫剂）的容器或产品（如汞和电池中的镉）（实例：无，但有几个国家正在试验对电池采用此制度）。
>
> （2）大气——中收费率，对含大气污染物的产品（如冰箱中的氯氟化碳）或燃烧时污染大气的容器（如塑料制品）而言（实例：无，但正试验对塑料容器采取此制度）。
>
> （3）废弃物——高收费率（实例：挪威和瑞典对车身采用此制度，许多国家对塑料容器采用此制度）。
>
> （4）噪声——无
>
> 问题：可能不宜采纳分配制度。
>
> （1）押金与产品或废弃物价格之间的平衡。
>
> （2）逃避（非法倾倒）的风险。
>
> （3）可能的交易影响。

除了上述五种模式外，近年来，由于CO_2、CH_4增加引起全球环境变化的压力增加，国际上提出对温室气体排放实行“排放补偿”制度，要求各国承担相应的义务。这可以看作是国际社会的一种环境管理模式。我国也在试验征收碳排放税，这种模式对多区域环境管理也是有意义的，这种跨行政区域的监督、执法和协调需要区域联防联控机制。一个流域之内，上游地区的企业倾向向河流排污，由于受污染的是下游地区，上游地方政府对上游企业的污染管理往往是消极的。采取这种排放补偿制度，有助于协调上下游的环境管理。同样适用的还有京津冀的大气污染防治问题。

4.2 环境规划

4.2.1 什么是环境规划

计划是管理的基本内容，计划的英文单词为planing，在环境学领域一般译作规划，环境规划，就是环境的计划。那么什么是环境规划呢？原国家环境保护总局计划司对环境规划的定义是："环境规划是人类为使环境与经济社会协调发展而对自身活动和环境所做的时间和空间的合理安排。环境规划的目的在于调控人类自身的活动，减少污染，从而保护人类生存、经济和社会持续稳定发展所依赖的基础——环境。"（国家环保局计划司《环境规划指南》编写组，1994）实际上环境规划要与国家的环境建设、经济建设、社会建设同步规划，同步实施，要与区域的其他专业规划相互衔接，在这样的原则下提出相应的工程和政府措施。

环境规划通常是一个复杂的过程，较之企业的生产规划，环境规划具有明显的科研性质。在企业生产过程中，产品是规范的，如电视机彩管，形态功能一致，所以可以有全球统一的标准，或者国家、地方、行业自己的标准。环境则不然，各地区环境各有特点，如江南的"春水碧于天，画船听雨眠"和塞北的"大漠孤烟直，长河落日圆"。相应地，不同景象因为有不同的降水、植被、气象条件，所以，它们反映的环境容量也是不同的。环境规划需要立足于对地方环境的研究，一般管理学中说"预测是计划的基础"，环境研究包括环境变化的预测和压迫环境变化的人口经济过程的预测，因为它们是环境规划的基础。认清这一点，对一个区域管理者来说是重要的。

环境规划的复杂性不仅表现在它以研究为基础，而且更重要的是环境规划是分层次的，技术上环境规划可分为环境总体规划和详细规划。总体规划是关于环境的基本目标、基本项目和环境政策。详细规划则是关于具体环境项目的计划。区域管理者关心的是总体规划。图 4.2.1 是原国家环境保护总局计划司推荐的环境总体规划程序。

从管理学上讲，环境规划又可分成几个层次。通常在总体规划下，还有带有工程色彩的详细规划，这些规划往往是整体性的，如土地规划、森林规划。区域管理者需要关心的不仅是一个区域的总体规划，而且关心资源性的森林规划、生态系统性的流域规划和产业性的旅游区规划。由于人类与环境的相互作用最集中地体现在城市中，所以城市环境规划问题往往是区域环境规划的主要部分。

环境总体规划一般包括三项内容，即环境规划、环境功能区划分和环境指标特定。环境规划，通常建立在环境研究与经济过程分析预测基础上，讨论这些预测技术，需要专业性的知识，这超出了本书的范围。图 4.2.1 是我国原国家环境保护总局计划司规定的环境总体规划程序。在区域的环境管理中实行环境功能区划分，是一项基本的工作。环境功能区划分就是将区域内不用地方划分为承担不同环境功能的区。例如，我们可以把一个地方的工业区划为污染源区（一种负的功能），在污染源区附近建设林带，以减少大气污染。这个林带是一个减少污染的功能区。在当地的山区，退耕还林，作为水土保养区，发挥水土保持的功能。在河的上游地带区，搬走一切有水污染的工厂，同时封山育林，建立水源保护区。总之，环境功能区划分是必要的，需要在环境研究中确定。环境指标是环境目标的具体内容，它以环境的要求特征和数字量表达，显然功能区的指标是不一样的。1999 年，原国家环境保护总局提出“一控双达标”的环境保护方针。“一控”就是总量控制，“双达标”是指区域环境质量指标达标、区域环境功能区达标。表 4.2.1～表 4.2.3 是周尚意、姜安源等对陆良县完成的环境总体规划所特定的环境指标和总量控制方案。它们具体地反映了“一控双达标”的环境保护方针。

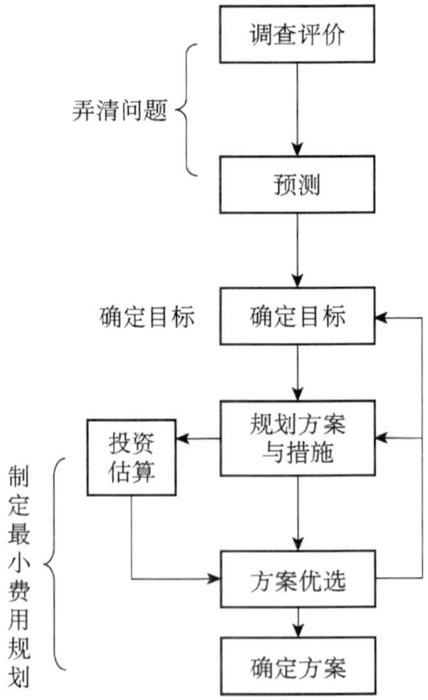

图 4.2.1　环境总体规划程序（国家环保局计划司《环境规划指南》编写组，1994）

显然，指标和总量控制目标值的选取不是任意的，它是在环境研究的基础上结合经济目标和环境指标选取的。在环境规划的准则方面，问题的关键在于指标的制定和组织的落实。

表 4.2.1 南盘江陆良段水环境功能区划分

区段名称	水体现状功能	水质要求	现状水质	水体将来功能	水质要求
响水坝—陆良西桥	工业用水、排洪	Ⅳ类	Ⅴ类	工业用水、排洪	Ⅲ类
西桥—天生桥	工业用水、排洪	Ⅴ类	＞Ⅴ类	工业用水、排洪	Ⅳ类

表 4.2.2 南盘江陆良段主要水质参数水质目标 （单位：毫克/升）

河段	水域功能要求	污染指标	规划一期		规划二期	
			枯水期	丰水期	枯水期	丰水期
响水坝—陆良西桥	Ⅳ类	NH_3	0.2	0.02	0.02	0.02
		COD_{cr}	20	15	15	15
		BOD_5	6	4	4	4
西桥—天生桥	Ⅴ类	NH_3	0.2	0.2	0.2	0.2
		COD_{cr}	25	20	20	20
		BOD_5	10	6	6	6

表 4.2.3 总量控制目标分配初定 （单位：千克/天）

控制单元	分配单位	污染因子	2000 年		2010 年	
			排污量	总量分配	排污量	总量分配
陆良县城	生活污染源	NH_3-N	576	205.8	1 530	1 870
		COD	6 942	392.7	22 201	1 480
		BOD	3 471	671.2	11 101	1 812
陆良县城	工业污染源	NH_3-N	512	182.9	512	625
		COD	29 400	1 663	29 400	626
		BOD	15 148.8	2 929.4	15 148.8	2 473.4

原国家环境保护总局计划司认为指标应该包括环境生态特征：①表征自然环境质量和生活环境质量的环境质量指标；②在考虑了环境容量、环境特性后，保证环境质量达标的污染物总量控制指标；③为达到污染物总量控制指标的环境规划措施和管理指标；④其他相关的经济指标、社会指标和生态

指标。这些指标包括城市规模、植物覆盖率、水资源开采量、人口出生率等。有人认为 GNP、水资源总量也包括在内（国家环保局计划司《环境规划指南》编写组，1994）。本书不同意这种看法，因为 GNP 不是环境规划所能确定的，水资源总量依赖于自然过程，不是可能规划出来的。在国家环境保护总局计划司（国家环保局计划司《环境规划指南》编写组，1994）编的《环境规划指南》（第 23～27 页）中，其指导性地给出了关于环境规划的指标与内容。

4.2.2 控制环境规划的技术原则

环境管理是一项技术性很强的工作，区域管理者需要从PRED协调角度控制它，这就需要一系列的控制用的技术原则。我们知道，任何一项工作都与一系列技术原则分不开。社会、政治和法律都有它的技术原则，环境管理在发展中也形成了它的标准和规范，这些规划不但可以帮助实现计划，也可以作为检验规划和评价环境、估价报告的基础，并为研究提供科学的方向。由此可见，技术原则是十分重要的。但目前这方面所做的工作并不多，这里介绍的是 Dorney（1989）推荐的。

必须指出的是，技术原则只是广义上的原则，并不适用于每一具体问题。工程的尺度、规划的时间和费用的多少以及客户的反应都影响细节的制定。但是明确的原则在实际工作中有利于报告用语的规范统一，有利于预算和时间的分配，这些规划同样有利于专业学校的学生、工程师、律师、建筑师等其他行业的人员理解环境规划与其他领域的关系。在这里，Dorney（1989）分三方面来叙述这些原则：一般规划原则、基于自然科学基础的原则和基于社会科学基础的原则。

1. 一般规划原则

（1）确定规划的属性（增值的、创造的、理性的、倡议的或激进的）。

（2）确定具体区域的环境目标，理解政府的有关政策，并以其指导规划，促进公众以及各机构间的联系。

（3）从对生态、自然资源、社会、经济和传统习俗等方面的影响来估价新技术。

（4）对项目做可行性分析。

（5）从环境影响的前景方面来评估新项目，并用精确的术语描述以下行为。

- 决定环境评估进程。
- 分析直接和间接的、积极和消极的、短期和长期的影响。
- 做出各时期的规划。
- 做出备选方案。
- 该项目在不受干扰下的发展趋势。
- 检查资产和资源总量。
- 做出复合地带的适应性评估标准。
- 确定受益和不受益的组织与团体。
- 确定项目各阶段的范围和尺度（人口迁移、建筑物拆迁、居住期间等）。
- 制定环境保护计划。

（6）处理偶然事故的计划并制定资源保护计划。

（7）在环境管理人员与工程师、建筑师合作期间，就建设、预算分配和人力分配制定出细则。

（8）选用有效的、低风险的和安全的计划（如处理化学废物的渗漏危险、运送危险化学物品的铁路线的计划及邻近学校和医院的危险）。

（9）定义区域资源的满意程度及非满意程度。

（10）对未来景观，从土地利用方案、基本设施建设和资源分配方案角度做出有弹性的或改变性的预见。

（11）专家、政治家和公众互相交换环境技术信息。

（12）对各种行动方案、规划和分区布局进行评估。

（13）项目细则应与政府的环境政策和已有的土地利用及资源管理政策相一致。

（14）必要时进行风险估计（包括失败的可能性和对人、生物的影响）。

（15）将所有的环境审计数据都考虑到项目设计中。

（16）在每一阶段都对计划实施情况做检查，包括资金节余和社会反响。

2. 基于自然科学基础的原则

（17）了解该区域历史上生态系统的情况，以便预示其发展趋向，并制定相关策略。

（18）将目前的资源情况制成系统的、详细的手册以做未来参考之用，如气候、地质、土壤、矿藏、水力、动植物、土地利用、考古、历史古迹和人文资源等，既可定性，也可定量，但务必要准确，并注明出处，以备查证。

（19）制定出适当的生态系统模型。

（20）建立必要的模型，如噪声、水循环、节能模型等。

（21）对有一定历史的生态系统进行阈值、时滞、弹性、吸收同化能力和限制的预见，这种预见以目前情况为基础，以项目的未来情形为目标。

（22）指出区域土地单元的自然发展进程，这些土地单元包括大小尺度的气度系统、地表地下水动力系统、地质化学循环、食物链结构等，并指出它们对人类和环境已有的或潜在的价值。

（23）理解人口动力系统（包括食物链中的有毒物质对多种压力的耐性和适应性及其作用结构）。

（24）指出环境中的标志性动植物。

（25）指出濒临灭绝的和稀有的物种。

（26）在尽可能小的土地单元上使人类和生物生活产生的污染朝地质化学循环发展，减少大范围的污染。

（27）为保护、提高土地的生物生产力，绘制相关地图，以更好地理解土地能力（或潜在的）、适应性（现实生产力）和可行性（市场、基本建设设施等）。

（28）制定计划保护不可更新的矿藏和能源。

（29）减少系统消耗，提高再循环或再利用、低耗能系统来调节生态系统的熵值。任何自然系统演化进程中的能量都是不同的，在变化速度快的系统中，需要高水平的熵，就像结构发生变化需要导入能量一样，也就像系统保持在稳定状态不需任何能量一样（笔者注：实际上生态系统的熵没有科学的度量方法，但是提高资源再循环与再利用是不可怀疑的）。

（30）标明具有考古意义和有历史古迹的地方。

（31）标明具有有毒化学物质、辐射性物质的地方，以及地质、水、气候等方面有危险的地方。

（32）指出对区域有保护功能的地区，如防止水土流失的林地。

（33）指出有下列作用的地方：重新建筑，重新安居，增值和娱乐。

（34）指出明显、重要的生态系统边际连接物，如水、营养物或能量的输入输出。

（35）指出敏感地区特殊的地质和生物特性。

（36）指出各种尺度下生态系统的稳定性-弹性-多样性之间的关系，并参考系统稳定、演化和耗散结构的范例。

（37）指出有关人类居住生活的各因素的情况，可用水、污水、食物供应、洁净空气和可为人利用的地方，如露营地、公园、海滩和湖泊。

（38）指出土地单元的大小和生物资源的关系，比如岛屿的面积大小及所处环境与其生物特点密切相关。

（39）指出对区域有益或有害的情况，如害虫种类、动物疫病、有毒废弃物、噪声、过敏性和有毒植物等。

（40）对已有生物情况建立一个数据库文件。

（41）设计一个不需特殊维护的未来景观系统。

（42）地图复制（比例尺为1∶250 000、1∶50 000、1∶10 000）。

（43）建立上述内容的地理信息系统（本条为笔者所加）。

3. 基于社会科学基础的原则

（44）理解土地利用、生产力以及资源再循环、再利用之间的文化连接环节。

（45）当最初被接受或拒绝的环境政策、规划和管理条例最终实施后，分析这个过程中社会和习俗以及个人的观念与理解力。

（46）制定改变个人价值观和理解力的策略，可用社会性或政治性语言来描述。

（47）制定针对社会各层次、影响对环境理解力的教育方针。

（48）指出任何与特殊地区特殊相关的价值，如满意价值、象征价值、历史考古价值和社会或个人的伦理价值。

另外，根据最近几年的可持续发展经验，笔者认为基于社会科学基础的原则还应该包括：

（49）发现环境冲击的生态经济代价，评估生态系统的损失。

（50）环境伦理评估，如气候变化中需要的公正、公平和正义原则。如讲到国际社会面对气候变化应有的选择时，一则著名的寓言故事常被用来描述这样相似的场景，在一条即将沉没的大船上，大家为了自救都应该放弃个人的部分行李，然而乘船的公众存在明显的贫富差距，富人有裘皮大衣和各种财宝，而穷人仅有一身单衣，让他们平等地扔去一套衣服是不可行的，因为穷人的单衣虽然价格低，但这是他唯一的财富乃至生存机会，从公平正义的角度出发，这时富人应该承担更多的责任。同理，全球按人均减少 CO_2 排放是不公正的，这违背伦理规则。

Dorney 的技术原则首先强调了环境保护与社会的协调。需要明确规划思想是激进的环境保护主义还是现实的保护措施。其次，他推行了生态系统稳定原则，可惜在实际工作中，关于生态系统的稳定，在含义上是含糊的且易导致多义。比如，研究稳定历史时期的农作物生态系统、以单一文化为基础的农业生态系统，大多数国家是不能维持现有人口密度的，因此它不是可以控制的稳定系统，现实的稳定生态系统不是恢复生态系统到历史水平，而是寻找一个相应现代生产水平的清洁的保持生物多样性的生态系统，局部生态恢复与否的标准是以生态系统是否稳定来取舍的。也就是说，稳定的生态系统在区域过程中是扮演保护和教育角色的。在生态系统稳定方面，环境的波动必然带来生态系统复杂的行为，稳定的规划需要抗击一定波动干扰。最后，Dorney 强调了文化的作用，一种文化可能是人类长期适应自然环境、与环境和谐的产物，不要去做试图改变当地文化的管理学或行政学行为。Dorney 介绍的一般规划原则与基于社会科学基础的原则将社会价值因素和传统习俗联系起来，超越了自然和历史资源本身，扩大了环境管理的范围。这种联系要求专家在制订计划之前试着了解区域和局地的文化背景。这种计划的考虑可明智地与局地的历史和期望相结合，并成功地实施下去，而且如果发展情况令人满意的话，就可用已适应的习俗、技术和财政机制来维持。

笔者在所负责的云南省路南县的土地利用总体规划的制定中，坚持在可持续发展的意义下，试图遵循上述技术原则，首先是各类资源的普查，了解全县经济、人口基本情况，再配合国家制定的土地规划细则，同时考虑到路南县少数民族地区的特殊情况和区域的财政支付能力、经济发展需要，做出了最后的规划。结果发现，即使部分地贯彻这些原则，对环境的研究是绝对必要的，对人口和经济发展的分析也是绝对必要的，因此，虽然云南的一些地方技术官员最初不理解，项目组还是先行完成了区域可持续发展分析。笔者的合作者吴必虎甚至提出更改县名和搬迁县城的建议，因为这样可能更利于发展旅游经济。这个建议超出了土地规划的范围，还需要充分论证，后来路南县的确更名为石林县了。

上述原则主要是针对区域的，而不是城市规划。对于城市的环境管理与规划来说，理解典型的城市生态系统有助于制定环境政策、确定分区布局和找到城市景观演化的动力。当然，对具体案例应做具体分析。关于城镇，如果采用区域规划的方式保护生物多样性，要维护自然生态系统复杂性、多样性、完备性、稳定性、多种类，需要满足较少的物质、能量输入等特性，但城镇仅仅依赖这样一个生态系统是不可能持续下去的。城镇系统需要投资、交流等，需要外界为它提供能源、粮食，保证它的专业化和职能化。因此规划只能用人和动物的健康、环境的清洁以及对区域的生态系统友好来度量。

4.2.3 环境规划的程序原理

任何一项好的规划都是依据一个较好的或同时参考几个规划程序框架而制定出来的，环境规范也不例外。环境管理存在以上描述的诸多模式，规划方法也存在多种形式。下面就几种环境规划的方法和步骤加以阐述，以说明环境规划作为一个管理手段是在不断发展的，向最好最优迈进。Dorney（1989）总结技术程序类型如下。

第一种方法是德国的Kraph环境规划程序，Kraph将环境规划分成以下六个步骤，即调查、分析、评价、政策、设计和执行，图4.2.1中描述的环境规划步骤和模式实际上采用了这些基本框架。Kraph的环境规划程序还专门细分出管理、环境影响、合同细则、环境监测、美学评价、改革、公众参与和交流，使Kraph的环境规划程序更为具体。

第二种方法是Hackett 1971年以新设施的开发为基础阐述了一种环境规划概念，他的规划步骤包括：从调查开始、分析过程到目标，有时它考虑包括了一个保护阶段的政策、管理和技术措施等诸步骤。

第三种方法是Kade方法，Kade于1972年提出的环境规划程序包括三个要素：对生态系统的全面分析、组织规划过程和目标确定。他的环境规划程序对系统资源制图缺乏足够的重视，也没有涉及数据合成和系统属性定义的方法。与其他规划程序相反，Kade将目标的确定放在整个程序的最后，这使他的方法看起来相当粗略，尽管他的著作也许没有将他的观点明确地表达出来。

第四种方法是McHarg于1966年提出的方法，这种方法把环境规划归纳为六个步骤：①列出生态清单（地质、气候、水资源、土壤、生物群落等）；②列出历史清单；③自然过程的描述；④限制因子的描述（不适宜土地、水资源缺乏、生长季节等的描述）；⑤相对价值的贡献率；⑥未来土地利用的适宜性因子和限制性因子的描述（土地承载力和适宜性）。McHarg的方法适用于城市和区域开发模式、开发新设施模式或者还有改造老设施模式。他的理论框架也同样回避了许多成功的环境规划所依赖的整个环境保护阶段。

无论何种方式，从管理学上看，规划工作的顺利进行，可以采用关键路线方法。关键路线方法是生产管理中的重要技术方法。所谓的关键路线，就是指在某一专门的生产或知识领域和完全不同的其他领域中从事工作，要对生产或研究的内容分清主次，从中筛选出重要因素，摒弃次要因素，做到去粗取精，然后建立起相应的时间研究关系。这实质上是一个按照特定的时间安排，完成相应研究工作的动态过程。其目的在于抓住主要方面，集中精力，保证按期完工，力求避免舍本逐末的行为而造成的不必要的损失。在环境规划中，缺乏经验的专家只知道泡在资料堆中，花费大量的时间和精力埋头整理和写作材料，其中不少付出纯属徒劳，也不利于后期的管理、监督、检查和执行。

现阶段，对待这些问题虽然仍旧依靠经验，但就避免信息烦琐和研究费用超支，也就是在规划的过程管理与控制上已达成一些共识。它可以通过以下几个方面来实现（Dorney，1989）。

（1）在工作的建议阶段，由首席顾问会同有关合作专家商讨委托工作的范围，以便包含工作所涉及的各个技术领域。这次讨论涉及的内容有：委托工作的范围是否适当，是否符合实际，需要注意细节的尺度，以及时间安排、自然现象的季节特征等问题，通过这些工作，可以精简建议、突出重点，为后续的工作奠定良好的基础，以免用主要精力做了不必要的工作，如四处张罗无关数据造成繁文缛节，影响建议的质量或者提出的建议不可落地。

（2）应让所有的专家了解群体的组织和决策结构，以便产生有效的联系，避免因工作机制不清产生矛盾和冲突。这一点是很重要的。采用什么样的结构适合这样的工作呢？如果采用等级层次结构，决策比较直接，能够符合时间尺度，但制定的方案往往缺乏创造性。非正式结构虽然克服了等级层次结构的缺点，方案更富有创造性，但是往往难以按期完工。权衡这两种结构的利与弊，可以设想采用一种集两者之大成于一身的复合型结构，以避免它们各自的不足。这种结构类似于一个车轮，领导者处于轮的核心，专家位于轮的边缘，专家之间也可以相互保持联系。这种结构既能使领导者有效控制，又留有创造性的余地，还避免了工作中的摩擦。

（3）如果吸收一个专家参加群体研究工作，尤其是这个专家从未与群体其他成员协调工作过，那么就需要使这个专家明白其在群体工作中的位置、其所承担的工作与整个研究工作的关系、工作时间安排的要求及与其他群体成员分散的工作如何保持衔接，等等。这样可以把群体的力量凝聚起来，避免了背对背的研究，为整合提供便利。

（4）为了按期完工，确保研究工作做到万无一失，在工作进程中应召开全体员工大会，领导小组在会上对所有专家的工作进行审议。审议允许专家出席旁听以便及时接收意见和建议，往往在此过程中会产生一些意外的新思想、新观点，为任务提供新思路。审议的结果可以为下一步工作梳理方向，也可以看出专家的工作是配合默契，还是存在分歧，还可以简化后续的报告撰写工作。值得注意的是，审议工作的开展需要高效而精准，不能给任务进程造成负担，所以审议频次需要认真控制。

（5）为了能撰写出高质量的报告，受聘起草报告书的专家不一定具备全面的专门技术知识，但他能与多方面保持联系，避免工作中的摩擦，担负着撰写一份高质量的总结报告的任务。

结合上述五个步骤，就可以把多学科的知识综合起来，高质量地完成环境工作；通过这个动态过程，可以了解人类活动随时间变化对环境产生的影响，明确生物生产潜力和景观性能，确定生物承受的阈值，并且提出合理的规划程序。

总之，通过关键路线方法，可以有效地节约时间，提高工作效率，避免人力、物力、财力浪费，便于将多学科知识有效地综合起来，按时并且高质量地完成环境工作。

4.3 建设可持续发展经济

4.3.1 发展中的环境保护

环境管理是把双刃剑，环境规划是一刃，环境保护是一刃。没有环境保护，环境规划成为所谓的“纸上画画，墙上挂挂”；没有环境规划，环境保护成了“没头的苍蝇——乱窜”。

因为行为水平不一样，涉及的自然景观与生态系统也处于不同层次，人类利用资源的发展活动也就产生了不同层次的环境保护的模式。

1. 区域发展中的环境保护

在区域发展中，通常是上级政府及其生态环境主管部门授权下级政府及其有关部门对自然-文化景观和生态系统进行较为宏观的规划与保护性管理，从而加快对该区域的投资和发展。通常，被授权部门除了需要总体规划外，还需要提出相应的环境工程，同时对发展中提出的项目组织环境审计和可能的影响提出前瞻性评估。在这项工作中，环境部门需要按国家最新的法令、法规和规划标准检测环境，提出必要的保护措施。在这里，规划一定要恰当，有科学根据，不然会出现保护与发展的严重冲突。笔者有一个亲身经历：云南省原路南县计划兴建两座水泥厂。项目即将投产前，上级部门发现这两座水泥厂位于早年上报的石林保护区范围内，便下令撤除项目。当笔者来到路南县时，一种意见认为撤除是不必要的，因为当年为了争得投资，旅游保护区划得大了。在这里，环境保护部门采用了果断的手段，这往往是必要的，两座水泥厂的价值当然比不上石林的。另外，如果保护区确实划大了，这又能责怪谁呢？责怪对发展的内容没有总体协调。这种情况在对某一地区进行休闲与旅游业发展中经常发生。解决的办法是把环境规划融入区域的总体开发规划中。

虽然在城市区域开发规划中考虑环境质量问题是非常重要的，但把环境质量融入地区开发规划却是较晚才引起社会重视的，将环境质量作为区域开发的一项内容始于20世纪60年代末期。最早加拿大对安大略省伊利湖北岸的Nantek工业盆地进行规划，打算在伊利湖湖滨建造一座新钢铁厂，政府部门开始对湖滨地区的环境进行规划研究，从此拉开了环境规划研究的帷幕。与此同时，为了保护伊利湖沿岸环境，在政府部门和一些工业部门的资助下相关主体也开始了环境阈值和污染监控研究，如对气体排放、沿线建筑对鱼类洄游的影响以及岸线侵蚀等问题的研究。在我国，20世纪80年代初湖南省桃源县发展的“系统工程”研究已经开始有了发展与环境保护同时考虑的思想。而在今天这一思想已经相当普遍。在笔者完成的《走向县域可持续发展——陆良21世纪议程与可持续发展行动计划》中，基本上把环境、资源问题融到了发展问题中，后来许多地方的发展规划都采用了这种基于系统工程思想的环境与发展规划工作路线。吴必虎同志特别强调这种规划的核心是PRED协调。

在区域开发中注重环境质量问题是从经济效益、外在控制因素以及更为广泛的社会公平角度考虑的。如果在开发中忽视环境质量问题，区域开发者必然会由于区域开发带来的环境问题而追加开发成本，给社会和经济增加负担，甚至会威胁到政府的管理。因为所开发的是区域，与环境不可分割。Dorney（1989）写道，20世纪70年代，加拿大对南印第安湖做的水能开发规划就因为没有考虑环境质量问题，在进行水资源分配时产生了负面的社会影响，使民众要求新民主党政府下马的呼声高涨。极为讽刺的是，尽管换了政府，但新政府却未下令减少水力发电。后来，这些项目产生的外生因素（如海岸带侵蚀、渔网垃圾）迫使政府与当地渔民进行庭外和解。由此可见，在制定城市与区域发展规划时将环境质量问题一起予以考虑是极为必要的。所以不仅需要在开发规划中融入环境保护计划，而且一定要包含这种成分。

为了完成发展中的保护，环境保护部门需要履行环境质量分析、环境质量评价与设计、公众听证与评审、执行法令、人力和物力资源投入职能。在这里争取良好的公众形象，具有重要的意义。因此，笔者认为，首先，全社会都应该了解我国生态环境的现状、风险和趋势，这需要各管理部门协同研究并建立统一的生态环境数据指标体系和标准规范，技术层面形成全国生态环境大数据体系，完善生态环境监测网络信息平台，面向公众开放共享生态环境数据。同时，要建立“防重于治”的保护和防控理念，通过公共媒体宣传环境保护的意义和揭露环境污染事件，举行环保听证会，提升社会和公众共同参与环境治理的责任感，是既能提高区域环境保护能力又能得到管理部门支持的最好方案。

作为区域发展中环境保护工作的基础，摸清家底，开展区域资源与环境普查是必要的。自改革开放以来，我国开展了土壤普查、林业资源普查、水利区划等工作，这些工作多是以实现经济利益、资源利用为直接目标的，所以普查指标没有与环境管理和区域发展的思路相挂钩。没有对环境质量、环境容量和区域生态系统状况与功能的普查，就难以对资源环境承载能力做出科学的评价，更难以形成新时期经济发展与资源环境相协调的国土空间保护和开发的格局。

2. 项目开发中的环境保护

区域发展中注重环境保护的要求容易为开发者所接受，但在项目开发中，由于环境的外部不经济性、污染控制又需要新开发成本，项目开发者往往消极地对待给社会和经济增加的负担，甚至明知故犯地兴建有污染的项目。自20世纪90年代以来，一些外来的投资者实际上在我国这样做了。20

世纪 80 年代，美国在印度投资的一个化工厂排泄出的污染物使数千人受害。发达国家向发展中国家和地区转移污染是世界的顽症。

对于项目开发，一项新设施或者建设项目（如工厂、高速公路、旅游区的开发）需遵循与区域开发环境保护模式相同的原则，不仅如此，在技术上，我们还需要有新项目、新设施开发的环境影响评价（environmental impact assessment，EIA）报告，根据报告提出较为详细的项目环境规划，这种规划需要落实到工程项目、技术和预算上。环境影响评价报告和详细环境规划可合称为环境报告（environment report，ER）。通常在EIA报告、ER中都包含了减轻环境危害的步骤、环境恢复的可能性以及在环境保护阶段进行环境监控的内容等。然后举行听证会或评审会，对一份较正式的ER进行审议。EIA报告、ER需要标准化，目前，许多国家对各种项目的影响评价制定了标准。

为了保护环境，区域管理者通常需要建立一种同行专家参与的、公正的、富有批评精神的评审制度。笔者建议，首先，就环境规划和影响评价而言，在最初的委托专业人员的合同制定过程中，必须由律师和专业工程人员参加，经过公证，所有参加人必须对需要保护的特定环境特征和环境过程有一定的了解。评审人员对自己通过的环境影响评价报告，需要与评估人分享评估错误导致环境危害的有限责任，如果没有这样做的话，环境影响评价就成为一个装饰品，而达不到保护环境的作用。发达国家的经验证明，一旦法律要求松懈下来，对环境的规划、保护和监测也就变得马马虎虎了。

为了控制项目对环境的污染，举行非环境管理部门参加的听证会和由上级议会审批是发达国家常见的模式，这种模式有效地控制了污染项目和可能冲击环境的项目的建设。非环境管理部门参加的听证会可能发现新的问题，克服环境管理部门故意或非故意的“失误”，同时发现与发展协调的其他要求。上级议会或人民代表大会审议制既防止了区域行政官员的干涉，又有助于克服污染在区间转移。我国 2017 年公布实行的《土地利用总体规划管理办法》中，对规划编制也提出了“在土地利用总体规划编制过程中，对涉及土地资源保护与可持续发展、土地节约集约利用、土地利用结构布局优化、土地生态环境保护与建设等的重大问题，国土资源主管部门应当组织相关方面的专家进行专题研究和论证”。规划编制中的这种部门联席评审模式也应该以管理办法的模式推广到项目的环境评价中。

在中国控制环境评价的一种模式是曾由国家环境保护行政主管部门颁发专业评价资质证书，这种制度有效制止了滥竽充数的评价，但是把它推广到规划领域甚至颁发个人证书，也就限制了竞争力和创造力。环境规划、旅游规划需要因地制宜，不像法律；法律是议会或人民代表大会通过的，律师不需要创造，只需要遵守即可。发展与环境问题不一样，各地的环境容量不同，文化背景、发展目标也不同，需要个别研究、个别创造。把长江沿岸工厂的用水标准放到黄河沿岸是不可行的，排污问题也一样。2018 年，国家取消了环境影响评价资质证书，允许有能力的单位可自行编制环境影响评价报告书（表），并要求建设单位对环境影响评价报告书（表）的内容和结论负责。

3. 产业组织中的环境保护

随着《关于加快推进生态文明建设的意见》、《生态文明体制改革总体方案》及其配套方案、《中共中央 国务院关于全面加强生态环境保护坚决打好污染防治攻坚战的意见》等一批重要政策性纲领性文件的陆续出台，我国生态环境保护法律体系不断完善。法律、法规等政策文件规定了环境管理中哪些可行、哪些不可行、哪些情况下必须延迟开发。除行政管理指令外，1996 年起，国际开始制定对环境问题的 ISO 14000 国际标准，要求企业在生产经营过程中执行某些技术性或政策的规定，这样把环境管理发展到了组织的水平上。

ISO 14000 的起源是 ISO 9000。ISO 9000 是关于产品质量管理的管理体系标准。在 ISO 9000 中，质量保证是质量管理的一个核心内容。何为质量保证，ISO 9000 的基础文件 ISO 8402 规定：为了提供足够的信任表明实体能够满足质量要求，而在质量体系中实施并根据需要进行可证实的全部有计划和系统的活动。这里包括活动或过程、产品、组织、科学或人以及他们的组织。质量体系指为质量管理所需的组织结构、程序、过程和资源。基于这一概念，国际标准化组织提出了 ISO 9001、ISO 9002、ISO 9003 三个质量保证体系作为认证企业质量信誉的标准。这一思想推广到环境管理中，ISO

14000 也就出现了。

ISO 9000 的保证模式以 ISO 9001 为基础，ISO 9002、ISO 9003 是 ISO 9000 减少了内容的结果。ISO 9001 对产品质量形成的整个过程做了技术性规定，整个过程包括计划（plan）、执行（do）、检查（check）和处理（act）4 个步骤。这 4 个步骤称为 PDCA 循环，是质量管理的鼻祖戴明提出的。戴明认为，质量管理过程就是企业从预报顾客质量需要，到设计、生产出产品，经过质量检验，然后供给市场，再从市场收集意见和产品信息，接着再次预报顾客质量需求，进而开发新产品的不断循环的过程。戴明用图 4.3.1 表示了 PDCA 循环，每循环一次，产品质量都会提高一次。

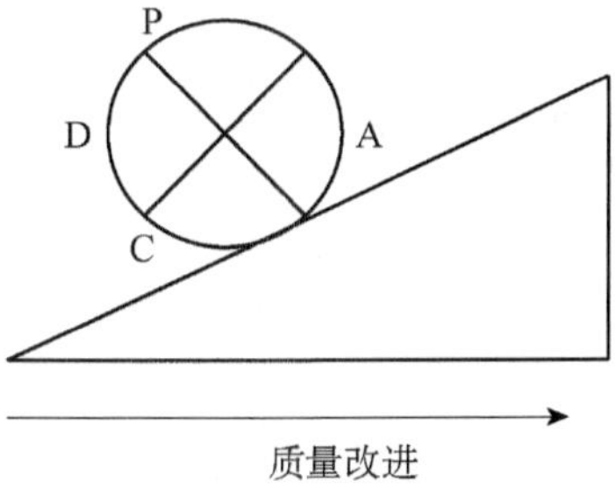

图 4.3.1　PDCA 循环示意图

依据 PDCA 思想，环境管理界提出了环境（质量）管理的 PDCA 模式。ISO 14000 实际上就是这个模式的具体化。它要求企业组织按质量管理的原理，执行它规定的具体管理内容从而保证环境不被污染，实现环境保护的功能。表 4.3.1 介绍了 ISO 14001 的内容，并且与 ISO 9001 做了对比。

表 4.3.1　ISO 9001 与 ISO 14001 的对应情况

ISO 9001（1994 年）		ISO 14001（1996 年）	
序号	标题	序号	标题
	管理职责	4.1	环境方针
4.4.1	质量方针	4.2.1	环境因素
—		4.2.2	法律与其他要求
—		4.2.3	目标和指标
—		4.4.2	环境管理方案
4.1.2	组织	4.3.1	组织结构与职责
4.1.3	管理评审	4.5	管理评审

续表

ISO 9001（1994年）		ISO 14001（1996年）	
序号	标题	序号	标题
	质量体系	4.0	概述
4.2.1第一句	总则	4.3.4	环境管理体系文件
4.2.1除第一句外			运行控制
4.3.6	质量体系程序		
4.2.3	质量策划		
4.3	合同评审	4.3.6	运行控制
4.4	设计控制	4.3.6	运行控制
4.5	文件与资料控制	4.3.5	文件控制
4.6	采购	4.3.6	运行控制
4.7	顾客提供产品的控制	4.3.6	运行控制
4.8	产品标志和可追溯性	—	
4.9	过程控制	4.3.6	运行控制
4.10	检验和试验	4.4.1 第一和第三段	监测和测量
4.11	检验、测量和试验状态的控制	4.4.1 第二段	监测和测量
4.12	检验和试验状态	—	
4.13	不合格品的控制	4.4.2第一句第一部分	与标准不一致，纠正与预防行动
4.14	纠正和预防措施		
—		4.4.2除第一句第一部分外	与标准不一致，纠正与预防行动
4.15	搬运、贮存、包装、防护和交付	4.3.7	应急准备与反应
4.16	质量记录的控制	4.3.6	运行控制
4.17	内部质量审核	4.4.3	记录
4.18	培训	4.4.4	环境管理体系审核
4.19	服务	4.3.2	培训、意识与能力
4.20	统计技术	4.3.6	运行控制
		—	
		4.3.3	信息沟通

从表4.3.1中我们可以看出，作为组织环境管理的第一步，首先要提出自己的环境方针，比如说实现清洁生产，是无污染排放还是达标排放。这个方针的制定与 ISO 14001 条例4.2.1和条例4.2.2的环境因素、法律与其他要求相适用，一般讲产品质量管理的质量方针，没有这些具体约束。这些约束可以看作产品质量的“顾客要求”。ISO标准强调了管理组织的设立和建立文本体系。这就是说，企业需要像质量管理部门那样的环境管理部门，它的职能是控制和检查生产过程是否出现污染，排放是否达标，还要对企业环境行为组织评审。ISO 9000规定的文本体系是复杂的，包括质量手册、内部审核程序文件、外部审核文件。质量手册发给每一个与质量有关的人员，告诉

他们自己担负的质量责任和保证质量的技术措施。同样，执行ISO 14000需要制定一个关于环境保护的“质量手册”，告诉自己员工企业的环境方针、岗位的环境责任，并介绍处理污染的技术措施。内部审核程序文件、外部审核文件分别给出了内部管理的细则和提供评审的内容和程序。ISO文件对如何评审、会议次数、人员等做了标准化规定。

表4.3.1中的第三块内容是质量管理或环境管理的技术部分，也是质量手册需要具体说明的内容。由于长期的发展，质量管理对自己的技术内容已经清楚，ISO 14001对应的内容几乎仅用“运行控制”来对应。这就要求针对具体生产过程中的污染物产生、运移、扩散展开分析，并对它提出运行控制的具体措施。一般来讲，收集产品时需要尽可能减少污染，设计生产工艺时更需要尽可能减少污染。我们这里没有强调设计产品时需要考虑环境问题，这样可能给设计人员带来困难，要求他们回答用铝做材料还是不锈钢做材料更适合环境，这就需要他们经过环境专业训练，使培养复杂化，同时影响他们对产品的技术创新。一种解决办法是有专门机构研究关于产品环境行为的标准，对材料环境性能等做出说明。刘丽（1996）提出产品环境质量要求包括可再生性、低能耗性等，后者需要在设计中完成，现在出现了一些产品，如易降解塑料的包装材料等，不过它增加了产品成本，使得市场竞争力下降。

企业需要提出防止市场事故和突发事件产生污染的应急措施。在产品质量管理中，有专门的质量检验部门最后检验产品，但环境检验应该是对每个产生排放的环节进行的，这需要专门的人员。此外与社会的信息沟通是重要的。当企业发生超标排放或污染事件时，必须通报地方环境保护部门，假若掩盖环境事件，可能给更多的人造成伤害，企业可能被追究法律责任。在环境问题上进行信息沟通，是对现代企业的道德要求。

4.3.2 建立区域环境保育体系

ISO 9000是针对产业组织的，把这种思想推广至区域组织，或者说用区域政府调控的区域组织可望实施环境质量管理，也就形成了环境保育的思想。

我们在编制《陆良21世纪议程》初稿时提出了建立区域的环境保证体系，其基本思想是贯彻ISO 9000精神，将ISO 9000的一般原则和规范从企业一类组织推广到区域中（当时ISO 14000还未发布），在区域环境管理中建立一致于ISO 9000的由文本体系（含质量政策、质量手册）、组织体系、控制体系三个基本子系统构成的环境管理体系。在ISO 14000（讨论稿）发布后，我们的做法是参照ISO 9001的结构，采用ISO 14000的技术内容并配合地方立法、公众、政府监测机构等构成一种环境保证模式。1996年11月在陆良召开的全国“地理建设与可持续发展”研讨会上，在听取吴传钧院士意见后，中国21世纪议程管理中心负责人刘培哲建议将“保证体系”改作“保育体系”，因为环境保证体系容易引起“环境保证发展”的误会。吴传钧和刘培哲的意见引起了我们的重视，我们讨论发现，由于环境有自我演化和人为活动一般引起生态退化的一面，“环境保育”更适合于环境问题特征。对企业组织实施ISO 14000式的控制属于一种环境（质量）保证行为，生态恢复、地理建设则包含了对环境（质量）培育的要求。建立环境（质量）保育体系是环境管理的重要方式，是ISO 9000原则在环境问题上的自然延拓。

环境管理需要保育体系，那么作为一个环境管理体系的环境保育体系，其结构是什么样的呢？我们首先看一看ISO 9000、ISO 14000管理体系结构。表4.3.1列举了产品质量保证和环境管理体系的结构内容。从表4.3.1中我们可以看出，ISO 9001保证模式中的合同评审、设计控制、采购等条例内容并没有在ISO 14001中出现，而是用运行控制一项对应。管理应该更明确，借助环境保育观点，我们可以在细节上明确运行控制的一些内容。项目开发重要的是生产过程环境保护的运行，这里讨论区域经济运行过程中如何实现环境保护。

根据《中华人民共和国环境保护法》的有关要求，我国建立实施了环境保护责任制度作为加强企业对环境管理的关键措施，企业与政府签订环境合同或保证书。这使企业在涉及环境的运行过程中面临一种合同处境。这种办法导致了一年一度的对企业环境合同履行情况的评审。这种合同管理形式也许是对我国地方环境法律不详尽的一种补充，至少可以作为一种环境保育模式。

早在20世纪80年代初，自然地理学家景贵和就针对当时中国自然环境普遍受到发展干扰的情况，提出“景观设计”的观点，即设计一种景观，协调环境与发展的关系。后来我们提出地理工程论，将景观设计作为重要内容。这一思想与ISO 9001的“设计控制”思想是一致的。按生态学保守主义的观点，实施零增长，环境不可摄动。事实上，这在发达国家却是不可行的；在发展中国家，发展是硬道理。因此我们只能在区域发展规划中注入设计控制的内容，对开发的区域项目在设计时就从环境保护角度加以控制。或者针对未来环境的改良，设计生态恢复、地理建设的内容，实施环境控制和环境改进控制。这里包含了培育的成分。

在ISO 9001中，对“采购”“顾客提供产品的控制”等质量端点加以要求，在区域环境管理体系中，我们也涉及对开发项目或改变区域资源–环境结构的地理建设项目的端点要求，地方政府需要避免重污染项目开工，需要对区域内组织和个人的环境行为进行控制，实际上这一点就意味着企业一类组织向（地方）政府提供环境质量保证。

ISO 9001规定的“搬运、贮存、包装、防护和交付”实际上正好对应于环境的生态培育，在环境管理体系中提出培育标准是有积极意义的。

ISO 9001对“服务”给予特别强调。依据服务的原则，区域政府应向公众提供环境信息，并接受公众的监督。

应用统计技术实施产品质量控制是质量管理技术的最辉煌成果，在环境问题分析中目前发展了大量数学模型并广泛地应用统计方法。然而要使环境管理规范化，我们需要发展一套模型技术，使之有效地用于环境过程，这方面为国际上许多学者所强调。模型技术的成功首先在于它能够提出预测，其次在于预测错误时知道改进的起点。此外，环境观察的抽样技术和数据同化技术具有突出的意义，我们需要知道怎样布置观察的地点、什么时候观察，以及观察的数据如何改进模型。由于区域气候、地貌、水文因素的变异与随机性比生产过程随机和复杂，所以像产品质量管理那样建立规范模型方法还需要我们进一步努力。但是这方面的探索应该立即开始。在建立一个具体区域的环境保育体系时，我们需要应用模型技术。

环境管理的运行控制具有广泛的含义，我们通过环境保育将其做了上述具体化，这些技术环节是否完善还有待实践的检验。

区域的内容较之企业复杂，区域管理的主要技术手段除了一般的运行控制外，环境的风险评估也是一项重要内容。对企业来说，一段时间内它可以将污染结果转嫁给外部环境；但是对区域来说，环境与区域是一个整体，环境污染的不良后果很难向外转移（当然也有上游地区污染下游地区的情况），因此区域基本上要承担自己和上游地区带来的环境风险。开展环境风险评估是区域环境保育行动中不可缺少的一环。同时对风险的过分担心，可能影响发展，例如切尔诺贝利核事故发生后，出现对核电的反对，实际上如果放弃核电，我们可能会给环境带来更大的破坏，除非放弃发展，相比之下，核电对环境更亲善。换言之，我们需要环境的风险管理。

在ISO 14001中，环境规划提出要考虑法律要求。与企业组织不同，区域组织本身有立法功能，而法律在管理中起着基础作用。这就意味着，一个区域环境保育体系的建立或者环境管理体系的建立，除实施有关国家法律、国际公约外，还包含着地方和部门立法的工作。依靠立法形成区域环境管理的骨架，是建成区域环境管理体系的根本保证。1979 年，我国颁布《中华人民共和国环境保护法（试行）》，以此为根基和上位法，形成了三十余部法律，囊括近五十部行政法规、上百部部门规章、逾千部地方性法规和规章，涵盖污染防治、生态保护、自然资源开发保护、能源管理、资源循环利用等诸领域。

作为区域环境管理体系的法律约束的另一面是具有主动精神的教育与宣传。区域的这种功能较企业强大，可以发挥新闻媒体的宣传作用，以及生态环境领域非政府组织（NGO）的作用，让舆论成为环境监督的利器，通过宣传和教育，提高公民的环境意识，使公众自觉参与环境保育，形成环境共治模式。在环境管理标准中，纳入宣传及教育问题，将促进环境管理的完善。

将区域作为一个对象实施ISO 9000的“质量保证”原则，我们就可能建立一种完备的环境管理的具体形式——环境保育体系。通过环境保育我们实现了一种发展的“边界条件”，从而可望实现可持续发展战略，而可持续发展的要求又对环境管理或环境保育提出一种导向性要求。探讨可持续发展与环境保育的具体技术内容，是我们今后“摸着石头过河”的任务之一。

4.3.3　产业政策

1. 发展环保产业

在环保与发展的矛盾中，人们发现发展环保产业是一条有效的路线。20世纪80年代初，西欧国家普遍把环保作为一种产业发展，环保产业成为它们经济衰退后的一个新的经济增长点，解决了大量的就业问题。这是因为环保产业往往促进技术创新，次生众多服务业和解决就业需求。

什么是环保产业？意大利环境主管部门（环境、领土与海洋部）认定的环保产业包括：①用于消除工业污染的工厂和产品，如工业废水处理厂；②工厂中那些用于降低能源和原料消耗、消除生产工厂污染产生的车间和设施；③用于消除人类活动对环境所产生影响的工厂、产品和部件，如城市垃圾处理厂、焚化炉和隔音设施；④为上述产业和产品提供的服务。广义而言，还包括绿色技术（对环境影响小的工艺、技术）产业和具有自然消费性的产品，如草药、生物食品，以及寿命周期内对环境影响小的产品（陈家昌，1997）。其实，一切有助于减少环境污染，以及减少能耗和资源消耗的部门、企业、企业部分（如车间）及其次生的技术服务业，都纳入环保产业的范畴。不过，意大利对环保产业的统计限于环保设备制造企业和相关的技术服务业。1995年，它们的 GNP 占所有部门的0.8%。这显然是个缩小了的范畴，实际上环保产业应该包括环境恢复和污染物处理、环保设备使用的企业的相应部分，水处理、垃圾处理、废弃物利用也是传统的环保产业，这在统计上是可以完成的。

为了发展环保产业，需要采用不同的经济方式。据陈家昌（1997）介绍，意大利的水处理设施都由国家投资，运行费用由政府征收的水资源与水处理费支持，垃圾处理设施由国家和大区投资兴建，运行费用由政府征收的垃圾处理费支持。废弃物利用主要是私人公司和地方机构投资，对于地方机构投资的给以税收支持，例如，将政府征收的电池消费税拨给废铅处理厂。意大利的政策表明，对于废水这样迁移性强、难以控制在一个区域内的污染物处理，由于污染物区域的外部不经济性，需要国家投资。对于区域性污染物垃圾的处理，需要大的地方政府投资，并且由政府统筹规划垃圾处理基础设施、技术研发、科学选址。对于有经济利益的部门，鼓励私人和地方投资。对于私人投资，给予减税等鼓励措施。运行费用则采用环境税和经营收入结合的解决方式。这个投资经营过程首先是财政支持，接着是“就地取税”，表现出国家对环保产业“扶上马，送一程”、分类资助的办法。例如，意大利对垃圾发电厂提供50%的运行成本费，对再生塑料包装袋和容器的厂商提供相当于原料成本10%的资助。许多国家的环境税收扩展到进口方面，对容易产生污染的产品的进口，对进口商征收产品税。我国则更多是以立法和行政手段对限制进口类的固体废弃物做出管理规定，如对企业法人的经营范围、违法记录做出严格审查，强化申请、审批和监督管理。2018 年起，《中华人民共和国环境保护税法》实施，环境税正式开征。

必须指出的是，在经济发展方面，环境税是为发展环保产业而征收的税，体现在环境治理中“取之于民，用之于民”的治理思想，如果把环境税用在发展其他产业上，将加大环境污染，是对公众利益和纳税人的背叛和欺骗。

2. 发展工业生态

随着环境管理思想的发展，人们认识到解铃还须系铃人，协调环境与发展的矛盾需要可持续生产与消费。这一要求需要更主动、更积极地管理生产的环境过程。在工业化社会里，如何建立一个不破坏周围环境的工业结构，是平衡工业与环境关系的关键，工业生态（industrial ecology，IEC）这一思想因此产生了。

什么是工业生态呢？现代工业是一个不断从自然界提取原料、生产出供给社会消耗的产品的过程，这一生产过程往往伴随着工业副产品（工业废物）的出现，这些工业废物中有的对周围环境危害极大，有的虽然没有危害，但从资源利用方面看，仍然是一种浪费，同样是对生态环境的破坏。面对这种日益严重的工业生产与生态环境的矛盾，工业生态研究在美国应运而生，它不再像过去那样，只研究如何在污染物已经产生的情况下，应采取什么方法将其净化、处理，而是注重于防止污染物的出现，以及设计、制定出一些对环境有利的工业发展计划。其基本方法是用自然生态原则为工业体系建立发展模型，为工业生产提供重要目标和基本组织原则，为工厂管理人员、政府结构、学术研究提供必要帮助。美国最早的工业生态倡议者Frosch和 Gallopoulos（1989）解释工业生态系统为一个能量、物质消耗最优化的系统，工业废物最少，一个过程的成品是下一个过程的原料。在这个系统里，技术、生产、消耗得到最和谐的统一。Graedel和Allenby于1995年在关于工业生态的第一本书（《工业生态学》）里指出，工业的发展不应与周围环境情况脱离，而应连成一个整体来考虑。从原料到粗加工，到各部件，到成品，到产品的老化，直至最终的分解消失。在整个的物质循环中寻求最优途径，资源、能量、资本寻求最优配置。Tibbs于1992年和Ehrenfeld于1994年综合各种看法相继提出了工业生态应发挥以下七个方面的作用：①物质使用和生产过程新陈代谢增强；②产生封闭的循环工业实践；③工业产出非物质化；④能量作用有系统性样式；⑤工业对自然生态的投入产出平衡；⑥与政府政策紧密联系，对工业更新进行长远规划；⑦增强信息交换，采取相应行动协调。除此之外，由于生产受消费的驱动，王瑛和刘丽（1997）认为还应补充：⑧符合可持续发展生产与消费的产品质量管理。为此刘丽（1996）提出了可持续生产与消费的产品质量特性。

在上述八个准则下，管理上怎样实现工业生态目标呢？笔者认为，主要措施如下：①在对现有工业调整的基础上，建立新型的不产生工业废物的可持续发展工业；②工业产品与工艺设计者们更充分地考虑工业对环境的影响，设计出经济实惠的新型环保产品与工艺；③开展研究产品环境预算，研究工业产品对环境破坏和恢复的经济影响；④建立新的质量管理理论；⑤采用分析和模型技术，如面向环保设计（design for environmental，DFE）、环境投入产出模型以及生态反馈等。

产品的环境设计是工业生态的主要内容。DFE的思想是：一个产品的设计生产，应首先把这个产品可能对环境产生的所有影响都考虑进去，同时确定一个影响值作为原值，用来与产品在寿命期内各个不同阶段对环境的影响对比，进行定量分析。环境设计不仅被用于设计环保产品，而且被用于废物利用，以及工业原料和能量使用模式的确定。批评的意见是环境设计是不太切合实际的。第一，环境设计需要大量昂贵的数据资料来综合评价产品可能带来的环境影响，然而环境好坏程度的判别、不同环境的不可比性这些复杂模糊的环境特性，依靠那些数据是不可能得到非常确定的结论的。第二，环境设计很可能使工厂陷入迷阵，考虑产品的细枝末节，却忽略大方向的产品技术更新。就好像一个工程师费尽心思地计算铝和塑料制的汽车水箱盖，哪一个对环境的污染更大些，却全然没有考虑到以汽油为动力的汽车是否有可持续发展能力。利用环境设计可以帮助对产品设计进行小范围的更新改动，但在环境影响考虑上往往变得一叶障目。针对这个问题，我们的意见是把产品环境特性作为质量特性，开展生产管理。既然我们可以解决产品的可维修性，可以对它做美学设计，我们当然可以做产品的环境设计，但没有市场利益驱动使企业放弃产品环境设计。对此，实行产品的生态标签，ISO 14000认证是必要的。另外，由于一般的环境学家对工业技术是外行，就如工程师对环境管理外行一样，因此在大学开设环境课程，培养人才，是不可缺少的一环。

市场价格直接影响工业生产，新工业产品在市场中的情况也是工业生态要考虑的因素。产品价格是随价值规律曲线上下波动的，波动范围与多方面因素有关。例如在工业生产中，污染严重的产业、原始资源开采等，政府会征收重税，这部分开支在产品销售过程中必然会累加到产品价格上。因此，在研究工业生态时，这些多市场经济因素都应综合考察。但是在实际应用中，将环境问题转换为货币价值时，环境的美感、生态物种的多样性等问题是较难用钱的多少来度量的。怎样看待人们感官、精神上的损失呢？怎样评价环境的社会效益呢？这些都是模糊不清的，不同的人的标准也不同。此外，随着工业生产的全球化，以及多国间的产品竞争、贸易关税等，产品价格瞬息万变，这加大了对产品价值进行准确评估的难度。

工业生产是追逐市场的，为了占领市场，企业的一个有效策略是提高产品质量，而质量好坏取决于公众的感觉。现在的一些工业常常为了追求某些产品的形态、结构性能，不惜污染环境，如现在的一些洗衣粉生产厂家为了提高洁净能力，在洗衣粉中加入一些自然界较难分解的成分。因此，只要公众不改变某些美学和可维修性认识，实现完善的工业生态是不可能的。

刘丽等（1996）认为，建立新的质量伦理观包括两方面要求：一方面，我们需要一种新的社会伦理，以减少污染、节省能源、保护生物多样性为美；另一方面，工程技术人员、厂家应把保护环境、节省能量与资源、维护生物多样性列入自己的职业道德要求中，即从根源上解决问题。工业生态是对工业发展的新约束，因此新的工业道德与伦理原则必不可少。

王瑛和刘丽（1997）认为，在对现有工业进行生态系统研究后，进行工业结构调整、产品换代时，常会与工厂的既得利益发生冲突，不少公司会因此放弃。所以工业生态的实践还应充分协调好短期利益和长期目标的关系。全球性的贸易往来使得一种产品的生产可能有多国介入，例如，一种产品的原料可能在A国获取，生产技术由B国提供，实际生产在C国进行，消费却主要在D国。这种生态评估有很大困难，需要把全球当作一个大生态系统来考虑。因此，工业生态的研究和实践需要全球化。

4.3.4 走向可持续发展

从区域可持续发展观点看，区域的环境管理要求区域的地理工程或地理计算满足鲁棒控制（robust control）。因为种种干扰，工程施工可能实现不了目标，鲁棒控制要求环境不是控制在最优目标上，而是控制在某一个稳健的范围内。鲁棒控制就是出现偏差，能够控制工程实施得到的效果，被控制在最优目标附近。在环境控制中，这种鲁棒控制特别重要，因为环境目标实现的危害可能很大。例如，修三门峡水库本来是一个水利工程，但是由于对泥沙输运的规律把握不足，一旦上游河道淤塞，就会成为水害工程，后来水利工程学专家黄万里建议在库底开许多排沙孔，实施“多来多排”管理措施，才把三门峡水库调节到一种较优的状态。环境控制的问题具有复杂性，环境工程需要鲁棒性控制[①]，不求最优，要求最小环境风险，工程可控和维修。

对于全球环境变化这样的大问题，学术界认为需要的不仅是控制问题，而且还需要环境伦理学的指导。王铮等（2014）提出：

---

① 黄万里先生1973年在昆明曾经与笔者谈过，他之所以在治河工程中有这个思想，是因为自己从水利系毕业后又被自己的导师要求到地理学系进修了两年，由此可见，区域管理需要多学科思想。

气候变化已经在科学上被追溯到伦理层面。积极应对气候变化是全人类共同的目标与使命，从现实经济层面结合伦理学研究则是应对气候变化应有的态度。首先针对国际上对气候伦理的探讨，以中国的环境伦理观引出了气候伦理的原则，强调核心的原则是国家之间“和为贵”，操作的原则是“分明使群”，即要在明确责任的条件下有序组织各国的气候保护行为。其次还在“分明使群”原则下讨论了气候伦理评估标准——公平、公正与价值，并由此进一步分析了公正与价值的伦理内涵，并以此为基础讨论了气候谈判公正问题。最后指出在气候伦理问题上，国际社会的一个伦理原则应该是：所有可以积极应对气候变化的措施都能够使参与国家最终在经济与社会获得进步，以及实现帕累托改进，并能缩小国家间的差距，而不是置原来贫困的社会个体以相对更贫困的境地。

这是一种可持续发展的思想。对可持续发展思想，一些学者看到它的3E准则片面地强调它的保守主义一面是不全面的，实际上可持续发展坚持发展，意味着它提倡创新，提倡通过创新来保护环境，维护产业生态。关于可持续发展理论，还需要人们去更多地研究。这里有个经验，朱永彬等（2009）模拟发现，在保障中国经济平稳增长的条件下，中国要到2030年左右才能出现碳排放高峰，但是吴静等（2016）的模拟发现，如果采用激励技术进步的政策，让技术在经济发展中进化，碳排放高峰最有可能出现的时间是2029年，可见技术创新有利于可持续发展。在推行核电技术的情况下，这个高峰时间甚至可以提前到2025年，但是核能利用环境风险很大，例如日本的核能利用，就造成了福岛第一核电站事故。诸如福岛核事故一类的问题，是人类面临的重大环境挑战。

第五章　地理工程

劈开太行山，

漳河穿山来，

林县人民多壮志，

誓把河山重安排！

——纪录片《红旗渠》插曲

5.1 地理工程的意义

地理工程指的是在区域发展中，为保持PRED协调，实行区域治理的一种改造了地理结构的建设形式。中国系统科学家钱学森最早提出，国家（区域）发展需要地理建设。受钱学森的影响，王铮等（1987）提出地理建设的管理模式被称为地球工程学（geo-engineering），类似的解决区域生态问题的管理模式被称为生态工程学（ecological engineering）。地理工程首先应具有工程形式，是对区域环境的一种物理性的改造。近年来，“工程”这个词在国内使用广泛，如“百千万人才工程”“211工程”等。但从管理学角度看，这些实际上是一种计划，不能与地理工程相提并论，因为其不具有物理性。所以我们强调“地理工程”是区域治理的行为，它是有目标地对地球表层的一种物理改造（或一项建设创举），是针对区域的地理本性（nature）的一种工程改变。如此看来，兴建都江堰是地理工程，而建设浦东新区不是，因为它更体现出一种改革开放背景下对经济发展规划的决策和布局，是由一系列工程建设组成的综合建设行为。更典型地，本章首页引用电影《红旗渠》插曲，歌颂的对象“红旗渠”工程就是地理工程的一个范例。红旗渠通过“漳河穿山来”，对区域（林县地区）进行改造，改善了区域的水环境和水资源条件，引起了区域地理本性的变化和重塑，是一项成功的地理工程。今天的“红旗渠”已不单纯是一项杰出的水利工程，更是一种民族精神象征（“林县人民多壮志”），中华民族具有改造自然地理结构以顺应区域治理的文化传统，这就呈现出了实施地理工程“誓把河山重安排”的人工奇迹。

实行区域治理不仅有“治”，而且有“理”。鲁迅将歌颂大禹治水的小说命名为《理水》而不是《治水》，笔者的理解是，理水是系统性思维，而治水是工程行为。更重要地，中国文化偏重“理行为”，并且有一种主动作为认识正如有一些外国人不能理解《愚公移山》的故事，认为为什么不去搬家开辟新环境呢？这正是中华文明“人定胜天”理念的投影。中国的地理工程是在中国文化的孕育下产生的科学壮举。例如始建于春秋时期的京杭大运河联系了黄河流域与长江流域，成为中国古代的伟大工程之一。当然其他国家也有地理工程。例如，苏伊士运河沟通地中海和红海，从而缩短了大西洋到印度洋的距离，这就是一项地理工程。又如，巴拿马运河沟通了大西洋和太平洋。

最近几年，随着全球变暖的加速，人们不断提出新的方法来减缓气候变化的影响，如通过向平流层注入气溶胶等方案来给地球降温。这种工程被称为地球工程，但它改变的是全球的地理环境，被称作地理工程也是恰当的。电影《流浪地球》中描述了地下城和大量的太空行星发动机，如果真实存在，也可算地理工程，但它只是科学幻想文化的产物。人类现在的能力还只能在有限的认知水平内通过地理工程来修正或调节区域的地理结构。

必须提出，地理工程一般都有明确的兴建要求和总体目标，按一定步骤和层次分阶段、分项目地进行。在这个过程中，各阶段和各项目的工作具有相对独立性，同时又必须在整体上协调，以实现总体目标。总体目标的确定需要遵循三条先行原则：①社会安定优化；②环境稳健控制；③社会经济发展与优化。简言之，地理工程就是基于工程观点对区域和环境进行开发、保护、改造和利用的，一般来说，系统工程方法是它的基本方法，地理建设是它的实施形式。

1. 社会安定优化原则

地理工程是一种大规模的人类建设形式，它必须在安定的条件下才能进行，因为社会的动荡往往使环境管理、资源利用陷入混乱，人口过程突变，正常的社会经济秩序中断，从而使工程偏离原定优化目标，不能贯彻实施。社会动荡甚至还会引发一系列的经济危机、暴力冲突、政权更替等问题，其影响可能是全方位、大幅度的，难以估计，所以必须着力避免对社会正常过程的大规模冲击。然而安定也是有条件的，它要求建立在有利于社会进步、经济发展和决策科学的环境之上，这也要求涉及人口、社会问题的地理工程有促进社会发展优化的倾向，而不是阻碍社会进步。

2. 环境稳健控制原则

由于人类对环境及一般地理系统的规律认识还远远不够，而且环境有演化的不确定性、不可逆性和相互关联性，所以我们很难预测环境的准确变化。而环境的演化尽管可能有好的一方面，但它往往带有巨大的风险性，因此，我们在实施地理工程的过程中应尽可能地保证环境免受冲击，可是这对工程建设的地理情况、设计方案以及运维管理方面的风险管控等都提出了严苛的要求。例如，意大利瓦依昂大坝就选址而言是兴建水电站的绝佳选项，但因为设计方案的中途调整、对外部环境的预判不足以及人为疏忽，导致项目彻底失败，产生巨大的经济和生命财产损失。又如，切尔诺贝利核事故已经过去三十多年，在事故中造成的放射性物质泄漏对局部生态和人文系统地影响至今不可小觑。在明确了环境演化规律和风险代价的前提下，地理工程论主张实施局部的环境改造以与区域发展配合。

3. 社会经济发展与优化原则

这是实施地理工程的出发点与落脚点。强调优化，就是要从社会经济结构、人口结构等多面考虑问题，力图最大可能地促进地理工程建设地区的社会经济发展。就像中国当年兴建了武汉长江大桥，做到了“一桥飞架南北，天堑变通途”，解决了第二地理本性的问题，完成了中国区域地理结构的优化和改善，助力中国经济形成了统一市场。在市场作用的推动下，武汉成为中国地理空间格局中的一个经济、政治、文化和技术的枢纽城市，城市的功能和地位显著提升。

5.2 地理工程的工作流程设计构成

系统工程方法是地理工程设计的方法论。王铮等（1987）认为，地理工程的设计流程包括下列几个方面。

5.2.1 系统设计

它是从地理工程目标、构成和协调方面来完成地理工程设计的，大致包括如下三个方面。

1. 总体目标的确定和方案选择

对一个地理环境的开发、保护、利用和改造，首先要确定这项工作的目标，即要达到什么样的社会经济和生态效益（地理效益）。目标确定后，应用地理学家需要提出多种实现总体目标的方案，然后对这些方案进行可行性研究和优化分析，找出实际可行且在优化公理下最优的方案。比如我们确认实现某一地理效益的原则是经济成本最优而不考虑生态结果，我们可选择最省费用的方案。显然，如果考虑生态因素，即确认另外的优化公理，我们则可能采用其他方案。

2. 总体结构确定与子项目的确定

系统设计的第二步是要对整个地理工程的构成进行系统性设计。例如，省级的土地开发战略研究在以国家区域协调发展战略为上位原则的前提下存在着几种方案：重点开发东部地区，重点开发西部地区，重点开发南方热带以及亚热带地区，或者重点开发铁路沿线地区，等等。假如通过第一步的工作，选定了重点开发东部地区，那么第二步的工作就应该研究东部地区工农业各部门的发展比重、能源资源、交通运输需求、人口规模与密度的预测、中心城市的配置与都市圈的规划、基础设施和公共服务的覆盖，以及相应的社会文化发展计划和生态环境保护计划等。总体内部结构确定的同时，也就对各个子项目提出了明确的目标，同时也要求明确实现各个子目标的时间要求。

3. 系统反馈

在第二步完成后，有两种可能：第一，总体目标可以实现，总体方案既可行，又达到最优或接近最优；第二，与总体设计不协调，或者达不到目标，或者不可行、不优化，或者兼而有之。出现第二种可能就要调整总体目标和方案，然后在新的目标和方案下，重新开展第二步工作。第二步完成以后，又面临上述两种可能，如果出现第一种可能则执行下面的工作计划，无须返回第一步。如此反复，直至接近达到第一种可能，则开展下面的工作。

在第二步和第三步中，最主要的内容是主体工程方案的设计、确定或反馈。主体工程指的是区域地理建设的关键性项目，必须通过反复建模、预测、反馈来确定主体工程的作用。例如，区域的电网建设是地理建设，涉及工业布局、劳动力转移、土地占用等，电网建设的地理布局就是地理工程的主体工程，必须对电网建设的地理意义进行建模-预测-反馈模拟，寻找最优方案，其他项目一般适应于主体项目，但也应该系统考虑。必须指出，地理工程的实施存在较大风险，由于其不可逆，所以一旦在某一环节出现败笔，所导致的水土流失、植被破坏、空气质量下降、生物多样性减少等生态环境的变化将在相当长的历史时期内产生负面效应。以目前人类的文明水平看，可行的办法是先行模拟，防止不可预料的事件发生。

5.2.2 参数设计

地理工程设计的第二步是参数设计，参数设计指的是确定地理工程的各个具体项目及其项目的技术经济指标。比如，区域地理工程需要的具体企业规模和区位，以此提出科学的、语义清楚的、目的明确的、可供实施的措施，犹如工程上各个装置的参数选定那样，明确、细致、毫无疑义。在地理学中，选址问题应该属于这个范畴，设施的区位选择也是这个问题。这里也有一个鲁棒性问题。如修建一条铁路，可能会影响野生生物的习惯性行走区，导致生物多样性破坏，类似问题要防止。这样区域的“生态（景观）设计”工作就属于参数设计。参数设计的结论可以为实施部门直接引用。过去我们对黄土高原水土流失问题总讲“种草种树”“宜农则农、宜林则林、宜牧则牧”，这是一般原则，但是作为地理工程设计，在实施种草就要考虑种什么草、种在什么地方、什么季节种；在地理或地貌上，什么地方宜农、什么地方宜牧，适宜程度究竟如何必须明确。不提出具体措施的规划，地理学的“战略科学家”往往就是在这一点上趋于失败，结果为实施部门拒绝或者放置一边，地理工程只能停留在“纸上画画，墙上挂挂”的阶段。

要做好参数设计，必须有科学根据，必须基于对对象的深刻研究，这种深刻研究的结论，一方面可以从其他学科吸取而来，这当然是大量的，另一方面由于地理学问题有区域性特点，所以区域管理学也必须在这方面下功夫。当前有众多的对地理界各种观察站、试验站的批评，认为那不是地理学家的工作，笔者是不赞成这种批评的。地理学基础研究的重点在于发现区域性规律，这对地理工程建设中提出科学具体的措施是必要的。现在的许多国土开发与整治项目缺乏区域地理特征的深入研究基础，对区域地理系统的科学模拟不足，难以使问题的解决方案深入可行，同时因缺少根据而产生无效指挥的现象。地理学研究要深入，就要把注意力放到中小尺度的地理问题上，使我们在实施地理工程时，可以实现参数选择和参数设计。

5.2.3　决策分析与立法研究

地理问题的复杂性，使得同时有几种方案的实施具有可能性并且各有优劣，因此需要开展决策分析。决策分析的内容包括两方面：其一是基于地理工程三个先行原则，对各方案直接的经济效益、生态效益、社会效益做出评价；其二是利用预测、模拟方法对地理工程的环境、社会、地缘效应做出较长期预测，并对这种可能产生的长期效应做风险代价评估。通过决策分析选定最后方案，做出设计决策，这样地理工程即进入实施阶段。地理工程实施也就是对地理状况进行改造，必须坚持三个先行原则。为了保证工程得以完成和保持，必须研究必要的符合法律、法规、条例以及人类共同精神的正式和非正式制度。政策和法令往往起着“硬操作”所不能触及的作用。国外区域科学特别强调政策研究，已为实践证明是正确的，地理工程也需要“立法”的保障。立法计划一般由全国人大常委会安排，政策由政府职能部门出台，科学工作者的任务是为法律政策的制定、实施提供科学支撑，并供有关权力机构最后确定。“道不足则用法”，地理工程作为区域治理的“道”，在确定后需要有法律、法令来保障它。

决策分析的一个重要基础是先行做好地理工程的鲁棒性分析。当年河南省大修平原水库，后遇到驻马店地区的特大暴雨洪灾，多座不同规模的水库垮坝决堤，对人民生命健康和财产安全造成了重大损失。极端天气等自然灾害往往是难以人力干预的，这就要求兴建地理工程之前做出更加充足的鲁棒性分析。所以实施地理工程时一定要秉持科学性第一原则，在此基础上深入研究地理工程的风险性和可行性。

5.3 地理工程的内容构成

地理工程的内容构成，即实施地理工程，以及它的目标应包括哪些内容或工程任务。王铮等（1987）认为，地理工程内容包括四项任务：第一项是区域社会经济的发展与优化；第二项是环境保护对策；第三项是对区域体系的适应和改善；第四项是实施适应于地理工程的区域自校正。

第一项任务可以称为优化任务或发展任务，地理工程的实施无论是把发展原则还是把生态原则放在第一位，它的总体目标总是指向提高区域的社会经济文化水平，改善人类环境，至少要控制它使其免于恶化，要使区域的地理状态处于一种比过去更为优良的状态。自然，地理工程就是要完成这个优良状态的设计，并且为达到优良状态，应该完成优化的路线设计。这里的优良状态还包括地理工程是可以向社会提供一定的就业岗位，一定程度上保障就业安全。

第二项任务可以称为生态环境任务。因为地理工程是在人的环境中进行的，而生态环境破坏的影响结果将是长远的，一个区域开发的地理效益，不能仅从目前的社会经济效果来评价，要用历史性眼光来看。最优是一个历史性概念，“竭泽而渔”也可片面地表示局部是最优了，但从可持续性的眼光看，是最劣的。另外，许多应用地理学任务，其直接的目的就是生态环境保护，毫无疑问，地理工程必须承担这方面的任务，相应的地理工程的设计内容就要包括“生态环境设计”。

第三项任务是区域适应任务。PRED 协调实施的地理工程不是在孤立的“宇宙”中完成的，而是融入区域体系的背景下，它必然与周围环境相互作用，所以我们必不可少地要确定地理工程实施区在区域背景中的地位，这样做一方面改变区域体系的结构和功能，有利于整个大区域的发展；另一方面使其适应区域背景，不会因大区域结构的反馈，使实施的地理工程目标遭到破坏，整个地理工程趋于失败。区域适应要求首先在设计中考虑区域结构（空间结构）、城市群结构、区域系统结构、资源–环境结构，为地理工程提供的可能前途和各种方案的区域代价。其中在初步完成设计后，要评估它对区域结构尤其是地缘结构和经济系统的冲击，以及后者对它的反馈作用，使地理工程从大区域角度有积极的意义，与大区域的设计和发展相匹配、相顺应，至少为背景区域结构所允许。在一些常见的区域规划中往往仅考虑区域的内部资源条件，而极少联系地理背景条件，更谈不上区域适应设计，失败的例子不少，我们应该吸取这个教训。

除了上述三项设计任务，还应该有一项任务，我们称为“自校正任务”，指的是地理工程的设计要处理这么一个问题，即如何在现存的地理状态的基础上，转向新的地理状态，这个历史转变过程的技术路线是什么，区域的产业、文化转变怎样作为一个自我校正要求来与新的环境相匹配、相融合。目前的区域管理者普遍重视工程建设前与建设中的各项基础性程序，但却容易忽视这一工作，所以容易引发区域新的环境与旧的制度、产业、文化之间的冲突。所以，区域管理工作者要积极发挥主观能动性，充分考虑通过环境软链接达到地理工程促进区域协调发展的效果，这在地理学上属于控制范畴。

一般来讲，自校正过程是一个有破有立的过程，因而或多或少伴随着痛苦。过去讲不破不立，现在看来还存在不立不破，没有立就可能陷入社会混乱，违反地理工程三个先行原则。

总之，笔者认为一项好的地理工程设计大致要包括上述四个方面的设计内容，这样才能使地理工程在实践上可行、在落成后有效、为实施部门所接受、为人民所肯定，从而保障区域发展或环境治理中的PRED协调。

区域管理与治理问题是复杂的，笔者相信人类文明能够有效地、优良地做到PRED协调。今后还将有大量的关于区域的理论模式和学说涌现出来。它已经是一个理论地理学与应用地理学的结合点，也将是区域科学最有前途的生长点。事实上，已经有学者建议通过实施地理工程来缓解全球气候变暖。

参 考 文 献

阿尔弗雷·索维. 1983. 人口通论（上册）. 查瑞传，邬沧萍，戴世光，等译. 北京：商务印书馆.

陈国海. 2013. 组织行为学. 4 版. 北京：清华大学出版社.

陈家昌. 1997. 意大利环保产业及经济技术政策. 科学对社会的影响，（2）：55-62.

陈任昭，高夯. 1990. 时变人口系统的 Ляпонов 稳定性. 中国科学，（2）：144-152.

戴维·H. 罗森布鲁姆，罗伯特·S. 克拉夫丘克，德博拉·戈德曼·罗森布鲁姆. 2002. 公共行政学：管理，政治和法律的途径. 5 版. 张成福，等译校. 北京：中国人民大学出版社.

丹尼尔·A. 雷恩. 1986. 管理思想的演变. 孙耀君，李柱流，王永逊译. 北京：中国社会科学出版社.

段平忠. 2007. 人力资本流动对地区经济增长差距的影响. 中国人口·资源与环境，（4）：87-91.

国家环保局计划司《环境规划指南》编写组. 1994. 环境规划指南. 北京：清华大学出版社.

哈罗德·孔茨，海因茨·韦里克. 1993. 管理学. 9 版. 郝国华，金慰祖，葛昌权，等译. 北京：经济科学出版社.

哈罗德·孔茨，海因茨·韦里克. 1999. 管理学. 10 版. 张晓君，陶新权，马继华，等译. 北京：经济科学出版社.

赫伯特·A. 西蒙. 1982. 管理决策新科学. 李柱流，汤俊澄，等译. 北京：中国社会科学出版社.

亨利·法约尔. 2007. 工业管理与一般管理. 迟力耕，张璇译. 北京：机械工业出版社.

黄少军，何华权. 1998. 政府经济学. 北京：中国经济出版社.

吉利斯，波金斯，罗默，等. 1998. 发展经济学. 4 版. 黄卫平，等译. 北京：中国人民大学出版社.

经济合作与发展组织. 1996a. 环境项目和政策的经济评价指南. 施涵，陈松译. 北京：中国环境科学出版社.

经济合作与发展组织. 1996b. 环境管理中的经济手段. 张世秋，李彬译. 北京：中国环境科学出版社.

凯恩斯. 1997. 就业利息和货币通论. 徐毓枬译. 北京：商务印书馆.

赖斯，等. 1996. 环境管理. 吕永龙主译. 北京：中国环境科学出版社.

李荣敖，钟晓东，丁亚平. 1992. 土地资源的评价和管理. 北京：中国环境科学出版社.

理查德・D. 宾厄姆，等. 1997. 美国地方政府的管理：实践中的公共行政. 九洲译. 北京：北京大学出版社.

理查德・R. 纳尔逊，悉尼・G. 温特. 1997. 经济变迁的演化理论. 胡世凯译. 北京：商务印书馆.

刘丽. 1996. 论可持续发展意义下的质量管理. 科学对社会的影响，(1)：33-36.

刘丽，陈宝峰，王铮. 1996. 可持续发展的质量管理原理探讨. 中国农业大学学报（社会科学版），(Z1)：80-84.

刘太祥. 1995. 汉唐行政管理. 开封：河南大学出版社.

刘筱，王铮. 2013. 论研发枢纽城市. 中国软科学，(1)：93-102.

陆大道. 1986. 区位论与工业布局. 北京：科学出版社.

苗书梅. 1996. 宋代官员选任和管理制度. 开封：河南大学出版社.

纳理斯 J G，帕克 D. 1998. 宏观经济. 刘文军译. 北京：中信出版社.

倪绍祥. 1992. 土地类型与土地评价. 北京：高等教育出版社.

潘小娟. 1997. 法国行政体制. 北京：中国法制出版社.

彭和平. 1995. 公共行政管理. 北京：中国人民大学出版社.

彭松建. 1987. 西方人口经济学概论. 北京：北京大学出版社.

浦善新，等. 1995. 中国行政区划概论. 北京：知识出版社.

世界环境与发展委员会. 1997. 我们共同的未来. 王之佳，柯金良，等译. 长春：吉林人民出版社.

斯蒂芬・P. 罗宾斯. 1996. 管理学. 4 版. 黄卫伟，孙建敏，闻洁，等译. 北京：中国人民大学出版社.

王恩涌，李贵才，黄石鼎. 1995. 文化地理学. 南京：江苏教育出版社.

王瑛，刘丽. 1997. 工业生态：环境管理的新思维. 科学对社会的影响，（2）：9-13.

王铮. 1989. 论对称型非平衡增长模式——兼论我国国土开发的选择. 经济问题探索，（12）：9-11，49.

王铮. 1998. 中国历史发展揭示的可持续发展规律. 二十一世纪的中国与世界国际地理学术讨论会.

王铮，等. 1987. 论地理工程. 青年地理学家，3（1）：1-8.

王铮，丁金宏. 1994. 区域科学原理. 北京：科学出版社.

王铮，刘筱，刘昌新，等. 2014. 气候变化伦理的若干问题探讨. 中国科学・地球科学，44（7）：1600-1608.

王铮，王改珍，周贵荣，等. 1999b. 中国当前经济增长的两个问题. 中国软科学，（2）：6-9，13.

王铮，夏海斌，吴静. 2010. 普通地理学. 北京：科学出版社.

王铮，张登亮，杨万林. 1999a. 走向县域可持续发展——陆良21世纪议程与可持续发展行动计划. 北京：科学出版社.

威廉・刘易斯. 1988. 发展计划. 何宝玉译. 北京：北京经济学院出版社.

吴静，王铮，朱潜挺，等. 2016. 微观创新驱动下的中国能源消费与碳排放趋势研究. 复杂系统与复杂性科学，（4）：68-79.

熊逸. 2009. 春秋大义2：隐公元年. 桂林：广西师范大学出版社.

于畅海. 2005. 科学管理之父：弗雷德里克・温・泰勒. 保定：河北大学出版社.

约翰・冯・杜能. 1986. 孤立国同农业和国民经济的关系. 吴衡康译. 北京：商务印书馆.

周贵荣. 1998. 非均质背景中区域多极激励的空间行为. 中国科学院科技政策与管理科学研究所硕士学位论文.

朱永彬，王铮，庞丽，等. 2009. 基于经济模拟的中国能源消费与碳排放高峰预测. 地理学报，64（8）：935-944.

Andersson D E，Ankrsson A E，Mzllander C. 2011. Handbook of Creative Cities. Northampton：Edward Elgar Publishing.

Blake R R, Mouton J S. 1978. The New Managerial Grid. Houston：Gulf Publishing Company.

Costanza R，d'Arge R，de Groot R，et al. 1997. The value of the world's ecosystem services and natural capital. Nature，387（6630）：253-260.

Dorney R S. 1989. The Professional Practice of Environmental Management. New York：Springer-Verlag.

Frosch R A，Gallopoulos N E. 1989. Strategies for manufacturing. Scientific American，261：144-152.

Goodfriend M，McDermott J. 1995. Early development. The American Economic Review，85（1）：116-133.

Grigg D B. 1977. E. G. Ravenstein and the "laws of migration" . Journal of Historical Geography，3（1）：41-54.

IUCN，UNEP，WWF. 1991. Caring for the Earth：A Strategy for Sustainable Living. London：Earthscan.

Kuznets S. 1955. Economic growth and income inequality. American Economic Review，45（1）：1-28.

Lee E S. 1966. A theory of migration. Demography，3（1）：47-57.

Likert R. 1961. New Patterns of Management. New York：McGraw-Hill.

Maslow A H. 1943. A theory of human motivation. Psychological Review，50（4）：370-396.

Pearce Ⅱ J A，Robinson R B，Jr. 1989. Management. New York：Random House.

Robinson C J. 1989. Municipal approaches to economic development：growth and distribution policy. Journal of the American Planning Association，55（3）：283-295.

White L D. 1926. Introduction to the Study of Public Administration. New York：The Macmillan Company.

第二版跋

《区域管理与发展》已经出版21年了。在这21年中，我国经济发生了巨大变化，成为GDP全球排名第二的国家，这是值得欢呼的。

这本书起源于河南大学原校长李润田的鼓励。当时中国地理学会在香港举办会议，我试图给妻子买一枚戒指，想办法给妻子打了一个电话。妻子说："不准买，你买了回到北京，回家我不给你开门！钱要留在将来给孩子交学费进好中学。"当时李老看出了我的困境，回到深圳之后，他安慰我说："为什么你到了中国科学院科技政策与管理科学研究所，却不能转变自己的研究思路呢？"然后说了他自己的研究经历鼓励我。李老还让我把自己到研究所后一些对管理学的学习、思考和理解，特别是我参加主编《陆良21世纪议程》的认识说出来。他说："你可以到河南大学给大家讲一讲。"李老就这样从精神上、物质上帮助和鼓励着我前进。于是有了这本书的初稿——"区域管理学概要"。后来我受聘到华东师范大学任地理科学系系主任兼地理信息科学教育部重点实验室主任，得到了吴传钧先生的支持，我也开设了"区域的管理与发展"课程。在授课时，我刻意避免使用"区域管理学"这一叫法，因为吴先生提醒我，"区域的管理与发展”现在只是一门课，还达不到“学”的理论水平和结构的完整性。我在华东师范大学任职期满以后，这门课就停了。2020 年我的一个学生担任行政职务之后，感到区域管理的学问甚为重要，建议我重新出版此书，于是就有了这本书的第二版。《区域管理与发展》为王铮独著，所以本书中笔者特指王铮。特别感谢我的学生熊文博士和田园博士，协助我进行《区域管理与发展（第二版）》的书稿修订工作，与我合作完成了本书。

在本书出版之际我要特别感谢吴传钧、李润田先生。我还要感谢中国科学院科技政策与管理科学研究所原所长徐伟宣博士，感谢他当年接收我，让我这个地理学者在看问题时增加了管理学视角。感谢朱海燕编辑、石卉编辑的帮助，她们不厌其烦地与我讨论稿件。感谢我的学生陈志建、翟石艳、刘筱的鼓励，以及孙翊、薛俊波、朱永彬、刘昌新，这些年我在中国科学院大学探讨可持续发展意义下区域管理学问题和治理问题，得到了他们的支持。我的博士后刘筱完成了《城市和谐治理》的研究报告，可惜我未能将其汲收在本书中。

需要说明的是，1999 年我代表华东师范大学参加教育部的教学会议，会上由王恩涌先生建议，将“区域的管理与发展”开设为应用地理学专业的基础课程，并让我负责这门课程教材的写作。后来，这门课程对应的专业，由王颖院士建议，定名为“资源环境与规划专业”。最后，我特别要说的是，当年我的华东师范大学学长王力新曾经提议吸收他在中共云南省委党校的开课经验，增加治理内容，与我共同完成本书，可惜我当时因为种种原因（避免“治理”一词）未接受他的意见。我在这里表达迟来的歉意。王学长，对不起！写书往往是一项遗憾的工程。

王　铮

2020年9月28日

于中关村

索　　引

H

J

Q

R

S

T

W

X

Y

Z

其他